U0140552

图书在版编目（CIP）数据

女士接力：美国变革者 / 钱满素主编 . —上海：
上海社会科学院出版社，2022

　　ISBN 978-7-5520-3721-0

　　Ⅰ. ①女… Ⅱ. ①钱… Ⅲ. ①女性－名人－列传－美
国 Ⅳ. ① K837.128.5

中国版本图书馆 CIP 数据核字（2021）第 225396 号

女士接力：美国变革者

主　　编：钱满素
责任编辑：赵秋蕙
特约编辑：黄珊珊
封面设计：古涧千溪
出版发行：上海社会科学院出版社
　　　　　上海市顺昌路 622 号　　邮编 200025
　　　　　电话总机 021-63315947　　销售热线 021-53063735
　　　　　http://www.sassp.cn　　E-mail:sassp@sassp.cn
印　　刷：北京中科印刷有限公司
开　　本：880 毫米×1230 毫米　　1/32
印　　张：11
字　　数：270 千
版　　次：2022 年 5 月第 1 版　2022 年 5 月第 1 次印刷

ISBN　978-7-5520-3721-0/K・639　　　　　　定价：68.00 元

我们认为这些真理是不言而喻的：所有男子和妇女生而平等；造物主赋予他们若干不可剥夺的权利，其中包括生命、自由和追求幸福的权利；为了保障这些权利，政府才得以建立，而政府的正当权力是经由被治理者同意而产生的。

——《女权宣言》

Anne Hutchinson

(1591—1643)

Abigail Adams

(1744—1818)

Margaret Fuller

(1810—1850)

Harriet Beecher Stowe

(1811—1896)

Elizabeth Cady Stanton

(1815—1902)

Jane Addams

(1860—1935)

Gertrude Stein

(1874—1946)

Eleanor Roosevelt

(1884—1962)

Betty Friedan

(1921—2006)

目录

1

3

序言

百年接力

一

1645 年 4 月 13 日，一个普通的日子。时任马萨诸塞总督的约翰·温斯罗普在日记中写下这么一段：康涅狄格地区哈特福德的主事霍普金斯先生来访波士顿，他的夫人多年来一心一意投入阅读写作，著作是不少，却落得身体孱弱、神志恍惚。纵然丈夫对她关爱有加，奈何发现问题已经为时过晚。

温斯罗普接下去的评论很是经典，他定义了"女人的本分"："如果她按照女人的本分管好家务，而不是超越自己的天职去做那些只适合脑力更强的男人们该做的事，她本可以保住心智，也可以在上帝安排她的位置上修身养性，让自己变得更加有用，也更有尊严。"[1]

这时，温斯罗普来到美洲不过 15 年，应该还算是一个搬到大洋这边来居住的英国人吧。他对女人的这种看法还是沿袭英国人的，也是那个时代地球人所共有的。人类社会的麻烦向来是千千万万，男女平权的事根本就一直轮不上，差不多要等到 20 世纪，才算排到了日程上。在北美殖民地，人们一天到晚操心的是自己的罪能不能被宽恕，死后到底是上天堂还是下地狱。清教徒们活在这个世界，却不认为自己属于这个世界。

1　Perry Miller and Thomas H. Johnson ed. *The Puritans: A Sourcebook of Their Writings* [M]. Harper & Row, Publishers, New York, 1963, vol. 1, p. 140.

不过话说回来，观念说到底是现实的产物，形势总是比人强。在北美那种穷乡僻壤的特殊环境里，现实生活的压力正在一点一滴地修正和改造原有的观念，殖民地女人在各个方面都有些与众不同的表现，她们正在润物无声地开创着美国妇女的独特传统。

首先表现在宗教上，这在当时是头等大事。由于对圣恩的同样渴望，对圣洁生活的同样需求，女人在马萨诸塞同样可以成为教会的正式成员，她们由此获得了一种信仰和身份的平等。本书第一位传主安·哈钦森的故事就这样发生了：女人成为异见领袖，拥有大批追随者，影响大到足以让当局感到不安——这在那个时代的其他社会中大概不多见吧。哈钦森是一位特立独行的思想者，这样的妇女显然大大超出了温斯罗普对女人本分的定义，但她却真实地出现在早期的马萨诸塞，而且产生了真实的影响。她被正式审讯，并且被允许为自己辩护，最后，她被逐出了殖民地，因为初创的殖民地经受不起这种神学异见的冲击，更经受不起一个不守妇道的女人的挑战。

为了方便阅读《圣经》，殖民地的女孩在 5 至 7 岁时都要和男孩一起上学认字，但是 7 岁以后的教育机会便截然不同了。男孩成绩好的话，可以再去上 7 年的文法学校，其后还可能进大学深造。女孩的学业则到此为止，转而学做针线，至多也只能去接受私人教育。可是不管怎么说，女孩子毕竟不是文盲了，这在当时的世界上依然是领先的。

在经济方面，荒野的开拓筚路蓝缕，因陋就简，一个穷人家是养不起闲人的，女人必须参加劳动。即便是南方庄园的女主人——新大陆最接近淑女的人物，也往往承担着照看和安顿奴隶的大量琐事。女人有了贡献，就有可能对家庭事务拥有发言权，在家中的地位也就更加平等。同时，在家庭之外，殖民地的女人也有机会独自谋生：自己开店、掌管生意、当保姆，这些都被视为女人的正当营生，就是说女人有独立的经济出路。

在婚姻方面，殖民地自然是坚守一夫一妻的基督教伦理，一度甚至不允许独身。在那个年代的新大陆，一个人能活到四五十岁大概就算寿终正寝，寿命短，死亡率高，无论男女，一生结婚两三次很平常，生一堆孩子也剩不下几个。生存状态如此，生生死死乃平常事，家庭频繁重组，妇女的地位也相应变得平等：社会不存在对寡妇的歧视，她们在丈夫死后可以继承财产，可以带着财产再嫁，富有的寡妇往往是绅士们求偶的理想对象。

就这样，各种客观条件叠加的结果是，殖民地塑造出一种相对旧世界而言略有变异的新女性，布尔斯廷就此写道："有充分证据表明，以殖民地时期的美国妇女跟英国妇女相比，她们在厨房以外的活动中起着更加多样化、更加活跃、更加出色的作用，而且总的来说，也更有成效。"[1] 男女的社会角色历来是内外有别，人类的世界似乎被分隔成两个部分——外面的社会是男人的天地，家庭的四墙之内则是女人的活动场所。而北美殖民地社会由于它初创、单薄、简陋，反而为妇女打开了一道侧门，使她们能够悄悄地迈出家庭，在履行女性传统角色的同时，关注到社会上的事情。

然而，又如布尔斯廷所言："殖民时期的妇女比其后时期的妇女在许多方面更有成效，她们在职业生涯和公共生活中的作用也更为突出，这种情况直到 20 世纪才又重现。"[2] 女性的悲哀正在于此，她们的解放之路不会一次性完成，殖民地妇女的新传统没有能一直发扬光大下去，而是随着社会的发展有起有落。然而，美国女性从未放弃对自由平等的追求，各个时代的女性先驱奋发图强，历经数百年坚韧不屈。从她们的故事中可以看到，她们不仅自己活出精彩，更是带领广大女性完成百年接力，只为争取一个男女平权的新社会。

1　丹尼尔·布尔斯廷. 美国人·开拓历程 [M]. 北京：三联书店，1993：213.
2　同上，214。

在新环境中经历了一个半世纪的熏陶后，到了独立革命，美国妇女已经对国家形势很有感觉。她们不仅参与独立运动，还在革命的激励下，将这种独立意识运用到自己身上。她们十分关注：在即将建立的新社会里，妇女将拥有什么样的地位。阿比盖尔·亚当斯在给丈夫约翰的信中提醒革命的领导层：在制定新的法规时务必记住女士们，否则——

我们将决心煽动一场反叛，并且决不会受到任何没有我们的声音、没有我们的代表的法律约束。[1]

如此气概、如此意识，与美国革命完全是一脉相承。这个头开得意气风发，开得有胆有识，此后每次社会改革发出的平等呼声，都会再一次唤醒和强化妇女的平等意识。

19 世纪上半叶安德鲁·杰克逊当政时，精英政治进一步向民主政治推进，平民大众的政治参与热情暴涨。共和国度过了初创的困顿，迎来社会稳定。国民信心满满，甚至雄心勃勃，他们满以为只要付出足够的努力，就可能一劳永逸地将社会改造得完美无瑕。他们发挥种种想象，掀起了一场全面的社会改革运动：废奴、禁酒、素食、女权、公有制……他们借助体制的自由，放手试验各种社会制度与生活方式，确切地说是试验大大小小的乌托邦，妇女也积极参与其中。

差不多就在这次改革的发轫之初——1831 到 1832 年间，法国贵族托克维尔受到这个年轻共和国的吸引，来这里进行了一番卓有成效

1　钱满素选编. 我，生为女人 [M]. 河北教育出版社，1995:8.

的考察，写下了经典著作《论美国的民主》。目光敏锐的他也注意到了新世界妇女的新颖之处，用了整整五章的篇幅来论述美国妇女的地位、态度、教育，以及家庭和两性平等。他的观察无论巨细，从来不脱离美国社会的大框架，也从不忘记与欧洲社会进行对比。

托克维尔毫不吝啬地高度评价妇女对社会的影响："社会的民情是由女性创造的，因此，凡是影响妇女的地位、习惯和思想的一切东西，在我看来都具有重大的政治作用。"[1] 他对美国妇女的评价更是有点出人意料：

> 要是有人问我，你认为这个国家惊人繁荣和国力蒸蒸日上主要应当归功于什么，我将回答说，应当归功于它的妇女们优秀。

托克维尔对女性在美国社会中的表现深有感触，尤其以下几点：

第一是美国女孩享有更多的独立自主，"在美国，一个年轻姑娘可以只身长途旅行而不必害怕。"她们之所以能做到这点，主要是三种因素的作用——新教背景下个人获得的更大自主、自由政体下个人享受的言行自由，以及民主社会中的身份平等。相比于欧洲对女孩的过度呵护，美国社会更加鼓励女性的自主精神和理性智力，她们从小就比较不受障碍地接触到真实的社会，清楚知道人世间存在的邪恶。她们年纪轻轻就被允许独立思考和行动，自由发表看法，成为自己的主人，尽情享受生活。

第二是美国社会对女性的尊重，相信她们的智力，尊重她们的自由。得益于独立自主，美国女性也经常表现出不让须眉的头脑和心胸，刚毅果敢。

1　[法] 托克维尔. 论美国的民主（下卷）[M]. 商务印书馆，1991:739-756.

第三是美国人对男女平等的理解：不抹杀性别差异，不搞强制平等，而是让男女各自发挥不同特点，各尽所能，来维护家庭和促进社会发展。虽然两性做的事不同，但作为人的价值是相同的。表现在家庭内部就是：美国女性一旦婚配，便和其他地方的女性一样，丧失独立而从属于丈夫，"住在夫家就像进了修道院"——严峻的舆论"将妇女牢牢地封闭在只顾家庭利益和责任的窄小圈子里，不准她们越出雷池一步"。

对于这种约束，托克维尔并没有提出异议，而是加以肯定。他说：美国人将"指导当今工业的伟大政治经济学原则应用到两性方面来了，即细分男女的职责，以使伟大的社会劳动产生最好的效果"。他进而赞赏了美国女性的隐忍、坚毅——"毫不抵制和没有怨言"。他这样解释其原因：美国没有早婚，女孩在婚前会慎重考虑、反复衡量，婚约是她们心智成熟后自由选择、自由缔结的，因此她们在婚后会以意志力和自我牺牲精神去践约，献身家庭，决不去管家务之外的事情。他断言，美国妇女这样做是出于内在的力量，是自动就范，心甘情愿地放弃。

托克维尔的观察很是逼真，却未必说到女性的心里。美国妇女真的"毫不抵制和没有怨言"吗？他也许言之过早了，更大的可能是他来早了一步，倘若他晚十年到访美国，想来就不会这么高估美国妇女的忍受力了——一场女权运动正在蓄势待发，很快将遍地开花。

妇女素来对道德更加敏感，她们投身禁酒、废奴等各项社会改革，成为这场改革运动中的重要力量。然而她们很快发现，自己在这些活动中经常被排挤和压抑，受到了不公平的对待。在1840年伦敦召开的反对奴隶制大会上，男士们竟然通过投票将卢克丽霞·莫特等六名美国妇女代表排斥在外。不平与愤怒是意识觉醒最好的催生剂，女士们认识到首先应该解放的就是她们自己，于是她们从被动转向主动，开始理直气壮地为自己维权。到了19世纪三四十年代，美国迎来第一波女权运动，女士们多方出击，挑战男性主宰的传统习俗。

首先就是女性当自强，她们必须用知识和技能来武装自己。一些有志向的女性勇敢地踏入传统的男性就业领域，要求平等教育、平等就业。1835 年，美国开始有女医生正式开业，20 年后她们开设了女子医学院。1840 年代，立志当牧师的女性进入神学院，争取宣教布道之权。她们还募款办学，创立分阶段的女子学校，重点开设培养女教师的师范学院。还有许多妇女公开巡回演说，宣讲自己的政治主张、宣传健康的生活方式、致力于改善公共卫生。也有妇女办杂志、当编辑，传播女权思想。有些女性则直接参与商业经营，拥有自己的实业。对这些踏进社会、敢作敢为的女性来说，受嘲弄是经常的事，但这动摇不了她们的决心。

同样重要的是平权意识，除了要求在上帝面前的人人平等，女权主义者还大力促进妇女的平等宪法权利。以家庭为例，依据美国当时的法律，已婚妇女完全是丈夫的附属，不能拥有自己的财产，甚至打老婆也是合法的。经过女权运动的努力，纽约州在 1848 年率先通过《已婚妇女财产法》，女性可以拥有自己的财产和对子女的抚养权。1850 年，丈夫酗酒可以成为妻子要求离婚的合法依据。有些州的妇女还提出了选举权等更高的要求。在当时民间所办的各种试验性社区里，包括宗教和世俗的，都一致主张男女平等。

正是在积极参与改革的过程中，美国妇女学会了维权的重要方式——那就是组织起来（在这个民主的大社会中，她们练就了自己的组织能力）。第一步，志同道合者就近组成小团体；第二步，小团体在州范围内进行整合；第三步，全国范围的大联合——召开全国女权会议。

1848 年，第一次女权大会在塞尼卡福尔斯召开，有来自全国各地的 300 名代表参加，这是美国女权历史中的一次标志性事件。大会发表了一个《情感与决心宣言》，简称《女权宣言》，由伊丽莎白·卡迪·斯坦顿执笔，要求实现全方位的男女平等。贵格会的女信徒们为大会作出了特殊贡献，因为贵格会一向开明，其女性拥有更多公共演说的机会，训练出了像莫特这样思想超前、擅长演说的女性领袖。《女权宣言》在19世纪中叶的发表，说明美国妇女在意识觉醒和争取平等上远远走在了世界前列。

经验证明，只有产生了一大批同道中人，先进的代表人物才可能脱颖而出。独立后半个世纪的美国孕育出了一批女界精英，玛格丽特·富勒当属其中翘楚。富勒才智过人，学识渊博，性格独立不羁。在那个女孩不能上大学的年代，她的父亲将她像男孩一样培养成才。富勒自视甚高，从不甘心当任何人的附庸，她对贬低女性头脑的说法尤为愤慨，抗议各个领域中对女性的压制。

在汇聚了美国文化精英的新英格兰超验主义俱乐部中，富勒是一位受人尊敬的成员，她担任俱乐部刊物《日晷》的首任主编长达两年，而这本杂志总共存在不过四年（1840—1844）。富勒关注社会改革和妇女处境，她将自己对性别的观察和思考写成文章《大讼案：男人对男人们，女人对女人们》，以平等的姿态从灵魂平等说到两性平等，文章思想敏锐、词锋犀利，号召女性勇于追求自由和精神自立，做一个真正的个人。该文于1843年发表在《日晷》上，后扩展成书，改名《十九世纪的妇女》（1845），这是美国第一本有关女性的专著。英国女作家乔治·艾略特曾作文将富勒与英国的玛丽·沃斯通克拉夫特相提并论，后者的《为女权辩护》（1792）称得上女权主义的开山之作。

在组织和宣传女权运动方面，成绩斐然的女性不在少数，除了莫特、斯坦顿，还有格里姆凯姐妹、苏珊·布·安东尼、阿比盖尔·布什等，她们各有所长，贡献不一。莫特和斯坦顿，斯坦顿和安东尼彼此配合默契，四处游说，促成了各种妇女组织的成立和多次女权大会的召开。

内战的爆发致使这场女权运动，乃至整个改革运动都戛然而止。值得一提的是，内战时期最为畅销、影响最大的一本著作正是出于一位女性之手——斯托夫人的《汤姆叔叔的小屋》。它的意义显然不限于一部小说，它是斯托夫人针对当时最大的社会问题——奴隶制——的表态和参与，她从人性的角度揭露批判这一违背人性的制度，使用的是文学这样一种诉诸感性的普及方式。小说成功激发了广大北方民众的良心良知，为推翻这一罪恶制度、维护联邦事业进行了一次卓有成效的思想和情感动员。

三

经过四年内战的浴血奋战，美国终于摆脱了奴隶制及其相关的南北区域对抗，社会重新整合，全国的重心转移到轰轰烈烈的工业化进程上。仅仅用了40年，到19世纪末美国便雄踞世界第一大经济体。民众生活显著提高，付出的代价也不小——财阀垄断经济、贫富严重不均。城市里的贫民窟触目惊心，工人运动频发，农民处境艰难，平民运动此起彼伏。

进入20世纪后，美国上下已形成共识：必须改革垄断经济的弊端、扩大政治民主、平息民众不满、恢复社会稳定，一场历史上称之为"进步运动"的改革由此而起。在这场世纪交接的运动中，美国妇女始终积极参与，有时还走在前列。她们以女性的关爱之心，将目光投向社会底层的生存问题，在基层建立扶贫机构以解燃眉之急——为穷人提供衣食住宿等直接援助，为孩子提供活动场所和教育机会。简·亚当斯等人在芝加哥创建的"赫尔会馆"就是这类机构的首创和典型。她们从事的扶贫济困是帮一个算一个，逐个解决问题，从基层做起，一直呼吁到最高层。她们孜孜不倦的努力获得了国际社会的承认，作为参与这一运动的众多美国妇女的优秀代表，亚当斯被授予1931年的诺贝尔和平奖。

在20世纪初的欧洲，存在着一个美国侨民群体，其中有位闻名遐迩的文化人格特鲁德·斯泰因。她学过医学、心理学，还曾师从哲学家威廉·詹姆斯。她一心创作她认为属于新世纪的美国文学，并热衷于鉴赏和收藏欧洲新崛起的先锋派画作。第一次世界大战后美国作家纷纷来欧洲取经，斯泰因的沙龙名流往来，正是他们结交朋友和获取指导的好去处，她为这批美国作家起了个共同的名字——"迷惘的一代"。斯泰因并不囿于一个作家的身份，她心怀天下，两次世界大战时她都身在欧洲，热心主动地参与支援祖国的正义事业。对斯泰因这样卓尔不群的女子来说，性别早已不再对她构成限制。

可以说，每场战争都是在深度改造社会。"一战"时，当男子走上战场，妇女便不得不走出家庭去填补职场空缺，原本被迫的这一步成了女性走进社会的重要一步。有参与便有了发声的机会，也便萌生了平权的要求。美国妇女是敢于创新的，选举权是她们多年来不屈不挠地争取的政治目标，1920年时机终于成熟，宪法第十九条修正案通过，梦想成真——"合众国公民的选举权，不得因性别缘故而被合众国或任何一州加以否定或剥夺"。

罗斯福新政期间，美国妇女开始登上政坛直接参政，劳工部长弗朗西丝·帕金斯成为美国历史上第一位女部长。罗斯福夫人埃莉诺更是经常公开出面，代表总统四处奔走，开创了美国第一夫人历史中的先例。之前如阿比盖尔·亚当斯，虽然也是丈夫的好参谋，但建议从来只限于家庭范围，在公开场合只能充当白宫女主人，行礼仪之职，却不能直接参与政事，因为政坛历来是男性的领域。从罗斯福夫人开始，美国人逐渐习惯夫人出来关注政治，而且他们真的很欢迎她。

第二次世界大战结束，人们渴望享受和平生活，美国妇女纷纷返回家庭。或许是为了解决退伍军人的就业问题，也或许是因为战后迎来了婴儿潮，整个社会都在刻意营造一种城郊家庭妇女心满意足的幸福形象，似乎家庭就是她们的全部人生。

那么事实是不是如此呢？男人觉得是，女人听着听着也觉得应该是。但是贝蒂·弗里丹出来说话了，她说这只是一个关于女性的神话。1963年，她在多年调研的基础上出版了《女性的奥秘》一书，将这种有意无意想象出来的女性状态称为"女性奥秘"。美国妇女——尤其是郊区中产阶级家庭妇女，对于自己衣食无忧的日子似乎没有理由不感到满足，然而她们内心却在困惑，那是一种说不清道不明的困惑。弗里丹在书中替她们一语点破——女性也需要属于自己的生活目的和人生意义。《女性的奥秘》启发了美国妇女的自我觉醒，激发了其他女性也开始踊跃发声，呼吁呐喊。她们彼此交流，形成团体组织，共同寻求女性更深层次的平等地位。以前女人的事业便是男人，现在她们要寻找自己的事业，实现自己的人生价值。

在1960年代民权运动的激励下，全美形成一场狂飙式的女权运动，与一个世纪前的那场相比，声势更大，范围更广，人数更多，而且不限于精英妇女。这场运动普遍而深入，引发了美国政治、经济、文化、家庭等全方位的深刻变化，说它改变了美国的社会面貌也决不为过，毕竟女性占了人口的一半。如今女性在就学就业上与男性的差距已经大大缩小，大学女校长、公司女总裁、女议员、女议长、女州长、女部长、女国务卿都已不足为奇，女性竞选总统也已发生。虽然总体来说，女性在政治经济的高层面上还处于劣势，但说性别歧视已不再构成合法障碍应该不是夸张。这态势不要说两百年前的阿比盖尔·亚当斯想象不到，就是一百年前的简·亚当斯也不敢奢望。尽管还有诸多不尽如人意之处，但回头一看，阿比盖尔所说的"反叛"已然发生，妇女在近一个世纪来取得的进步称得上"惊天动地"。那些无畏的女权先行者值得我们为她们作传，来表达敬仰与感激，没有她们的持续努力、前赴后继、百折不挠，我们又如何能争取到今天的局面？

四

从本质上讲，女权就是女人作为人的权利——与男人平等的生命权、自由权、追求幸福的权利，以及宪法和法律规定的所有权利。简言之，女权要求的只是女人的人权，并非要求一种特殊权利。比如，免于骚扰就是一种不分男女的基本人权，只是女性更容易受到骚扰，对此也就更加敏感。

从现今大多数国家的法律上看，确实不大有专门歧视女性的条款了，但男尊女卑的历史毕竟太过久远，习惯乃第二天性，人们早已熟视无睹，这点群众运动也改变不了。如果我们运用一些想象力，将现实中的性别角色颠倒过来，换位思考一下，就很容易看清这种偏见。比如记者采访撒切尔夫人时会问：你当首相后怎么兼顾家务？但他会这样问同时代的里根吗？近期大家都在热议新组建的芬兰政府，19名政府要员中妇女占了12名，除了34岁的总理是女性外，内政、财政、教育三部长都是85后女性。然而各国内阁历来都是男性部长占多数，谁去好奇热议过？拿身边的事来说，上网一查，就看到成系列成品牌的"爱妻电器"：洗衣机、净水器、油烟机、燃气灶等，丈夫放心地把家务都交给了爱妻，可怎么就没有"爱夫电器"呢？家庭中太太打理一切家务，让先生专心成就事业的现象随处可见，反过来又有多少？

这样说只是在陈述事实，并没有否定的意思，因为现状的形成自有其纷繁复杂的原因，不是想否定就能否定的。传统观念不是凭空产生，也不会凭空消失，几声呐喊解决不了问题。若是脱离人类整体的发展来单独看待妇女问题，很容易走极端。回到太初，男女的分工不会是无缘无故的，肯定与生理有关，妇女体能较弱，又承担着更多养育后代的责任，于是形成男耕女织的分工、内外有别的习俗，男主外女主内，这本来无可厚非。但随着外面社会的日趋强大，主外的男子也越发强大，垄断了越来越多的权力。主内的女子则相应弱化，越来越处于从属地位，最后基本上失去了对社会的话语权。只要看看母系社会被父系替代的这一过程在世界各地重复，就说明这不只是偶发现象，而且也不会只是发生在主观层面上，它体现了物质条件对男女地位的制约。

这种状态延续了多久呢？光阴冉冉，无可测算，只知道变化是到了近代才刚刚开启的。其间东西方都有过女性执掌权柄的特例，英国的伊丽莎白和维多利亚是堂堂正正继承了王位的，中国的武则天是气势强悍地自行称帝，慈禧的垂帘听政虽说有点遮遮掩掩，毕竟也实际统治一个庞大帝国长达半个世纪。不过这些都是个例，不能说明妇女地位的总体变化。一直到大约 200 年前，妇女受压制的状态才首先在西方受到关注，确切地说是在英国，这和英国在现代化上的领先是一致的。可见，只有当整个社会步入文明繁荣之后，只有当人类的公平正义观念改变之后，才有可能来关注某个群体的平等地位和发展，妇女作为人类的一半才能顺势而为。如今，当我们的认知终于达到这一步，我们也可以反过来推理：如果占人类一半的妇女持续处于不平等状态，人类也就谈不上文明。从未听说过一个社会能达到高度文明，而其妇女却承受着有系统的压迫和歧视。

精神文明建立在物质文明的基础上，但有了物质基础也未必就有精神文明，观念变化的重要性不可低估。性别平等是一个观念，与种族平等、阶级平等一样，依据的都是人类平等这个总观念。横向比较一下就可看出，美国妇女能够走在世界前列，除了经济条件，更依赖于美国的民主制度，依赖于"人生而平等"的观念，否则何来平等之说？何来对公共事务的参与和可能？ 在一个不支持平等自由价值的社会里，男女平等也就失去理论基础。具体地说，无论哪个时代的女权运动，都需要一个广泛而长期的宣传组织过程，这就需要言论自由、集会自由与结社自由等宪法权利的保障，还需要一批受过教育、思想活跃的妇女作为领袖。至于女权主义的说辞，当然也是建立在民主自由的价值观上，1848 年的《女权宣言》不仅接过了《独立宣言》的精神，还照搬了它的措辞：

我们认为这些真理是不言而喻的：所有男子和妇女生而平等；造物主赋予他们若干不可剥夺的权利，其中包括生命、自由和追求幸福的权利；为了保障这些权利，政府才得以建立，而政府的正当权力是经由被治理者同意而产生的。[1]

没有《独立宣言》，何来《女权宣言》？假如人不必平等，男女又何必平等？

女性不是单打独斗的，美国的女权运动离不开男性的支持，在 100 位《女权宣言》的签名者中，男性占了 32 位。妇女状态本来就是社会整体状态的一部分，其变化也势必影响包括男性在内的整个社会。女性为了独立、平等和尊严，要准备付出更多，要承受社会和家庭的双重压力。而女性的变化也将对男性提出挑战，意味着他们将面临一种新的生存环境——也许他们将不得不放弃一些长期享有的特权，与女性分享权力和机会。然而女性在新观念的激励下，正在释放出前所未有的才智和能量，人类这一半的新动员势必为全社会的发展提供动力，总的来说，社会整体必将从中获益。

女权运动的目的是促使整个社会的文明发展，不是鼓动两性相互为敌，也不是要取消性别差异。如果女权运动走向性别对立，便是在偏离方向，甚至走向反面。女性在不断调整自己去适应新形态的过程

1　钱满素选编. 我，生为女人 [M]. 河北教育出版社，1995:35.

中，应该像本书各位传主那样——放眼社会，关注时代，以造福人类的长久福祉作为自己的理想。

钱满素

安·哈钦森
Anne Hutchinson
（1591—1643）

美洲异端

但是历史，真正的严肃历史，我没法感兴趣……教皇和国王们争吵不休，每一页都充斥着战争和瘟疫；男人一无是处，女人无处可寻。

——简·奥斯汀

通奸

　　纳撒尼尔·霍桑的写作有点像驱邪。他总是有一种被他的清教先祖鬼魂附体的感觉，写作是一种仪式，他藉此把先祖的幽灵赶走。但是霍桑的体质似乎有些易招邪祟，尤其是性格强悍的女鬼们，就是不肯放过他。安·哈钦森就是最让霍桑头疼的那个女鬼，为了摆脱她，霍桑写出了他最好的作品《红字》。

　　从这座丑陋的大房子门前，一直到轧着车辙的街道，有一片草地，上面过于繁茂地簇生着牛蒡、茨藜、毒荞等等这类不堪入目的杂草，这些杂草显然在这块土地上找到了共通的东西，因为正是在这块土地上早早便诞生了文明社会的那朵黑花——监狱。然而，在大门的一侧，几乎就在门限处，有一丛野玫瑰挺然而立，在这六月的时分，盛开着精致的宝石般的花朵，这会使人想象，它们是在向步入牢门的囚犯或跨出阴暗的刑徒奉献着自己的芬芳和妩媚，借以表示在大自然的深深的心扉中，对他们仍存着一丝怜悯和仁慈。

　　由于某种奇异的机缘，这一丛野玫瑰得以历劫而永生；至于这丛野玫瑰，是否仅仅因为原先严严实实地遮藏着它的巨松和伟橡早已倒落，才得以在古老而苛刻的原野中侥幸存活，抑或如为人深信不疑的确凿证据所说，当年圣徒安·哈钦森踏进狱门时，它便从她脚下破土而出，我们不必费神去确定。既然我们要讲述的故事要从这一不祥的门口开篇，而恰恰在门限处一眼便可望见这丛野玫瑰，我们怎能不摘下一朵玫瑰花，将其呈献给读者呢！ [1]

霍桑经常犯历史错误。第一，安·哈钦森在马萨诸塞政府的官方记录中可不是圣徒，而是异端；第二，她其实并没有真正被关进监狱。

但说到底，霍桑的历史错误都是故意犯下的。那么，安·哈钦森究竟是何许人也？她的鬼魂为什么缠着霍桑不放？或者反过来说，霍桑为什么就是对她无法释怀？除了《红字》，霍桑还在许多其他作品中反反复复地尝试刻画和解读哈钦森这个人物，有时候是以哈钦森的名字，有时候是以别的名字，但哈钦森的鬼魂影影绰绰，随处可见。霍桑眷念着她、推拒着她、恨她、爱她……她是霍桑的鬼缪斯。

《红字》有一点很特别，那就是性的缺位。"红字"是一个失德的标志，"A"是adultery的首字母，是"通奸"之意，这是一个直接与性行为相关的罪。但非常有意思的是，整本《红字》实际上没有任何一点是与性、淫乱相关的。它所探讨的主题也许包括嫉妒、贪婪、懦弱、女性的坚强、思想的骄傲、不驯顺、清教社会的严峻、不宽容……总之，没有任何一点是和性，尤其是和性行为相关的描写。那些因为"通奸"这个噱头而去阅读这个文本的读者真是会大大地失望了，就好像那些以为《洛丽塔》是一个乱伦的香艳故事的读者，结果发现它其实是一本精确的病理学报告时所感受的失望。

《红字》和性描写完全无关，但和女性有着非常纠结、缠绕的关系。霍桑所想要讨论的主题，正如整本小说在开头和结尾处作者所

---

1 [美]纳撒尼尔·霍桑.红字[M].苏福忠译.上海译文出版社，2012:13.

明确表现的那样，是美国文化的根本，是美国身份和美国象征的根基——这是霍桑立意非常宏大、主题至深至广的一本书。它的开头有一个长长的序言，这个序言和小说主体故事毫无关系，在序言中，除了刻意营造一种压抑、黑暗的清教氛围，霍桑特意提出了美国清教历史的一个痛脚：巫术案。很有趣，《红字》的故事是关于一个女人通奸之后的后续发展，而通奸的女性是在私人的婚姻当中犯错，女巫却不同，女巫是一种职业，一种黑暗的公开身份，可以说，她的职业就是与上帝为敌。这是女性的两个完全不同的身份：在家庭内部的身份和社会身份、职业身份。

但如果我们对基督教的话语方式有更多的了解，就不难看出二者之间的关系了。在《圣经》中，"淫乱"这个词不仅指不合社会规范的性行为，在更多的情况下代表的是离弃上帝、崇拜偶像。"淫"者，多也。基督教是一神教，最忌讳的就是信徒再信奉别的神。在基督教的修辞中，往往将信徒比作神的新娘，比喻其全身心地侍奉上帝，而如果信徒信奉了别的神祇，从修辞上讲，当然就是与人通奸了。所以清教徒们往往会骂天主教是"巴比伦的妓女"，意思是他们背离了上帝之道。所以"通奸"的罪名，本身就等同于异端；而女巫，就是撒旦的妓女。正是秉承着这样的基督教修辞传统，马萨诸塞殖民地的第一任总督约翰·温斯罗普将哈钦森称为"撒旦的工具"、新夏娃、"神选民族的敌人""美洲的耶洗别"。

耶洗别是《圣经·旧约》中的人物，她是迦南人的城邦国西顿国的公主，在她的文化中，信奉的神是巴力。后来她做了以色列王亚哈的妻子，但她仍继续信奉巴力。据说她的丈夫很软弱，于是她强迫以色列人转而信奉她的宗教。因此，上帝授意先知以利亚去向亚哈及耶洗别预告上帝对他们的刑罚，说："在耶斯列田间，狗必吃耶洗别的肉。"

耶洗别的下场很悲惨。多年以后，耶洗别成为太后。在一场由将军耶户领导的政变中，叛军攻到王宫，耶洗别知道死期已至，还慢慢装扮梳头，并讽刺窗外的耶户。耶户命她身边的太监将她从高阁的窗户扔下，结果耶洗别的尸体被野狗吃尽，应验了上帝的话。

《新约·启示录》中，基督对推雅推喇教会写信提到耶洗别，说：

> ……你容让那自称是先知的妇人耶洗别教导我的仆人、引诱他们行奸淫、吃祭偶像之物……（《启示录 2：20》）

所以，"奸淫"一词代表的是拜偶像、离弃上帝，意指假借上帝之名，传假的信息和教导，假先知，真异端。所以"妓女"也未必是女性，指的是那些所作所为和耶洗别相似的人，他们引诱基督徒离开上帝，崇拜偶像。《圣经》中这样的说法比比皆是：

> 这里的妇人，就是主在太 13：33 所预言，那把面酵（表征邪恶、异端、异教的事物）加在细面（表征基督是满足上帝和人的素祭）里的妇人；这妇人也就是启 17 那将可憎之物与神圣事物混杂的大妓女。亚哈的异教妻子耶洗别，乃是这背道召会的预表。[1]

因此我们知道，"通奸"之罪是一种来自《圣经》的，充满了象征性的罪，是背叛上帝，选择了其他神祇的大罪。甚至在《圣经》中，还有对此罪行的终极象征，即伊甸园考验。伊甸园是上帝给祂初创的人类的第一个考验，在这场考验中，夏娃与撒旦联手欺骗了上帝，选择了偷食智慧果，撒旦是引诱者"奸夫"，夏娃的背叛行为无异于"通奸"，她的选择直接导致人类的堕落，是人类的原罪。在这

---

1 《新约圣经恢复本》启示录 2 章 18 节注 3。

宗罪行中，夏娃是主导者，亚当是软弱的从犯：这正是温斯罗普称哈钦森为"美洲耶洗别"的缘故，也是霍桑红字的佩戴者是一个女人的原因——这是一宗女人的原罪。她居然为了自我，为了思想自由而背弃了上帝！是可忍，孰不可忍！上帝于是发雷霆之怒，把人类从伊甸园中逐出。于是有风雨雷电、春夏秋冬、生老病死、苦乐悲欢，于是，人之为人。

　　说起来这些古老的犹太先民，他们对女性的态度真是纠结：他们这样将人类智慧的起源完完全全归咎于女人的犯罪，究竟是对女性无限地崇敬呢？还是无限地嫉恨呢？

　　总之，霍桑很纠结。他对海丝特这个人物的态度非常暧昧、含混，有时候他对海丝特的倔强和个人能力不得不表示尊重，但他对这样的女性的推拒是非常明显的，而且从始至终，没有改变。海丝特似乎在整个故事中，通过自己的智力、意志力、能力，赢得了许多读者，甚至是霍桑的某些尊重。但是霍桑写了这么一个扭曲、晦暗的故事献给正在崛起的美国，以及正在获得其个性身份的美国文化，这本身就很有趣。似乎对于正在迅速工业化，并处于内战前夕的美国，霍桑在道德上处于一种深度纠结，正在进行中的关于废奴的讨论使得霍桑对于整个美国历史上的道德和伦理立场产生了深度的挣扎和怀疑。他意识到纯洁的处女地并不存在，这片土地从一开始就是被人类的罪性所污染的土地。但很有趣的是，究竟是谁犯了罪？谁该为这些罪负责？女性在其中扮演了一个什么样的角色？这是霍桑自己从来没有明确回答过的一连串问题。

　　而在小说的最后，霍桑很明确地说，他所探讨的是美国的命运：

　　　　一片墨黑的土地，一个血红的 A 字。

　　在霍桑看来，美洲荒野在被欧洲移民踏足之时就已然失去了其处女地的纯洁，而之后在这片荒野上建立起来的美国，其文化身份可以用一个血红的 A 字来象征。A 字究竟代表什么？ Able（能干）？ Adam（亚当）？ America（美国）还是 Adultery（通奸）？其实，在整本《红字》中，霍桑从来没有放弃 A 字作为"通奸"之意的象征，只不过这个"通奸"更多的是圣经修辞中的"背离上帝之路"之意，而不是和性行为直接相关的个人婚姻出轨。

在霍桑的时代，美国已经开始跻身世界强国之列。美国科技、经济发展一日千里，西进运动把美国卷入了一个加速运转的大漩涡：土地问题、印第安人问题、奴隶制问题、美国式民主的问题、科技与宗教的问题……最终都归结为一个问题："美国问题"——美国是什么？"A""America"，究竟是怎样的一种存在？

和其他自然形成的民族国家不同，美国是一个没有根的国家：它没有传统文化，没有统一的语言，没有民族认同，甚至没有固定的国土。纠结，是 19 世纪中期美国文艺复兴的基本特征和动力。经常在康科德聚首的几位作家、思想家：爱默生、梭罗、富勒和霍桑，他们的作品都围绕着同一个主题：美国是什么？爱默生喜欢说教，梭罗喜欢冥想，富勒长于思辨，而霍桑最擅长的是象征。《红字》是霍桑深思熟虑之后为此问题提出的终极答案，美国是"一片墨黑的土地，一个血红的 A 字"。

最早移民到新英格兰地区的清教徒们有着极其宏大的理想，他们不仅要避开英国政府的宗教迫害，而且他们自命为基督教世界派往美洲荒野的先遣队，要在美洲建立一个"山巅之城"，以为旧世界的模范。上帝必将抛弃旧世界，基督将在新世界重临，全世界将向美洲的范本学习。美洲是上帝为他的选民预留的处女地，是新迦南，是未来之地。在 150 年的殖民地历史中，新英格兰的清教牧师、政府官员、社区领袖、思想精英们集体维护、传承并发展了这一宏大的宗教修辞，使其逐渐发展成为一种美国象征。随着美国国土的扩展，移民西迁，移民们不仅把清教徒在新英格兰实验的美国式民主制度扩展至整个北美大陆，也把这一起源于清教宗教理想的美国象征传播开来。到19世纪中期，日渐强盛的美国亟需一个民族文化身份，而起源于清教的美国象征也水到渠成。美国文艺复兴发生在新英格兰是再自然不过的事情了，毕竟新英格兰一直是美国的大脑。而生于斯长于斯的霍桑，更是对美国象征烂熟于心，实际上，他把已经世俗化的美国象征又悄悄地放进一点宗教和历史元素，居然使它变得更加生动，惝恍迷离。

这个加进去的元素，就是"通奸"。北美殖民地是人类文明的大实验基地，各种不同的人种、文化和制度都在这块土地上获得了发展的机会，它们相互影响，也展开竞争。到19世纪中期，实验结果已经揭晓，美国式民主和自由胜出。法国贵族托克维尔的《论美国的民主》是西方文明颁给北美大实验的结项证书。霍桑仔细地考较了北美殖民地的历史，正宗的"山巅之城"是一个等级分明的神权社会，民主在萌芽，但自由，尤其是思想的自由，并不受鼓励。清教神权的正统是秩序和服从，而自由是异端。这个异端，将成长为美国文明最核心的部分。霍桑做了一个简单的逆向推理：按照基督教正统修辞，异端是为"通奸"也；美国文明的核心是自由，是清教神权社会中异端发展的结果；那么，美国文明其实是"通奸"产生的私生子。"A"就是"America"，同时也是"Adultery"。而美洲异端哈钦森夫人所象征的自由精神，是霍桑心中的美国文明之母。

审判

安·哈钦森一生没有留下多少文字记录。和其他17世纪的女人一样，关于她的记录只有出生、洗礼、结婚和死亡的日期。唯一比其他女人多出来的记录，是她的受审记录。

1637 年 11 月哈钦森受审的时候，她 46 岁，有 12 个活着的孩子，一个 5 天大的孙子，而且当时正怀孕，第 16 次！家里 3 个孩子小时候生病死了。审判那天因为下雪，不能乘坐马车，她走了两个小时到法庭，整个审判期间，她都必须站着回答问题。

1637 年的马萨诸塞殖民地，大约有 7000 名居民，一个总督，一个副总督，7 位执事，31 个助理（从 14 个城镇的自由民中选出），哈钦森审判当日，这 40 位殖民地大议会长官全部出席。在场的还有 8 位牧师。

哈钦森因为什么而受审？这是一个很难回答的问题，因为庭审记录本身就没有明确哈钦森的罪名。甚至对哈钦森的处罚也让新英格兰的长官们犯难，罚她没有投票权吗？她本来就没有。公民权？没有。罚她不许携带武器？她本身就反对使用武器。罪名也很难确定：藐视法庭、意图煽动叛乱吗？理论上讲，当时的女人是没有公共身份的，法庭既然视她为无物，她又怎么可能藐视一个根本当她不存在的权威机构呢？

当然，控罪还是必须要有的。其中之一是她的行为，即在家聚众讨论宗教问题，是"不符合其性别"的行为。意思就是，她因为"不像一个女人"而受审。哈钦森用智力和语言颠倒了她的世界，"她更像丈夫而不是妻子，更像布道者而不是听众，更像长官而不是臣民"，而这种能力在男人眼中更像是妖术。总督温斯罗普认为她正在创建"一个女人的共同体"以培育"她们的可怕的邪恶"，用以压制男人。他在日记中对哈钦森的描述是："这个女人非常傲慢，性情暴躁，富于急智，思维敏捷，巧舌如簧。"[1]

1　John Winthrop. Edited by James Savage, Richard S. Dunn, Laetitia Yeandle, *The Journal of John Winthrop, 1630—1649*, Belknap Press, 1996: 135.

部分庭审记录如下：

法庭："你的行为是不可容忍的……对殖民地有着极大危害。许多诚实的人被诱惑去参加你的聚会，而你在聚会上表达的观点和上帝的话是不一样的，这可能导致一些单纯的灵魂被诱惑去向你寻求引导。""现在，这些观点开始从殖民地长官和牧师口中说出来了，就因为他们受了你的影响。除此之外，共同体也不能容忍家庭生活被忽视，因为如此多的居民，如此多的夫人们花了如此多的时间去你那里（导致她们忽视了自己的家庭生活）。我们不认为上帝会允许如此。我们认为在已经确立的权威之外任何人也无权再进行任何活动。因此而造成的损害都应该由你负责。"

哈钦森："长官，我认为不是这样的。"

法庭："但我们认为是这样的。因此，我们必须禁止你的作为，阻止你继续此类活动。我们是你的法官，你不是我们的法官，我们必须强制你执行。"

哈钦森："如果上帝说你可以这样做，你才可以这么做。""如果你行使你的职权迫使我停止我的聚会，我会遵守命令，因为你是我的长官；我希望你颁布一条规定不允许我这样做，这样的话，我就可以心安理得地执行您的命令了。"

但是总督大人并没有回答她的问题，转而说道："没错，你是一位备受关注的女士，很有才能，如果有人模仿你的行为，那是从你的教导和范例中学来的，但是你的所作所为，你作为一个公共导师，你的权威从何而来？"[1]

如果不是哈钦森突然晕倒，她很可能会引用《新约·提多书 1:3》来回答这个问题吧："到了日期，藉着传扬的工夫，把祂的道显明了；

1　Michael P. Winship, *The Times and Trials of Anne Hutchinson: Puritans Divided*, University Press of Kansas, 2005: 125.

这传扬的责任是按着神我们救主的命令交托了我。"

天生反骨

在清教徒身上，我们总是很惊讶地发现一种只有生活在个人权利更有保障的现代国家的公民才有的固执和勇气，这种特质很清晰地把他们和周围的"顺民"分隔开来。安·哈钦森身上，流着不驯顺的清教徒的血液。安的父亲，弗朗西斯·马伯里毕业于剑桥，是位牧师，坚定的清教改革派。1578 年 11 月，他因为异端思想在伦敦圣保罗教堂受审，被判入狱好几年。当时的庭审记录十分有趣，可值一哂。

剑桥硕士毕业的马伯里指责当时的教会随意任命无知的神职人员是在"谋杀信众的灵魂"。约翰·艾尔默主持审判。庭审过程如下：

艾尔默："你对法庭有什么可说的？"

马伯里："我无话可说，我仅企望上帝能保佑二位的灵魂。"

艾尔默："别废话，赶紧陈诉……"

马伯里："我认为伦敦和彼得伯勒以及全英格兰的主教们都有罪，因为他们明知道他们任命的牧师们无法胜任工作，因这些牧师的无知而死亡的信众的灵魂都要算在这些主教的头上。"

艾尔默："你所说的主教们，他们最大的错误就是有眼无珠，看错了人，居然任命你为北安普顿的牧师。"

马伯里："若是如此，我祈祷上帝，让他们不仅有眼无珠，最好连眼眶也一起掉下来。"

艾尔默勃然大怒："你这个混蛋！你这个疯子！你胆大包天！你无耻放肆！"

其他法官："他的确是疯了！"

马伯里："法官先生，我反对法官在法庭上口出污言。赞美上帝，我并没有发疯，倒是法官先生，我看您完全失控了。"

艾尔默环顾法庭："你们见过比这个人更无耻放肆的吗？"

……

审判以这种滑稽的方式进行，一方冷静、机智而高傲，另一方则颠顸又蛮横。

其他法官企图救场："你还能指望更公平的审判吗？艾尔默主教是一位诚实的人，假以时日，他也可以变得有学识。"

马伯里："但在此期间，人们的灵魂正在死亡。试问您会不会将您嗷嗷待哺的儿子送去给一个没有奶的奶娘呢？就算她是一个诚实的人？"

法官："以身作则也是很好的布道，这总不会杀死谁的灵魂吧？"

马伯里："所谓以身作则，说的是那些无知无识的良善老妇，沉默对她们来说最合适不过了。'要你将那没有办完的事都办整齐了，又照我所吩咐你的，在各城设立长老……监督既是神的管家，必须无可指责……坚守所教真实的道理，就能将纯正的教训劝化人，又能把争辩的人驳倒了。'"

马伯里："使徒既然命那提多人要能劝化人，能驳倒争辩，那么你说的什么以身作则也只是借口而已。"

救场的法官也失去了耐心："我就知道你这家伙，你是不是还妄想在每个教区教堂都指派一个传教士啊？（清教改革派主张不仅要提高牧师们的水平，还要增加牧师的数量）"

马伯里："是的，大人，我想这也是圣保罗的希望。（如《提多书》所示）"

法官："这么多牧师，你倒是在哪里能找到呢？"

马伯里："剑桥、牛津、律师学院，当然啰，监狱里也有一些。"

法官："这么多牧师，怎么供养他们呢？"

马伯里："从您的整张牛皮上割下一条皮带，其他的部分又不会被惦记。牧师们没法过活，恐怕要怪那些已经过于富有的人吧。"

法庭表示目前无法指派更多牧师。

马伯里："那么宁缺毋滥。"

艾尔默主教："你怎么知道上帝不愿意保留现在这些牧师呢？反正我们也没法找到更好的了？"

马伯里："请参阅《何西阿书 4:6》，你既弃绝了知识，我也必弃绝你、不让你做我的祭司。"

主教大吼："你这个傲慢无礼的清教无赖！你给我滚回北安普顿去！你爱讲什么就讲什么吧！我管你去死！你一定会后悔的！"

……

马伯里表示他不是"清教徒"，因为这个称谓是当时讨厌清教徒的人对他们的蔑称。

马伯里："我恳求法庭公正对待。我已经入狱两次，而我并不知道是为了什么。"

法官表示他已经受够了，让法警把马伯里投入马歇尔希监狱，那里以苛待犯人而著名。

马伯里："如果这是上帝的意愿，我会去。但请谨记上帝的审判。你公开地错判了我。我祈祷上帝会原谅你。"

法庭判马伯里"异端"之罪：败坏基督的教义，并以此质疑上级的判断。马伯里被判入狱两年。

马伯里后来把这次审判过程写成一本小书，作为安小时候的课本。安在识字、学习清教教义的同时，恐怕也从小习得了乃父之风，机智而高傲。

除了马伯里自编的教材，安小时候常读的一本书是《殉道者传》。其中充满了血淋淋的对殉道者的折磨和殉道者们高贵的灵魂如何引导他们通过尘世的受苦而获救。儿童时代阅读此类书籍往往会给纯洁的心灵留下不可磨灭的印记，它也许会扭曲某些孩子的性格，但也有可能会培育出过人的勇气，这种勇气在他们成年之后，渐渐地显露出来。

老女人

哈钦森的审判在她晕倒之时暂停了，她的丈夫和兄弟把她扶起来，她终于可以坐下来，审判继续。哈钦森被要求对她的行为提出依据，哈钦森引用了《提多书》："老年妇人……好指教少年妇人。"但博学的温斯罗普立刻指出她是断章取义，《提多书 2：3-5》原文如下：

> 2：3 又劝老年妇人，举止行动要恭敬，不说谗言，不给酒作奴仆，用善道教训人。
> 2：4 好指教少年妇人爱丈夫，爱儿女。
> 2：5 谨守，贞洁，料理家务，待人有恩，顺服自己的丈夫，免得神的道理被毁谤。

老年妇女也许是这个世上唯一真正自由的人，我的老师曾说："这个世上没有什么可以约束老年女性的东西，年轻的时候也许还有一些迫不得已的顾忌，孩子啊，或是感情之类，但是一个老年女性，她是绝对自由的。"

"她还有什么可害怕的呢？"

所以整个世界都害怕她。为了预防老年妇人的自由干扰世界秩序，圣保罗早早地降尊纡贵，在他宝贵的书信中，明确了她们的义务、行为规范和活动范围。

可怜哈钦森，在整本《圣经》中，只找到这一句女人可以"指教"他人的话，而且还仅限于指教少年妇人，而且指教的内容更是严格限于家务。所以当温斯罗普引用整段《提多书》时，哈钦森被迫放弃了她的第一条依据，转而引用《新约·使徒行传 18：24-26》，原文如下：

> 18：24 有一个犹太人，名叫亚波罗，来到以弗所。他生在亚历山大，是有学问的，最能讲解圣经。
>
> 18：25 这人已经在主的道上受了教训，心里火热，将耶稣的事详细讲论教训人；只是他单晓得约翰的洗礼。
>
> 18：26 他在会堂里放胆讲道，百基拉、亚居拉听见，就接他来，将神的道给他讲解更加详细。

根据哈钦森的理解，亚波罗已经是一个信神而有学识的人，而他"并没有拒绝从一个女人那里获取知识，并因此成为一个优秀的传教士"。

温斯罗普对《圣经》的熟悉程度丝毫不亚于哈钦森，他轻易找到她的漏洞："你的论点根本站不住脚，百基拉是和她的丈夫亚居拉将亚波罗带回家中，私下进行教导，难道因此，你，哈钦森夫人，就可以没有丈夫在旁，独自教导 60，甚至 80 人？"

"不是我叫他们来的，但是他们向我请教，我就可以教导他们。"

"但你还是没有提供一个依据。"

"我已经向你指出《圣经》上的两处。"

"但是这两处都不适用于你的情况。"

"难不成我还得在《圣经》上找到自己的名字给你看？"

《圣经》上没有多少女人的名字，所有的历史书上都没有多少女人的名字，倒是要求她们驯顺听话的教条比比皆是，温斯罗普毫不费力地又指出了两处：

妇女在会中要闭口不言，像在圣徒的众教会一样，因为不准她们说话。她们总要顺服，正如律法所说的。她们若要学什么，可以在家里问自己的丈夫，因为妇女在会中说话原是可耻的。（《哥林多前书 14：34-35》）

　　我不许女人讲道、也不许她辖管男人、只要沉静。（《提摩太前书 2：12》）

　　因此，当温斯罗普说"我们无意与你这种性别的人对话"之时，他只是在重复千百年来严肃历史的传统。

　　17 世纪的信件透露许多家庭内部的权力结构，其实也没有许多，就一条：男人是家长。温斯罗普的妻子玛格丽特写给总督大人的信件落款是：您忠实而听话的妻子。就连他的姐姐信件的落款也是：听候您吩咐的姐姐。温斯罗普的儿子，小约翰·温斯罗普的妻子是这样落款的：永远爱您的温顺的妻子，随时听候您的差遣，只要上帝还赐予我生命和力量，您要我干什么都可以。

权威

　　宗教对于女人来说是很自然的事情。哈钦森是一位熟练的护士和助产士，自己经历过 15 次分娩，3 个孩子的死亡，宗教对于她来说，和 17 世纪其他的女人一样，是日常生活的一部分，也是最核心的部分。周日布道后的讨论和交流是一种延续和准备，因为在病床边，产床旁，甚至是濒死之人在卧床上抓着她的手，企望地问她：我在天堂有一个位置吗？有的，她说，毫不迟疑。

　　耶稣在世的时候，只是众多犹太先知中的一个，但是他有一种独特的话语方式，权威的方式。他从来不用引经据典，和那些唯唯诺诺的文士一样，言必称律法。"我的话就是律法。"耶稣的权威来自他的身份，"我是上帝的儿子"。而哈钦森的权威来自她作为女人的身份：我亲历生死，我理解上帝的话，我理解人类的苦难，我抚慰痛苦，我支撑灵魂。

哈钦森的精神导师是约翰·科顿。从基督教的历史来说，从来没有一种神学明确地说，女人是可以和男人平等的。而科顿的神学把神恩的获得放到了最高的位置，神恩的获得是一种极为个人的经历，摒弃了几乎所有的外在条件——教会、神职、社会地位、财产，甚至是所谓的高尚道德和无可挑剔的循规蹈矩甚或善行，尘世的一切尊荣都不可能保证一个人获得神恩。相反来说，哪怕是一个极为卑微的人，一个行为略有偏差的人，一个女人，只要上帝赐予她这份神恩，她即获得天堂的一个位置。

这是哈钦森多年以来求而不得的一份保证，来自博学而备受尊崇的林肯郡最受爱戴的科顿牧师的布道。精神食粮，这看上去只是陈词滥调的说法却真实地描述了哈钦森对科顿神学的依赖。每个周日，她往返24英里，花6个小时，去听科顿的布道。科顿移民北美之后，哈钦森一家追随他来到马萨诸塞。

科顿神学对于哈钦森的吸引力在于其革命性。科顿是从加尔文神学的逻辑推演出其革命性的结论：神恩的获得是预定的，与个人的社会地位或财产无关。在哈钦森看来，也与人的性别无关。

哈钦森的某代重孙女曾为哈钦森作传，她为霍桑的《红字》做了一个神学注脚："因此，科顿的神学将女性的耻辱经验延展至男性，从而在她这样的女性心里创造出一种新的骄傲之感。"[1]而这种骄傲感

1　Eve LaPlante, *American Jezebel: The Uncommon Life of Anne Hutchinson, the Woman Who Defied the Puritans*, Harper One, 2005: 236.

是有事实支撑的。以前的妇女从来没有任何公共身份，不能布道，不能成为神职人员，不能充作先知，不能谈论神学。但是科顿的神学强调的是"圣徒"和"非圣徒"的区别，是"百合"和"荆棘"的区别，性别的差异被模糊了，虽然哈钦森没有布道坛，但她真的可以在家里聚集人群布道，她以先知自居，而人们也尊重她先知的身份。

从话语方式来说，无论是男人还是女人，当然尤其是没有接受过多少正规教育的普通人，他们喜欢哈钦森直接、坦率的方式。其他牧师们说话云里雾里，从来不肯直接切中要害：

"我死后能上天堂吗？"

"哦，神的羔羊，万能而公正的主必会根据你的灵魂的纯洁、你在尘世的操行来做最后的判定；当然，我们新英格兰人和上帝签有'社群之约'，你每周都上教堂吧？每餐前都祈祷吧？你感受到上帝的恩赐吗？……当然，我们凡人都是不可以妄自揣测上帝的意旨的，因此呢，在最后的审判到来之前，我们谁也不知道……"

"但是，尊敬的牧师先生，我真的只想知道，我在天堂有一个位置吗？"

"哦，关于这个问题，我们必须从以下5个方面来考虑……"

"谢谢您，尊敬的牧师先生，我还是去找哈钦森夫人好了。"

哈钦森有着先知的名声，她坚定、果敢，这种性格力量使得她在边疆性质的社会拥有了极大权威。关于拣选，她声称只要和一个人交谈半个小时就可以知道他是否蒙恩，是否被上帝选中。她声称圣灵与她同在，对那些并未蒙选的牧师和官员毫不假以辞色。先知在17世纪并不稀罕，神迹故事更是比比皆是，一个熟悉《圣经》、持身清白（甚或是淫邪之徒）的男人如果声称有先知之力，就会有无数人追随他，膜拜他。但如果声称拥有这种能力的是一个女人，那她很可能被认为是女巫，如果像哈钦森一样出身上流社会，那么就是异端。

作为新英格兰殖民地的第一个异端，哈钦森享受的待遇先是被人群追随，然后是被一大群最有权势的男人围攻。为了给她定罪，马萨诸塞的精神领袖们集体出动了，毫不夸张，所有马萨诸塞最知名的人物全部聚集在法庭，来自塞勒姆的休·彼得、坎布里奇的托马斯·谢泼德、罗克斯伯里的托马斯·韦尔德和约翰·埃利奥特、沃特敦的乔治·菲利普斯、查尔斯敦的泽卡赖亚·西姆斯，当然还有总督温斯罗普、副总督达德利，殖民地大议会的所有官员和各个教会的牧师全部到场，企图为哈钦森找到一个合适的罪名。

混乱

鉴于我们讲述的是一个 400 年前的故事，补充一点时代背景知识总是必要的。首先我们得知道，安·哈钦森为什么惹祸上身。在 17 世纪，人们最最关心的事情，是他们死后能否上天堂，也就是灵魂得救的问题。"salvation"（得救）还有一个说法是"justification"（称义），字面上解释，就是上帝称某人是"一个义人"，也就是说这个人有资格上天堂。在宗教改革之前，一个人的得救基本上完全依赖教会，而最明显的证明是参加圣餐仪式。后来天主教会有许多腐败行为，例如出售赎罪券，就更是把灵魂得救变得世俗化而且很廉价。马丁·路德针对当时天主教的弊端提出改革，其中最基本的观点是"因信称义"，也就是说，一个人只能通过虔诚的信仰而得救，而不是参加圣餐或购买赎罪券就可以称义。约翰·加尔文就更是提出"预定论"，意思是说上帝在每一个人出生之前就预先判定了他是否可以得救，言下之意，圣餐、赎罪券什么的，根本就是骗局。

清教徒常常被人们称为"抗议者中的抗议者"，他们是对宗教改革之后的英国教会再次提出改革要求的人。路德和加尔文是他们的导师，因此在新英格兰，正统神学是加尔文神学。但路德和加尔文是

"抗议者",他们提出这些革命性神学理论的时候,是他们对抗天主教强大权威的时期,可以想见,他们的神学在最初提出来的时候,是最具革命性的。但之后清教徒们自己在新世界建立了一个新社会,这时候,事情发生了微妙的变化,他们从"抗议者"变成了统治者,而他们的神学必然也会产生相应的变化,"契约神学"应运而生。

根据契约神学,上帝与亚当曾签订行为之约(Covenant of Works),在这一契约中,上帝允诺亚当及其子孙永生和幸福,条件是人类对上帝绝对服从。但是亚当未能守约,于是被逐出伊甸园,人类也从此堕落。但是上帝并未就此抛弃人类,《旧约·创世纪》第 17 章记录了他和亚伯拉罕再次立约。由于人类此时已经是堕落的人,他无法理解并按照上帝的律法来约束自己的行为,所以新的契约是救恩之约(Covenant of Grace)。也就是说,只有得到上帝恩典的人才有资格与上帝签约,上帝不仅允诺他的选民永生和幸福,并且要先赐给他神恩,使他有力量保持信仰,而人类一方的责任只有一点,就是信仰。这也是宗教改革强调的关键论点——"因信称义",也就是说,因为信仰而获拯救。它针对的是天主教的所谓"事工得救",后者认为人不可能仅凭自己的行为而获拯救,在获救的问题上,最终决定权在上帝的手里,得不到恩典就不能获救。

但新英格兰的契约神学所关注的重点不仅在于神恩的获得,而且特别强调神恩的体现,这就是成圣(sanctification)。牧师们把个人得救的过程细分为五个阶段:一是拣选(election),在这个阶段,由上帝按他的心意选中那些可能得救的人,标准是完全不可知的,所以在这个阶段,人完全是被动的;二是圣召(vocation),这对世人来说是最重要的阶段,上帝的荣光恩赐于他,使他认识到自己的罪,并赐他信仰的力量使他转向上帝;这一阶段的高潮是称义(justification),也就是赦免,一旦达到称义也就进入了第三阶段,此时预选成为现实,人的灵魂得救;但这并不是皈依过程的终结,还有第四阶段成圣（sanctification），在成圣阶段，一个新的圣徒应该在行动上表现出他灵魂的崭新状态。他应该更努力地过一种更完美的生活，更真诚地痛悔自己的堕落，在道德上更高地要求自己。因为如果不是这样，那他皈依的性质就会受到质疑，皈依如果不能让人更高尚，那很可能是恶魔跟人开的恶意的玩笑，误导人产生皈依的错觉，然后放弃努力，致使灵魂不能获救。皈依的最后一个阶段是荣耀上帝（glorification），在这个阶段，人们终于可以知道自己的皈依是真是假，知道自己是否被上帝选中。但是关于这个阶段何时到来却有一些争议，大部分牧师认为只有死后才能知道谜底。

哈钦森对"因信称义"没有异议，她认为当一个人受到赦免时，就如同遭受雷击一般，有一股神的力量注入他的体内，从此他的人性受到涤荡，圣灵常居心间。因此哈钦森得出结论：一个圣徒并不需要继续圣化，他的行为完全根据内在的冲动和神的启示，行为好坏的世俗标准对圣徒而言毫无意义，蒙选之人不再受律法约束。在温斯罗普看来，哈钦森的观点必然导致放弃所有个人的道德责任，而这种伦理道德上的无政府主义会导致极其严重的社会后果。对于温斯罗普来说，个人获救的方式应该是在一个神圣而秩序井然的社会，尽可能过一种虔诚有用的生活；而哈钦森则认为获救表现为神意直接对个人的启示，是一种纯粹的精神活动，与世俗生活无关。从 1635 年哈钦森移民波士顿之后，她开始质疑波士顿的大部分牧师，认为他们布道的不是"救恩之约"而是"行为之约"。

历史学家摩根把哈钦森的主张称作"17 世纪的无政府主义"，认为它从根本上打击了马萨诸塞殖民地的神学基础。试想如果一个人只需"待着不动，只等着基督为他做好一切"就可以得救的话，那他又有什么必要整天努力向善以显现上帝对他的恩典呢？如果一个人一旦得到上帝的恩典就如同圣灵灌注其身，那么牧师的教导又有何用？更糟的是，既然尘世的律法对真正的基督徒，上帝真正的选民没有约束

女士接力

美国变革者

力的话，那么遵从上帝的律法建立起来的社会还有什么意义呢？

　　虽然在殖民地当局看来，哈钦森的观点极其危险，但是这种个人行为和灵魂得救完全无关的观点在精神和心理上对殖民地的商人们却是一种安慰，他们的商业活动和唯利是图的精神缺陷一向是牧师们攻击的对象，一时之间，哈钦森的支持者竟占了教会的大多数。1636年10月，他们提出要改革教区，改选最近移民到波士顿的约翰·维尔赖特为第二导师。维尔赖特牧师是哈钦森的妹婿，在神学思想上，他和哈钦森看法一致。温斯罗普当时已经意识到哈钦森思想的危险性，他强烈反对教区改选并设法阻止达成任命所必需的一致投票。在波士顿受挫以后，维尔赖特在渥莱塞顿山上一个新建的教堂当选牧师，当地有不少波士顿商人的产业。

　　事态继续恶化。1637年，温斯罗普在日记中写道："在殖民地，人们明确地分为'救恩之约'一派和'行为之约'一派，相互之间势同水火，就像别的国家里新教徒和天主教徒那样。"殖民地大议会宣布全殖民地斋戒一天，祈祷教会内部纷争能够平息，然而维尔赖特居然利用这个机会发表演讲，煽动对抗。他说："当真理的敌人反对上帝之路，我们必须攻击他们，用上帝之言杀死他们。""如果这样会导致教会和共同体的大骚乱"，那显然也是神意使然，"难道基督不是把火带到了人间吗？"殖民地陷入完全分裂，科顿的一个朋友在1637年写给他的信中说："你抱怨说殖民地缺少兄弟之爱，说得太对了，我也发现了太多的陌生，太多的疏离，以前那些走好几里路来拜访我的朋友，现在路过我家也不肯打个招呼，好像陌生人一样。"总督夫人玛格丽特·温斯罗普也写信给她的丈夫说："我的精神为哀思笼罩，我无法驱散它们，什么事儿也干不了，整天思量着，在这无尽的烦心事儿中上帝的意图究竟是什么？"科顿·马瑟后来写道："人们为了'救恩之约'和'行为之约'争执到这种地步，以至于威胁到殖民地的基本秩序。争论一直延伸到家庭内部……使丈夫和妻子也对立起来。……没有什么公共场合和事务能避开这一争论，它已经危及了社会的基础"。[1]

波士顿教会内部有不少人都支持哈钦森，政府方面连总督亨利·范内也支持她，所以 1637 年政府的改选对正统派就显得格外重要，他们设法使选举在纽顿进行，因为那里远离哈钦森的影响。突然之间，自由民的身份变得重要起来，许多正统派从 40 英里外的纽伯利赶来在纽顿注册为自由民，投票选温斯罗普为总督。5 月 17 日选举当天，气氛极为紧张，在纽顿的选举大会开始不到一个小时，波士顿人就送来了请愿书。当时的总督范内决定要宣读，但副总督温斯罗普反对，理由是这样做不合程序，应该先选举再处理请愿。双方僵持不下，汹涌的人群高叫着"选举——选举"，温斯罗普于是建议让人们现场表决是先选举还是先宣读请愿书，结果大部分人同意先选举。范内还是不肯让步，温斯罗普态度强硬地表示就算范内不主持选举，他和其他人也会照常进行，无奈之下，范内只好同意选举开始。正统派大获全胜，温斯罗普当选总督，托马斯·达德利为副总督，范内连助理都没选上。

哈钦森事件使教会意识到自己平时对信众疏于管理，以至于让异端有机可乘。1637 年 8 月 30 日，在纽顿召开了第一次殖民地大议会审判会，会议历时 24 天，列出了 82 条异端邪说，"有些是亵渎神圣的，有些是错误的，而所有 82 条无一是安全的"，此外，还有"9 处不健康的表达"，被公认为有害于社会安定和团结。最后一天会议宣布任何类似哈钦森夫人家庭聚会的宗教聚会为非法，禁止对教会提出批评性质疑。范内在审判会召开以前就离开了殖民地，1637 年 11 月，法庭正式起诉维尔赖特斋戒日的布道为煽动言论，他受到质询并被判

---

1 Tim Cooper, *Fear and Polemic in Seventeenth-Century England: Richard Baxter and Antinomianism*, Routledge, 2001: 113.

有罪，法庭判决剥夺其公民权并驱逐出境。那些在支持他的请愿书上签名的人也都被判剥夺公民权、解除武装或驱逐出境。

哈钦森夫人受到法庭传唤，但法庭很快发现要定她的罪是很困难的。也许因为是女性的缘故，也许因为出于谨慎，总之，哈钦森并没有在支持维尔赖特的请愿书上签名，所以法庭最后只找到三条罪名：一、"怂恿并鼓励"人们这么做；二、在家里召集聚会，这样做"对她的性别而言并不合适"；三、诽谤殖民地受人尊敬的牧师们。三条罪状中只有第三条相对严重，而哈钦森辩才无碍，从法庭记录来看，她完全成功地为自己辩护，而法官们虽然对于她的才智感到恐惧和厌憎，但也准备对她进行申饬并开释她。可是也许由于对新英格兰此行的失望，也许由于审判时间太长，且哈钦森当时有孕在身，总之，在一阵绝望情绪之中，哈钦森开始放弃谨慎的态度，宣称她早就知道自己会来到新英格兰并在此受到迫害，但她无所畏惧正如但以理身陷狮子洞一样。她大声宣称："看吧，圣经早就在我眼前完成了今日之事，因此，小心你们将要对我做的事……因为我知道因你们今天对我所为，上帝将毁灭你们、你们的后代以及整个殖民地。"这是赤裸裸的挑衅，殖民地当局必然认定如果他们不惩罚哈钦森的话，上帝真会降罪于他们了。审判于是变得很戏剧化。法官们讯问她："你怎么知道是上帝而不是撒旦告诉你这些的？"哈钦森再一次大量引用圣经来支持她的论点，但显然她已经厌倦了这种没完没了的神学辩论，想要殉道的欲望抓住了她，于是她冷然答道："亚伯拉罕怎么知道是上帝要他把儿子作为牺牲去献祭呢，杀人不是犯了十诚中的第六诚吗？"

法庭："是通过上帝直接的声音。"

哈钦森："那么，对我来说也是一样，上帝直接启示于我。"

法庭："是吗？如何直接启示？"

哈钦森："通过他的圣灵的声音启示于我的灵魂。"

这等于直接承认她是异端，法庭长长地舒了一口气。温斯罗普这样写道："法庭和其他与会的人（除了那些她的同党）的确感到上帝显现了特殊的神意，她的话把她自己交到法庭的手中，她自己承认了大家一直怀疑她所犯的罪，只是一直没有充分的证据来证明她有罪。"现在她只有一个请求："我想知道我为何被放逐？"温斯罗普干巴巴地答道："请别再说了，法庭知道为何，法庭对此感到满意。"法庭一致判她有罪并驱逐出境。其他支持者有被判剥夺公民权的，有被判当众承认错误的，也有被判平时不许携带武器的。重新统一思想又花了一段时间，三三两两的波士顿人结伴到法官那里承认错误，拒不认错的人被迫离开殖民地。

根据伊芙·拉普兰特的看法，哈钦森当时完全可以躲过惩罚，由于科顿的证词对她十分有利，法庭无法证明她蔑视当局，或是中伤牧师们，但在这个胜利的时刻，哈钦森开始在法庭上侃侃而谈，"教育"她的法官们。

很奇怪，她在几天的审讯过程中一直步步为营，机智而谨慎，为什么在最后时刻突然放弃了呢？也许是爱伦坡的黑猫终于逼疯了她：几天以来，几年以来，甚至从她的父亲郁郁不得志的一生以来，这些话就一直反复萦绕在她的脑海；她也许为此准备了几天，几年，甚至根本就不用准备；她的父亲，先辈受迫害的清教徒们，聪慧过人但抑郁而终的所有女人们，他们占据了她的大脑，抢夺了她的唇舌，使得她在法庭上突然爆发了。当日在法庭上慷慨陈词的，是哈钦森，也是他们全部人。把话都说出来吧，她突然意识到，这是她的使命，这就是她历尽艰辛、跨越大西洋移民到北美荒野的原因——上帝给予她的使命，是上帝将她放在这高高的被告席上，上帝将通过她的嘴，说出祂的意旨。

哈钦森的命运在这一刻被决定了，她以为她曾像先知一般布道，如今她已经知道，先知的命运，不是向众人宣示上帝之道，而是受苦，是承受不被世人理解之苦。疯癫是先知的宿命，因为先知所奉行的理智与逻辑在世人眼中即为疯癫。

北美第一个女诗人，安妮·布雷兹特里特曾经把这种普遍观点写在她的诗中：

> ……女人就是女人，
> 男人既有优势又远为优越。
> 与之宣战徒劳无益，
> 男人最棒，女人心知肚明，
> 男人优越，拥有一切——
> 只是，请给予女人一点点小小的承认吧。

多么卑微，多么驯顺！

女人的声音和思想是不存在的，在历史记录中是找不到的，但法庭却不得不记录哈钦森在法庭上的所有发言，这恐怕也是促使哈钦森放弃谨慎的原因之一：这将是她留给世人的遗产，是掷向虚空的声音。相比之下，布雷兹特里特更为实际，她知道——

> 我的书无人阅读，
> 我留给你，在我去后
> 都已远逝，你会发现
> 那些你母亲曾有的所思所想。

监禁

审判之后，哈钦森被判驱逐出境，但因为她怀孕，又时值严冬，所以暂缓执行。她被软禁在离家两英里的罗克斯伯里镇。

在软禁期间，虽然她被禁止与人讨论她的思想，但显然她仍在继续给当局制造麻烦。温斯罗普写道："现在，她和所有的访客讨论她的思想，因此她的思想广为传播，不仅在她原来的追随者中生根发芽，他们中不少人现在也开始提出问题，而且长老们发现，就连他们的孩子也深受影响，使得他们不得不在私下以及公开场合对哈钦森大加挞伐。"

牧师们决心要矫正她的想法，因此常常来拜访她，甚至比她的家人见她的次数还要多。每周起码有一次，一个或几个牧师会来见她。其中包括她最强硬的对手托马斯·韦尔德，哈钦森被软禁在此就是他的主意，他还指派他的兄弟约瑟夫·韦尔德来看管哈钦森。其他经常来的牧师还有托马斯·谢泼德、休·彼得、约翰·埃利奥特，埃利奥特住在罗克斯伯里，所以常常一周来访好几次。在此期间，牧师们还在继续收集她的错误言论，并相互作证，用于开春以后的最后审判，届时她的错误将达到 30 处。除了这些力图将她定罪的牧师们，哈钦森几乎见不到其他人，她被从人群中隔离出去，就像是一种传染源。对此，她并不陌生，她的父亲在被审判后的三年中被软禁在家，就是如此被隔离。

在哈钦森夫人被软禁期间，哈钦森先生和其他几位朋友、支持者共 18 个人策划了罗得岛殖民地的建立。首先他们确立的原则就是："在本殖民地，只要遵纪守法，任何人，任何时候，都不得以任何方式因宗教原因，被妨碍、惩罚、打扰或质疑。"

1638 年春天的审判很有意思，科顿此时已经归顺殖民地当局，所以对哈钦森的审判主要由他来主持。实际上，除了科顿，其他人在神学知识，尤其是聪慧程度上很难与哈钦森匹敌，于是就出现了很诡异的局面：两个人在教堂开始当众讨论起艰深的神学问题，就好像过去 20 年来他们常做的那样，别人很难跟上他们的思维。唯一不同的是，过去 20 年，哈钦森都谦卑地追随着科顿，向他学习，从来没有挑战过他的权威。但现在不同了，以前以疑问、请教方式出现的问题，现在哈钦森以笃定而自信的方式提出，不再需要科顿的加持。当科顿背叛了他们的信仰和友谊之后，哈钦森在才智上已经无需再自掩锋芒。一个冬季过去之后，她的孤立无援反而促使她在思想上更为成熟和独立。她早已知道，除了上帝的指引，并没有任何尘世的权威可以让她屈服。科顿的软弱只会使她更为坚定。她跨越了科顿始终不敢，也一直阻拦她跨越的界线：她坚信，信仰的本质，是个人与上帝之间的交流，是流动的思想，与教会无关，与牧师们无关，甚至与圣经上一成不变的文字也无关。监禁她的身体，反而使她的思想获得前所未有的自由。此时的哈钦森，真正成为了一个异端。

驱逐

1638 年春天的这次审判与 1637 年冬天的公审很不一样，冬天在大议会的审判是政治性的，主审人是温斯罗普，其目标是要将哈钦森定罪，将其驱逐出马萨诸塞殖民地。而春天的这次审判是教会内部的，是宗教性的，主审人是科顿，其目的是说服哈钦森，或揭示她的错误观点为异端，将其开除出波士顿教会。再一次，殖民地最有才智的一群男性对哈钦森展开围攻，但哈钦森却把它变成一场神学探讨。她已经没有什么可失去的，驱逐已成定局，她不再像去年冬季时那样步步为营，她直接地陈述自己的观点，坚定而放肆。

她的神学观点中最具颠覆性的是，她认为信仰是个人的、精神性的，和教会组织、世俗生活没有关系。这是她被当局不容的根本。马萨诸塞政府是一个神权组织，它的基本运作方式是通过教会的精神引导来约束人们的行为。哈钦森的观点是釜底抽薪。

哈钦森在这个被软禁的冬天，思想走得更远了，而与那些带着恶意来试探的牧师们的唇枪舌战也帮助她理清了自己的观点。是的，她越发坚定：信仰是纯精神的属性，和一切世俗的考量都无关。牧师和官员们要顾虑社会稳定、思想一致，这些都和她无关，和信仰无关，他们要打着信仰的招牌行洗脑之事，要奴役、要束缚人是他们的事情，她坚信她所得到的启示是正确的，上帝在引导她认清信仰的核心。她越相信信仰的纯粹性，就越自信与自足，世俗和外界的标准对她越无足轻重。最终，她挑战了基督教最基本的信条——耶稣的肉身复活。和现代人认为肉身复活属于迷信不同，哈钦森认为肉身复活并不重要，重要的是灵魂得救。导致灵魂得救的是精神的信仰，而不是其他任何具体的形式，甚至是对基督教创建的基石——耶稣肉身复活的坚守。对于哈钦森来说，个人精神上对上帝的依赖，与圣灵的沟通是信仰唯一真实的途径，对于灵魂的得救也是完全足够的途径。

但是哈钦森永远也想不到她最纯粹、最勇敢的精神提升却最容易被世俗的现实泼粪。当她正在和科顿讨论耶稣的复活是否真的就是他死去的那具肉身复活的时候，来自康科德的彼得·巴尔克利冷冷地说："我想知道，哈钦森夫人，你是否和那些家庭主义教徒一样，持有污秽、粗野、肮脏而令人厌恶的女人社团（community of women）的观点呢？"所谓女人社团指的是在这个社团中，女性的权力大于男性。而女人社团的概念又往往和自由恋爱（free love）联系在一起。必须解释一下，这里的自由恋爱可不是一个好词，而是和"合法婚姻"相对立的一个词。所谓"合法"，指的是在上帝的眼中合法，也就是受赐福、有庇佑、神圣的婚姻，与之相对的所谓自由恋爱基本上等于野合，等于淫乱，等于下流和放荡。

巴尔克利的这一攻击明显有点下作，但一经他提出，却成为强有力的指控，一群男人开始围绕这个观点大做文章。达文波特说："如果你和家庭主义者一样否认基督肉身复活，那也就是否认神圣的婚姻，那么男女之间岂不是只能野合？"

哈钦森夫人一直是社区女性的行为楷模，她和丈夫是青梅竹马，婚姻幸福，简直难以想象这种污秽的指控，她立刻说："如果任何观点会导致类似的结论和行为，那么我必须放弃，因为我厌恶你所提到的那种行为。"

但是男人们却紧咬着这一点不放。温斯罗普说："家庭主义教徒可没有回避这个问题，他们还奉此为圭臬，他们和你一样引用了《圣经》中的同一段话（来证明基督的肉身并未复活），来证明他们的女人社团是合法的，为他们令人厌恶的邪恶做借口。这是非常危险的错误。"

就连科顿也加入了这组男声合唱，他说："的确，如果否认肉身复活，那么你就无法回避巴克利兄弟提出的论点，污秽的女人社团的罪行，以及各式各样的肮脏的男女之间没有婚姻约束的苟合、野合，这些都会随之而来。"哈钦森简直目瞪口呆，但科顿还继续他的预言式推理："虽然我还没有听说，当然我也不认为，你会在你的婚姻契约中对你的丈夫不忠，但是你的观点必然导致这样的结果！你的观点完全就是撒都该人反对我们的救主基督肉身复活的观点，也是再洗礼教徒和家庭主义教徒用来证明所有女人都有性自由的合法性的观点，因此，还有更多你现在还难以想象和接受的更加危险、更加邪恶、肮脏污秽的其他罪恶都会接踵而至。"

的确，现在看来，科顿当年所描述的，不就是思想自由必将导致的结果，也就是我们习以为常的现代社会？科顿眼中无法容忍的混乱邪恶，有的人将其称作——自由。

眼看科顿顺着他自己的逻辑越走越偏，哈钦森忍不住提出抗辩："在您继续之前，我能说一句话吗？我本来可以等您说完，但由于身体虚弱的缘故，我怕等您说完我会忘了我要说的话。"

科顿很不高兴被打断，但勉强允许了她的要求。

哈钦森说："首先我要申明，在我被监禁之前，所有你们今天指控我的这些观点我都没有想过。"但是一旦她想到了，认定了，她坚信："上帝与我同在，他使我坚强……他将我从狮子口中拯救出来，他也将把我从所有邪恶的事中拯救出来，他将在天国为我预留一席之位。"这是她最后要说的话，因为在波士顿已经没有她的立足之地。

科顿表示痛心疾首："我承认，我也不知道你持有这些可怕的观点，也许是我大意了，没有好好看着你。但是，你应该明白它的危险。你知道，上帝抛弃了你，让你堕入了这些危险的邪恶。因为我经常会害怕你的精神的高度，你的脑子里充满了你自己的想法！"——这是她最大的罪，她的思想脱出了正轨，她太自信、太自由、太骄傲！

科顿代表上帝宣判："因此，非常公正地，上帝将贬抑你，将你遗弃在令人绝望的堕落之中，因为我主必将骄傲之子看低，乐于贬低他们，打压他们。"

这次审判之后，考虑到哈钦森的身体状况，软禁地点改在附近科顿的寓所，科顿还可以继续指导她悔罪。

在宣布判决之前，哈钦森的儿子和女婿都勇敢地站起来为她辩护，这令人欣慰。教会将最后的决定权交给科顿，让他决定是否连哈钦森的两个孩子也被列为申斥的对象。是的，他说，你们对你们母亲的支持，是出于自然之爱，这是违反基督教精神的，只会使她在错误的道路上越走越远。你们这么做，不是爱她，而是害她！

总之，两个孩子首先受到了申斥。

然后，科顿转向了在场的女人们："你们不要因为从她那里得到了好处就认为她的一切都是好的。毕竟，你们也明白，她不过是个女人。"不知道 17 世纪的逻辑是怎样，但这句专门针对女性听众的训诫实在是太可笑了：合着这么多男人费了这么多劲，好不容易定罪的一个女人，她所做的一切，无论好坏，只要这一句话就可以抹灭了，那困扰了殖民地整整两年的思想混乱、从前冬到今春的无数纷扰，以及这一整天的唇枪舌战，还有何意义可言？

1638 年 3 月 22 日，星期四，整个波士顿教区的会众，还有来自附近地区的牧师和长老们聚集在波士顿教堂（也充作会议厅），对安·哈钦森做最后的审判。

哈钦森当众宣读了认罪书，这是上次集会之后，她在科顿的亲自指导下草拟的。她承认了大部分的错误，但也否认了一些。显然，这并不能让牧师们满意，新一轮的车轮战又开始了。

托马斯·莱弗里特、托马斯·谢泼德、约翰·埃利奥特、托马斯·达德利、彼得、西姆斯、理查德·马瑟轮番上阵，攻击哈钦森还有更多没有悔改的罪。其中威尔逊牧师最为激动，这也难怪，毕竟，哈钦森曾多次当众质疑他，他在神学辩论中，从来无法占上风，现在看到哈钦森为千夫所指，真是得偿所愿，志得意满。他说："你说你的错误的根源是你轻视、不尊重行政长官们……但这并非全部，我恐怕还有一个更大的缘故，那就是你蔑视上帝最忠诚的牧师们，你居然指责他们，称他为'无足轻重之徒'。"一想起哈钦森和她的追随者称自己为"nobody"，威尔逊就气得满脸通红："我猜这是因为你自以为在上帝的眼中，你是高人一等的吧。你以为你将受众人追捧、崇敬、追随，你以为你是先知，你以为你可以解释圣经，按自己的理解来阐释他人的布道。……但是现在，上帝已经抛弃了你！"

显然，大家有志一同，都攻击她的"骄傲"，现在已经没有人有耐心来跟她讨论神学问题了，申斥和谩骂混杂而出，男人们都想要出这口气。

彼得："你不守妇道！你就像是丈夫而不是妻子，老想着宣讲而不是聆听，习惯发号施令而不是俯首称臣。……你根本不懂谦卑！"

谢泼德："她就是个臭名昭著的骗子！她的心里从来没有真正的神恩！"

威尔逊："我看她就是魔鬼险恶的工具，是撒旦在我们中间培植出来制造分裂和冲突的！……如果我们不把如此邪恶的女人赶走，我们就是对上帝犯罪！"

科顿现在完全把自己摘出去了，和哈钦森划清界线，他引用的是《启示录 22:15》："城外有那些犬类、行邪术的、淫乱的、杀人的、拜偶像的，并一切喜好说谎言编造虚谎的。"他说："虽然她承认自己的很多观点是错误的，而其根本是精神骄傲，但我发现她内心的傲慢并没有改正，反而变本加厉。上帝放任她堕入一个明显的谎言——是的，撒谎——因此，既然是我们把她接纳进入我们这个团体的，我们也有责任把她赶出去。"

最后，威尔逊志得意满地宣布："鉴于你，哈钦森女士，严重违法和犯罪，并且由于你的错误很大程度上困扰了教会，误导了许多可悲的灵魂。你坚持你错误的启示，并且就此撒谎。因此，我谨以我主耶稣基督之名，以教会之名，我不仅宣布你应该被除去教籍，并且宣布你立刻除名！以基督之名，我将你送给撒旦，从此你将不能再亵渎神圣，不能再诱惑他人，不能再撒谎！"

哈钦森一言不发，她高昂着头，笔直地走出门去。她并不是独自一人，在门外，有许多人在等着她，他们都是在这次事件中被驱逐、褫夺了公民权的她的追随者。在波士顿早春的清寒中，他们将出发去建设自己新的家园。

温斯罗普在日记中记录了哈钦森离开教堂的情形，一个她的追随者高喊道："我主以此赐你荣耀！"在黄昏灿烂的光芒中，哈钦森转身面对她的总督、长官、教会长老、牧师，以及她以前的导师，温斯罗普写道："她的精神……重新焕发，她因着受苦而光彩照人。"

"世人的判决并非我主之判决，"她直视她的法官们，"被逐出教会总胜于背叛基督。"

怀孕 6 个月的哈钦森在新英格兰严寒的初春，踩着过膝的积雪，走了 6 天，到达当时亦名"罗得岛"的阿基奈克岛（Aquidneck

Island），在岛上一个印第安人称为"波卡塞特"（Pocasset）的地方安顿下来，他们先后建立了朴茨茅斯和纽波特两个定居点。（1663 年，皇家特许将朴茨茅斯、纽波特，以及罗杰·威廉斯创建的普罗维登斯、萨缪尔·戈顿创建的沃威克四个定居点联合成广义的罗得岛殖民地。）

在哈钦森离开之后，殖民地当局继续肃清她的影响。1638 年 4 月，教会将朱迪丝·史密斯除籍，因为她"坚持各种错误，拒不改正"。她曾经在哈钦森先生的弟弟家工作，与安接触频繁，这些"各种错误"是什么也就不难推测了。1638 年 10 月，殖民地法庭判决凯瑟琳·芬奇鞭刑，因为她"公开反对政府官员，反对教会，反对教会长老"。1639 年夏天，波士顿教会开除了菲莉帕·哈蒙德，因为她在公开场合宣称"哈钦森夫人不应该受到那些惩罚，不论是教会的，还是政府的"。法庭还饬令韦茅斯镇的牧师罗伯特·伦索尔做书面检讨，因为他"吸收了太多哈钦森夫人的观点"，1640 年，伦索尔离开马萨诸塞前往罗得岛。1638 年塞勒姆教会开除了 4 位女士，因为她们坚持哈钦森的观点，后来波士顿教会又开除了另外两个哈钦森的追随者萨拉·凯恩和琼·霍格。

丑闻

攻击一个女人，最有利的武器是流言。不论一个女人是因为什么原因获得公众关注，令人吃惊的是，无一例外，她们都是荡妇。哈钦森可能做梦都想不到，因为信仰原因被驱逐出波士顿之后，她也和其他不谦卑的女人一样，成了一个荡妇。

从在英格兰的时候开始，哈钦森就是一名优秀的助产士。和她的母亲一样，一般来说，牧师夫人以及其他社区领袖的夫人们一般都会承担一定的医疗责任，看护生病的孩子和接生是最常见的工作。在波士顿，哈钦森帮助一位名叫玛丽·戴尔的女士接生，结果发现孩子是畸形儿，已经死亡。畸形儿，在 17 世纪可能引发多种猜测，多半都和邪恶相关，哈钦森不愿戴尔一家承受更多打击，半夜差人去把科顿叫来。几个人商量的结果是，将孩子悄悄地掩埋了。这种做法并不符合教会规定，但科顿在当时是认可的。但随着公审的进行，戴尔产下畸形儿而哈钦森帮助掩埋的事实也成为攻击她的一项口实，是她与魔鬼有联系的明证。事后戴尔一家跟随哈钦森移民到罗得岛，哈钦森去世之后，戴尔回英格兰生活了一段时间，并成为一个坚定的贵格教徒。1659 年，她回到波士顿，被判绞刑，缓刑，被套着绞索示众一小时，并被驱逐出境。但是第二年，她又违反驱逐令回到波士顿，终于被绞死。

更糟糕的是，在整个公审期间让哈钦森吃够了苦头的怀孕，在接近 8 个月的时候终致流产，是一个葡萄胎（此时哈钦森已经 46 岁，葡萄胎多因为高龄受孕而发生）。一时之间，流言四起。畸形的胎儿刺激了各种恶意的想象。其中要算正常的版本是温斯罗普式的"上帝惩罚论"："她一次生出了不止一个（像戴尔女士那样），而是（这尤为奇怪，令人惊异）30 多个怪物。有的大，有的小，有的是这种形状，有的是另一种形状，但没有一个成人形的。……请注意上帝的智慧如何使得对她的惩罚恰如其分，看啦，她提出了异端的观点，因此她就生出异形的怪物;她的错误观点有 30 多个，生出的怪物就有 30 多个。"但更常见的版本更为低俗，充满了色情的想象。范内是马萨诸塞殖民地唯一一个年轻帅气的贵族移民，和王子们一样，他也是许多人的意淫对象。他和哈钦森的关系被不少人放入色情模式，甚至在 20 年后的英格兰有人信以为真地记录道："总督范内于 1637 年携两名女子共赴新英格兰，她们是戴尔女士和哈钦森女士……他和二人均发生不正当关系，二人都生下怪物。"

从来如此。哈钦森的神学信仰，她对神恩之约的坚持，在 10 个月前还能让人们思考，而人们的思考让殖民地陷入了分裂。但如今，哈钦森只是一个生出了怪胎的荡妇，她的情夫也许包括前总督，也许包括魔鬼撒旦本人，天知道还有多少人和她不清不楚。荡妇的神学信仰，别逗了，谁也不想和她沾上任何关系。要毁掉一个女人，一点点流言，足矣。

但是要毁掉哈钦森，这点流言还是不够。美洲荒野保护她，她的家庭保护她，而她的过人才智光芒难掩。早期的北美殖民地，最珍贵的，是人。只有聚集足够多的人才能保证一个殖民地的生存。在哈钦森移民罗得岛之后，朴茨茅斯当地历史是这样记录的："波卡塞特的迅猛发展，主要得益于哈钦森夫人布道而聚集起来的人群。"

这也是为什么温斯罗普没法轻易放弃哈钦森的原因。1640 年 2 月，他又派出 3 个人代表波士顿教会去见哈钦森，希望她能悔改。显然，这份"麦琪的礼物"代表了马萨诸塞一个友好的姿态。在冰雪中跋涉了近一个星期，麦琪们在花园里找到了正在劳动的哈钦森。和在英格兰、波士顿的时候一样，哈钦森在自己的花园里种植各种草药和蔬菜。看到来人，她抬起了头。

"你们从哪里来，为了什么目的而来？"

"我们以基督耶稣之名而来，从波士顿教会而来，我们希望你能……"

"波士顿教会？我不知道有这个教会。我也不承认这个教会。也许你可以称之为'波士顿的娼妓'，但绝不是基督的教会！"

……

没错，根据基督教的传统，娼妓并不是女人专用，只要是亵渎神明，教会也可以被称为娼妓。所以，他们将荡妇之名冠在哈钦森头上，只不过是谩骂；而哈钦森将娼妓之名送给波士顿教会，却表示她的神学判断，即波士顿教会不是真正的教会，而是伪教会。

麦琪们铩羽而归，他们只能去找那个"哈钦森夫人的丈夫"，传说中很软弱的男人，想让他出面管管他的女人。总之，我们终于读到了历史上唯一一句有记载的，真真实实、的的确确出自威廉·哈钦森本人的话："我和我的妻子之间的关系比我和教会的关系要更紧密，而我相信她是真正的圣徒，是上帝的仆人。"安是幸福的女人。

但是仅仅两年之后，威廉·哈钦森去世，安失去了亲爱的伴侣和尘世的护卫。牧师们居然像秃鹫一样，闻风而至，他们以为这是让哈钦森低头的最佳时机。哈钦森没有让步。牧师们在离开之前冷冷地警告哈钦森，马萨诸塞殖民地政府很快将接管整个罗得岛殖民地，届时哈钦森一家将被驱逐出境。

1642年夏，51岁的哈钦森被迫再一次举家搬迁。她离开了英国移民聚居的殖民地，迁往更为偏僻的荷兰殖民地。

死亡与遗产

这世上有那么一种人，他们也不是不能干，实际上，他们可以是能臣，可以是干吏；也不是不谙世事，他们也可以长袖善舞，叱咤风云；但在人生中的某个时刻，他们骨子里的某种不合时宜突然就占了上风，就那样，啪，楚大夫屈原就跳了汨罗江，楚霸王项羽就抹了脖子，司马迁受了宫刑，苏东坡去了海南……1643年的夏天，天性中的这种耿介之气突然在哈钦森的头脑中占了上风。她的荷兰邻居们警告她说，当地的希瓦诺伊印第安人将对白人移民发起复仇性攻击，因为荷兰殖民地的总督刚刚对希瓦诺伊人的营地发起了突袭，杀死了80多个印第安人，包括老人、妇女和儿童。哈钦森没有理会邻居的警告，在移民美洲近10年的时间里，哈钦森都和印第安人和平相处，她从他们手中购买了罗得岛的土地，也学习了其中一两个部落的语言。之前的经验误导了哈钦森，她不认为印第安人会伤害她。也许印第安人并没有打算伤害英国移民，他们打算的是对荷兰移民进行一次报复，而哈钦森一家正住在荷兰移民的聚居区边缘。杀戮开始得果断而迅猛，很快就结束了，哈钦森一家，包括哈钦森本人，6 个孩子和几个仆人，全部被剥下头皮，尸体被扔到房子里，一把火将房子烧为灰烬。

出门采蓝莓的苏珊·哈钦森，9 岁，远远地看到家里着了火，她躲在大石头底下，印第安人发现了她。也许在这个时候，印第安人发现她不是荷兰人，总之，她被印第安人带走，部落酋长收养了她。她在印第安人的部落生活了 9 年，18 岁回到波士顿，和一个来自肯特的移民小伙子结婚，后定居在罗得岛，生了 11 个孩子，1713 年去世，时年 80 岁。

哈钦森一家韧性十足。安死后，还有 6 个孩子活了下来。她的女婿和外孙约翰·桑福德和皮莱格·桑福德先后担任罗得岛的总督多年；美国独立革命时期马萨诸塞死忠的保皇党总督托马斯·哈钦森显然是她的直属后裔；她的第六代孙富兰克林·罗斯福是美国历史上最受尊敬的总统之一；老布什是她的第九代孙；自然，小布什就是第十代。

回头来看，哈钦森当年被推到风口浪尖实在是有些偶然。在新建立的美洲殖民地，人们有机会按照自己的方式来组织教会和处理公共事务，这种突然出现的可能性释放出极大的能量。不仅是温斯罗普们想要按照自己的蓝图来规划新世界的新生活，那些在旧世界身份低下的人群，商人、手工业者、水手、仆人，他们也想在新世界找到新的位置。达瑞特·洛特曼指出，哈钦森的言论迎合了人们"非理性和反智主义的激情"，"他们抓住一种与上帝直接和个人的联系而反对教会，威胁社会的根基，同时挑战了牧师和法官。他们打开了一扇大门，把出身、财富和教育的区别统统扔到一边"[1]。温斯罗普将其看作是对他精心策划的等级分明的模范社会的直接威胁也是很自然的。

因为哈钦森的办法又直接又简单，所以受到许多人的欢迎，尤其是那些社会底层受教育程度低的人，他们赞美哈钦森"比所有那些穿黑衣的牧师更善于布道福音"。有的人说："我当然更愿意聆听她的布道，那是直接出于精神动因，根本和学问无关，我最讨厌那些掉书袋的牧师。"佩里·米勒一语中的："反对有知识的牧师是对抗由税收支持、政府保护的教会的前奏。"教会和牧师们完全有理由对此前景感到不寒而栗。后来在某次哈佛大学的开学典礼上，演讲者追忆往事，肯定了当局的做法，认为若非当年温斯罗普当机立断，很可能"领导阶层将会受制于技工、补鞋匠和裁缝，上等人受制于下流坯，受制于罗马的垃圾、不识字的平民废物，他们从来只会出于情绪而不是基于真理做出判断"。从这两段充满火药味的话中，我们可以看出在神圣的"山巅之城"并不是充溢着兄弟之爱。虽然理论上它应该是等级森严、人人各安其分的社会，但实际上，边疆性质的社会很难约束个人行为，财富很快转手，以前的"上等人"无力维持体面的生活，而暴发户又得不到社会认可。这些不安定因素在每一次社会危机中蠢蠢欲动，在哈钦森事件中，商人和其他受教育程度相对低下的平民站在哈钦森一边反对高高在上的教士阶层，这种情况会在马萨诸塞的历史上一次次地重复，直到人们达到宗教和政治上真正的平等为止。

但是真正把哈钦森推至运动中心的，是她作为女性的身份。实际上，根据哈佛大学戴维·霍尔教授的研究，约翰·科顿在此事件中起到了更为核心的作用。的确，从神学上来讲，哈钦森的大部分思想都直接来自科顿，而且无论是在英国还是北美殖民地，科顿都是精神

1　Darrett Bruce Rutman, *Winthrop's Boston: Portrait of a Puritan Town, 1630—1649*, New York: Norton, 1972: 213.

领袖，追随者众多。最重要的是，他是个男人。在 17 世纪，这是作为任何领袖的基本条件。但正因为科顿在北美获得了崇高的地位，这和他在英国作为边缘群体的精神领袖不同，他如今是正统权威，因此他是不太可能领导一场反正统的运动的。加上科顿天性平和，害怕冲突，哪怕是在英国，他也没有和教会当局产生过正面冲突，如今他作为殖民地教会最核心的权威之一，更是不会和殖民地政府产生冲突了。而哈钦森一家虽然在波士顿可以算是富贵，但哈钦森先生的商人身份，尤其是哈钦森夫人的女性身份，都使得她成为代表弱势群体的合适人选。但无可否认，哈钦森本人性格中的倔强和对精神自由的坚定追求是决定她命运的最终因素。

哈钦森的传记作家指出，"因为早期的新英格兰是现代西方世界的缩影，因此安·哈钦森提出的问题——两性平等、公民权利、灵魂救赎的性质和迹象、良知自由和言论自由——都和 400 年后的美国人民息息相关"，并且"哈钦森在美国早期历史中，在宗教、政治和道德冲突中的英勇表现帮助形成了当今美国女性对自我的看法——她们在婚姻、社区和整个社会中的身份"。但她也指出，多年来，在美国仍有一股强大的力量希望将哈钦森"驯顺化"："例如，在波士顿的哈钦森铜像，就将她刻画为一位虔诚的母亲——身边带着一个小女孩，眼望上苍，满含祈求——而不是重现她在马萨诸塞殖民地大议会挺立的强悍身影，在男人们和上帝面前，独自一人。"[1]

总是如此，对于一个知识人和思想者来说，人群并不安全。哈钦森可以随时回到波士顿的上流社会或是罗得岛的核心权力圈子，只要她肯低头。她甚至不需要正式地发表悔罪言论，只需一个让步的姿态，一个同意苟且的暗示，她就可以享受和原先一样的特权待遇。许

1 Eve LaPlante, *American Jezebel: The Uncommon Life of Anne Hutchinson, the Woman Who Defied the Puritans*, Harper One, 2005: 276.

多人都妥协了，约翰·科顿就妥协了，"正常人"一般都会妥协，妥协是生存之道，但哈钦森没有。除了性格中天生的狷介之气，人到中年的哈钦森也对人群和社会产生了深刻的怀疑和厌倦，威廉·哈钦森的离世进一步斩断了哈钦森和人群的联系，尘世的一切在她的眼中越来越没有价值，此时的哈钦森，已经活在天国。

虚伪（hypocrisy），这个词在哈钦森的时代主要意思是伪虔信，指那些看上去似乎是虔诚的信徒，实际上却把世俗利益放在首位。困境（dilemma），这个词在任何时代都表示要选择。道德和信仰的困境我们天天都得面对，但哈钦森每次都选了困难的那条路，因为她坚信这样做是对的。400年过去了，为她作传，我很惭愧。

安·哈钦森年表

1591   7 月 17 日，安·马伯里出生于英国林肯郡的奥尔福德。

1605   马伯里一家搬迁至伦敦，安的父亲弗朗西斯·马伯里牧师担任伦敦文特利区圣马丁教区的教区牧师。

1611   马伯里牧师在伦敦去世。

1612   安·马伯里与威廉·哈钦森结婚，搬回她出生的城镇居住。

1630   安的两个女儿，16 岁的苏珊和 8 岁的伊丽莎白死于鼠疫。

1634   哈钦森夫妇带着 11 个孩子移民北美殖民地。

1635   安·哈钦森在波士顿与其他女士的宗教讨论团体十分受欢迎，因参加人数太多，于是每周又组织了第二次聚会，并允许男性参加。

1636   亨利·范内被选为马萨诸塞殖民地总督，他经常参加安的宗教聚会。

1637   面对殖民地日益严峻的斗争，范内选择返回英国，约翰·温斯罗普被选为总督。

1637   11 月，殖民地大议会审判了安·哈钦森，判定她是异端，将其驱逐。

1638   3 月，波士顿教会审查了安，并将其逐出教会。其他 30 个家庭自愿随她流放。包括她的丈夫和成年儿子们在内的男人们签署了《朴茨茅斯公约》，创建了朴茨茅斯定居点。

1642   丈夫威廉去世。

1642   为了摆脱英国人的控制，安和她未成年的孩子们向西迁移到后来成为纽约州的荷兰殖民地。她在佩勒姆湾靠近"劈石"的地方建了一个农场。

1643   希瓦诺伊印第安人对荷兰殖民地发起复仇性攻击，剥下了安和她 6 个孩子的头皮，烧毁了他们的房屋。当地土著抓住并收养了她 9 岁的女儿苏珊。安有三个成年的儿子、两个女儿以及苏珊存活下来。

1911   流经安墓地的小河以她的名字命名，毗邻的高速公路也是如此。

1923   马萨诸塞州议会厅前树立一座安的铜像。

1932   罗得岛朴茨茅斯一处树木繁茂之地被颁献给罗得岛的创始者们，位于"创始者小溪 / 安·马·哈钦森纪念公园"。

1987   马萨诸塞州州长迈克尔·杜卡克斯正式赦免安·哈钦森。距前任州长约翰·温斯罗普下令将她"从本州驱逐出境"，已经整整 350 年。

延伸阅读

1. Timothy D. Hall，*Anne Hutchinson: Puritan Prophet*, Pearson, 2009.
2. Christy K Robinson, *Anne Marbury Hutchinson: American Founding Mother*, Editornado Publishing, 2018.
3. *Anne Hutchinson: A Captivating Guide to the Puritan Leader in Colonial Massachusetts Who Is Considered to Be One of the Earliest American Feminists*, Captivating History, 2020.
4. Francis J. Bremer, *Anne Hutchinson, Troubler of the Puritan Zion*, Krieger Pub Co., 1981.

本章作者

　　张媛，女，南京师范大学外国语学院副教授，文学博士，专业为美国文明研究。2011 至 2012 年，从事美国哈佛大学神学院博士后研究；2017 至 2018 年，于英国牛津大学罗瑟米尔美国中心访学。出版专著《美国基因——新英格兰清教社会的世俗化》，主编教材《西方文明：思想、文化与人物》。译著有《新月集·园丁集》《勃朗宁夫人十四行诗集》《改革中的人民：新英格兰清教及公共生活转型》《政府为什么会失败》等。参与写作《自由的刻度：缔造美国文明的 40 篇经典文献》《绅士谋国：美国缔造者》，并发表论文多篇。

阿比盖尔·亚当斯

Abigail Adams

（1744—1818）

共和之母

上帝……并没有给予亚当对夏娃的威权，也没有给予男子对其妻的威权……

——阿比盖尔·亚当斯

美国建国时期，政坛上涌现出一大批高风亮节、无私奉献的政治人物，他们为美国的建立奠定了坚实的基础，其丰功伟绩至今仍为世人所景仰，被称为美国的"国父"。当这些人在战场上冲锋陷阵、英勇杀敌，政坛中唇枪舌剑、纵横捭阖之时，他们在国内的家庭情况如何呢？幸运的是，当他们不在家的时候，都有贤惠能干的另一半操持家务、养育子女。有的不仅将家庭事务打理得井井有条，成为理财高手，甚至还在政治上提供建议，为合众国的建设出谋划策，史学家将这些杰出的女性称为"共和之母"。在这一群体中，有一位女性显得十分独特，因为出众的学识和杰出的贡献被人称为"夫人总统"，她就是美国第二任总统约翰·亚当斯的夫人阿比盖尔·亚当斯。

出身名门 婚姻美满

1744 年，阿比盖尔出生于马萨诸塞的韦茅斯，其父威廉·史密斯是一位学识渊博的牧师，曾求学于哈佛，其母伊丽莎白·昆西·史密斯家世显赫，在马萨诸塞殖民地远近闻名。夫妻二人育有三个女儿和一个儿子，阿比盖尔在三姐妹中排行第二。由于年幼时体弱多病，阿比盖尔显得比她的姐妹更加柔弱，她身材矮小，容貌也并不出众。当时，女性的地位基本从属于男性，活动范围也有限，愿意招收女学生的学校更是寥寥可数。虽然她有机会去上一所离家不远的学校，但当时马萨诸塞殖民地正在爆发白喉流行病，不少儿童患病死亡。出于对小阿比盖尔健康状况的担忧，史密斯夫妇决定放弃将女儿送往学校就读。对此，阿比盖尔后来回忆："我从未上过学校，（因为）总是生病。那时，即便是最富有的家庭，对女性的教育也不过是写作和算术，能学习音乐和舞蹈真算得上是凤毛麟角了。"[1]

但是，无法接受学校教育并没有妨碍阿比盖尔对知识的渴望，她通过各种方式来获取知识。首先是来自长辈的教诲，史密斯夫妇不遗余力地教育自己的子女，使他们尽早具备处世判事的能力，阿比盖尔也受益匪浅。另外，还有一个人对年幼的阿比盖尔产生了巨大影响，那就是她的外祖母伊丽莎白·昆西。由于相距不远，小阿比盖尔经常去外祖母家，得到了外祖母无微不至的关怀，尤其是知识上的教授。后来她在回忆中表示："我不会忘记小时候外祖母给我的谆谆教诲，我认为这甚至超过了父母亲对我的影响。"外祖母乐观风趣，不仅知识渊博，而且善于寓教于乐，这弥补了小阿比盖尔没有接受学校教育带来的缺憾。其次，好友和同伴之间的互相学习也是阿比盖尔获得知识的一个重要途径。她们之间经常通信，除了些许体己之言，更多的是互相学习，彼此交换对外部世界的理解，共同进步。她在给好友和表亲伊萨克·史密斯的信中以形象的比喻谈及教育对年轻人的重要性，"年轻人的心灵犹如一根嫩枝，可以任意弯折、塑形，但假以时日便会稳如橡树，坚如磐石"。

随着年龄的增长，阿比盖尔结识了不少学识渊博的同龄人，其中有位名叫理查德·克兰奇的年轻人对她帮助很大。克兰奇是一位出生于英国的商人，尽管在生意上没有太多建树，但是他精通拉丁文、希伯来文和希腊文，并且具有丰富的社会阅历，这一切都是阿比盖尔所欠缺的。更重要的是，克兰奇当时正在追求阿比盖尔的姐姐玛丽·史

1　Woody Holto. *Abigail Adams*, New York: Free Press, 2009: 32.

密斯，为此，他经常出入史密斯府上。当时阿比盖尔已经 17 岁了，学识也逐渐丰富，对殖民地发生的事件有着自己独立的见解。正在此时，一位年轻人走进了她的生活，他就是后来与她携手走完一生的约翰·亚当斯。

约翰·亚当斯出生于离韦茅斯不远的布伦特里，是克兰奇的好友，由于克兰奇的缘故，他有时也会出入阿比盖尔家。很快，他对话语不多但很有主见的阿比盖尔产生浓厚的兴趣，后者在文学方面的造诣尤其令他赞叹不已。从 1761 到 1764 年初，两人书信往来频繁，互诉衷肠，也成为彼此的良师益友，在很多问题上达成了一致。亚当斯当时是一位执业律师，在当地小有名气。但是，律师的职业并不被人们看好，因为工作性质的原因，总被人认为缺乏诚信。而且亚当斯只是出身农家，在布伦特里算不上显赫，而阿比盖尔家在韦茅斯乃至整个马萨诸塞殖民地都可谓是赫赫有名。因此他们之间的交往不算门当户对，就连阿比盖尔的父亲都有些反对。但世俗的目光并没有阻止这两位年轻人，尤其是亚当斯。终于在 1764 年 10 月 25 日，两人在韦茅斯的一间教堂结为伉俪，婚礼主持人正是阿比盖尔的父亲史密斯牧师。

当阿比盖尔婚后从韦茅斯搬到布伦特里时，她才刚满 20 岁。在接下来的 10 年间，她成功地从少不更事的女孩转变为独当一面的妻子和母亲。1765 年 7 月，亚当斯夫妇的第一个孩子——女儿娜比降生了。两年后阿比盖尔又生下一个男孩，取名约翰·昆西·亚当斯，也就是后来美国的第六任总统。在之后的岁月里，亚当斯夫妇又育有两子一女，其中小女儿不幸夭折。孩子们的到来给他们带来了无穷的乐趣，两人之间的关系也因此变得愈加亲密。在当时的马萨诸塞殖民地，女性在婚后基本上从属于男性，她们的地位类似于奴隶，没有政治权利可言，甚至可以说是丈夫的私有财产。但是阿比盖尔并非如此，她在婚后享受到了极为自由的氛围，为此她在给姐姐玛丽的信中表示："让我非常感激的是，我现在可以随心所欲地做我喜欢的事情了。"正是由于她本人享受到了弥足珍贵的自由，她才会对当时歧视女性的社会风气感到难以忍受，也有了 1776 年 3 月在给丈夫亚当斯信中的著名言论——"请记住女士们"。

婚后的时光是美好的，可惜好景不长，亚当斯由于职业原因，经常要离家外出，他的诉讼客户遍布马萨诸塞，还有周边的缅因等地。为了及时与客户就案件进行沟通，他有时几天，甚至几周都不在布伦特里。为了改变两地分居的情况，1769 年亚当斯全家搬到了波士顿。波士顿在新英格兰地区的地理位置独特，历来是该地区的政治和经济中心，这里商贾云集，英国政府也派有重兵。亚当斯一家在波士顿的住所位于布拉特尔广场，这里也是英国士兵的操练场，军官们的号令声和士兵们齐步走的隆隆声不绝于耳。阿比盖尔对近在咫尺的喧嚣声十分反感，并非仅仅因为它扰乱了孩子们的作息，更重要的是它表明英国政府正在对殖民地炫耀武力，进行军事威胁。于是她开始支持北美的独立事业，而她的丈夫亚当斯也因为随后发生的一场政治风波开始登上政治舞台，继而成为独立事业的中坚力量。

支持独立 维护弱势

1770 年 3 月 5 日，著名的"波士顿惨案"爆发，虽然亚当斯在法庭上为英国士兵辩护，一些人认为他是殖民地的"叛徒"，但他坚持正义的立场得到了波士顿民众的肯定，他们选举他担任马萨诸塞地方议会的代表，亚当斯也由此走上了从政的道路。随着整个北美殖民地形势的变化，亚当斯和其他代表开始为美国的独立事业奔走，夫妻二人从此聚少离多。后来，阿比盖尔在给友人的信中表示，"在我们结婚的 12 年中，我们在一起的日子不超过 6 年"。

1774 年，亚当斯作为波士顿地方议会的 5 位代表之一，前往费城参加第一届大陆会议。为了能更加投入到独立事业中，他将妻儿送回了家乡布伦特里。丈夫出门在外，阿比盖尔唯一的交流方式就是给丈夫写信，除了倾吐自己的心声之外，她还在信中讲述了英国军队的具体行动和部署，为亚当斯了解英军动向并制定对英策略提供参考。在布伦特里的时候，曾经有一些亲英派幻想与英国媾和，并且起草了一份对英请愿书，要民众签字。对此，阿比盖尔明确表示拒绝，她在给亚当斯的信中表示："今天的请愿活动是为了让暴君统治的国家和殖民地和解，我不参加这样的活动……让我们分裂吧，他们不值得做我们的同胞。"字里行间透露出她对专制英国的痛恨和对殖民地独立事业的支持。

当时的英国总督不断在波士顿港口附近厉兵秣马，时刻准备进攻。阿比盖尔对此一目了然，她给亚当斯写信："总督正在准备一切战争动员，将大炮运至笔架山，并在附近挖掘壕沟、部署大炮，驻扎有一个团的兵力……人们对此万分警惕。"为了应对迫在眉睫的战争，华盛顿等军队指挥者迅速行动，利用波士顿港口附近的有利地形，居高临下，使英国军队占不到丝毫便宜。面对众志成城的波士顿民众，英国军队最终选择了撤退，同时也带走了相当数量的亲英派，其中就有亚当斯夫妇的几位好友。阿比盖尔对此深感遗憾，但这更加坚定了她对亚当斯从事的独立事业的信心和自豪感。在目睹殖民地对英斗争的火热场景之后，阿比盖尔对政治产生了浓厚的兴趣，她经常在给亚当斯的信中阐述自己对当时政治形势的看法。她在 1776 年 5 月从布伦特里写给亚当斯的一封信中表示：

　　殖民地需要一个更加稳定的政府……一个民族能让一个国王倒下，而依然保持是一个民族；但是如果一个国王让民众弃他而去的话，那他就不再是国王了。这就是我们目前的形势，为什么不以斩钉截铁的语气向世界宣告你们最重要的决定？如果我们再犹豫不决，难道不会被世界列强所耻笑吗？

阿比盖尔的期待没有落空，7月18日，波士顿万人空巷，尽管当时天花肆虐，民众不敢大规模集会，但阿比盖尔还是和许多当地居民一起，在政府附近的国王大街上亲耳聆听了殖民地代表宣读的《独立宣言》。她在后来给亚当斯的信中生动地描述了这终生难忘的一幕："我随着人群进入国王大街……军队全副武装，人们翘首期待，当克拉夫茨上校在州政府的阳台上宣读《独立宣言》时，人们仔细聆听每一个字……国王的军队被解除武装……国王的权威被终止。"美国终于宣告独立，人们欢声雷动，在阿比盖尔看来，这是对参加殖民地独立事业的革命者最大的安慰和褒奖。

阿比盖尔不仅是一位爱国者，同时也致力于维护女性的权利。由于年轻时享受到了十分开明的家庭氛围，婚后又受到丈夫的尊重和爱护，阿比盖尔尤为珍视女性的独立和自由，也一直身体力行地倡导和维护女性地位。那时在北美殖民地有太多歧视女性的行为，在政治、经济、教育乃至家庭生活方面，女性都是男性的附庸，不能自由发声。为此，阿比盖尔曾经表示，妻子的角色就是"其丈夫的从属和补充"。就政治权利而言，已婚女性只能听从丈夫，只有丈夫外出的时候，她们才被允许以丈夫的名义从事与法律有关的活动。但是一切手续、流程等均需借助丈夫的名义，妻子无权以自己的名义签署任何法律文件，也不能拥有任何个人的财产。另一方面，女性却承担了相当多的家庭责任。她们要管理农场中的工人，打理大部分的日常事务，可以说与男性在外付出的辛劳相比有过之而无不及。当时的社会现实就是女性的付出与得到相差悬殊，而让人颇感玩味的是，大多数女性对此处之泰然，甘于处理家务、相夫教子。

为了改变这种社会状况，阿比盖尔利用一切机会来为女性呼吁。当她得知丈夫亚当斯去往费城参加大陆会议的时候，她想到了提醒那些男性在制定政策的时候一定要考虑到女性，于是她在 1776 年 3 月写下了那封著名的书信。这封信原本是阿比盖尔和亚当斯之间的家信，她在信中首先表达了对英国政府和军队的谴责，同时对波士顿正在爆发的天花深感担忧。波士顿正处于水深火热之中，民众普遍缺乏安全感，就连庄稼都不敢种植，因为担心辛劳因英国军队的劫掠而付诸东流。接着她切入正题，直接向亚当斯讲述女性的权利问题，她写道：

> 我渴望听到你们宣布独立的消息……在你们制定的新法律准则中，我希望你能记住女性，你们要比先辈们更加温和、友好地对待她们。不要将无限的权利给予丈夫们，记住：只要他们愿意，所有男性都会成为独裁者。

为了提醒亚当斯注意到女性地位的重要性，阿比盖尔甚至不惜发出威胁：

> 如果女性没有得到特别的关心和关注，我们就会决心发动一场叛乱，也不会遵守任何在缺乏我们的呼声和代表的前提下制定的法律。

尽管这只是夫妻之间的信件，语气并非严肃，但阿比盖尔的立场是鲜明的，即维护女性权利已经刻不容缓，这封信也奠定了她作为美国维护女性权利先驱的地位。

虽然在当时女性地位开始成为人们议论的话题，但与严峻的革命形势相比，还仅限于私下交谈。为了唤起社会的重视，阿比盖尔不仅呼吁亚当斯这样的政治家关注，还在报纸上刊文为女性正名，这在当时的确不多见。事情的起因在于一位著名的英国作家切斯特菲尔德公然发文批评女性缺乏能力，只能依附男性。对此，波士顿女作家，也是阿比盖尔的好友，默茜·沃伦撰文反驳。为了增强反驳的力量，从未发表过作品的阿比盖尔也写了一篇短文，文中介绍了沃伦的观点和对女性的信心，她在文中表示，"伯爵大人招致了女性的口诛笔伐，这都是他自找的"。1780年，她们的文章在波士顿的《独立纪事报》上发表，不过按照当时惯例，作者是匿名的，但即便如此，也显得难能可贵。事后她将此文章寄给了远在欧洲的亚当斯，再次强调了女性地位的重要。

除了不遗余力地维护女性，阿比盖尔对同样处于弱势地位的奴隶也表示了极大的同情和关心。奴隶制当时在北美殖民地已经广泛实行，许多黑人因此饱受压迫，当殖民地和英国政府产生矛盾、剑拔弩张之时，这些奴隶的命运也在发生微妙的变化。早在阿比盖尔待字闺中时，她家中也有几个黑奴，虽然彼此之间的关系还算和谐，但是她已经开始感到这种通过奴隶不劳而获的方式在道德上说不过去。因此当她和亚当斯结婚后，他们的农场没有购买奴隶，只有一个名为朱达的黑人女性，她按月获得薪水，人身也是自由的。但是，不公平的奴隶制迟早会引起奴隶的反抗。1774年9月，阿比盖尔还在波士顿，就听说当地的奴隶正在策划一场暴动，他们打算向当时英国派驻波士顿的总督盖奇请愿，表示"只要盖奇给他们提供武器，并且答应胜利之后解放他们，他们就愿意为总督而战"。无独有偶，詹姆斯·麦迪逊注意到弗吉尼亚的奴隶也在密谋，一俟英国军队到达便揭竿而起。佐治亚的一群奴隶甚至杀死了4个白人。这些事件对原本就十分严峻的殖民地形势可谓是雪上加霜，如果黑人成为英国政府镇压殖民地的工具，独立事业就会面临严重挫折。面对这些言行，许多人将矛头指向黑人，认为他们居心叵测、背信弃义。但是阿比盖尔对此保持清醒的头脑，她分析了黑人谋划暴动的深层原因，并且对奴隶制度进行了批评。她对弗吉尼亚的奴隶主能否胜任独立使命心存疑虑，因为"对于那些习惯了剥夺其同胞自由的人而言，他们胸中对自由的渴望一定不会很强烈"。她表示："我衷心地希望，这里一个奴隶也没有。我总认为这是一种最不公平的制度，我们每天都在抢劫和掠夺那些和我们一样有权利享受自由的人，而我们居然还在为维护这种制度而斗争。"

精打细算 理财高手

随着独立战争的展开，美国民众开始感受到巨大的经济压力。英国海军封锁了大西洋沿岸各个港口，商船无法进出，殖民地物资奇缺。大陆会议为经济所迫大量发行货币，进一步加剧了物价上涨。雪上加霜的是，在新罕布什尔州还有为数不少的投机倒把者伪造了大量纸币从中牟利。1775年各州国会开始发行纸币，其面值直线下降。在不到两年的时间里，马萨诸塞州发行的纸币就贬值了三分之二。

此前，由于亚当斯家在当地颇有声望，家境比较殷实，许多农民纷纷向他借债。纸币严重贬值之后，那些欠债者用贬值后的纸币来还贷，使得亚当斯蒙受不小的经济损失。当时，亚当斯正作为外交使节出使欧洲，无暇顾及家中的经济事务。由于孩子尚小，管理家务的担子就落到了阿比盖尔身上。当她收到大量欠债者归还的纸币时，也是一筹莫展。如何将不断贬值的纸币保值增值成了她的心病，不过凭借出色的理财能力和精明的头脑，她很快找到了解决之道。1776年9月，大陆会议为了战争之需专门发行了战争债券，利息为百分之四。由于购买者寥寥，议会将利息提升至百分之六。阿比盖尔得知这一消息后，立刻将手中现有的纸币用来购买债券，由于有政府的信用支持，债券便成了亚当斯一家用来减轻纸币贬值带来的经济压力的手段之一。严格意义上而言，阿比盖尔的这种纸币换债券的方式也是一种投机行为，所以她在给亚当斯的信中表示了歉意，"本周我向债券发行处购买了 100 英镑的债券……如果我不向你解释的话，你一定会认为我跟新罕布什尔的投机者是一丘之貉。"她告诉亚当斯，这是唯一能够解决那些欠债者用贬值后的纸币还债的方法，"我已竭尽所能来应对困境"。亚当斯对此表示默许，他回信道："如果没有像你这样一个朋友，在我不在家的时候维护我的利益，我不知道后果会如何。"

亚当斯的字里行间多少透露出难堪的心理，毕竟作为决策制定者中的一员，应该尽量保持中立，不能从混乱中渔利，以避免不必要的麻烦。也许他的意思是下不为例，但形势的发展并不以他的意志为转移。1777 年初，远在巴黎争取欧洲援助的本杰明·富兰克林等美国外交人员成功地争取到了法国路易十六提供的一揽子经济支持，而法国给予经济援助的前提是资金必须用于战备。大陆会议在关于如何使用资金方面产生了不小的分歧，有一部分资金已经用于武器装备的购买，但是大部分议员认为资金应该用于战争债券的兑付，因为只有这样才能让民众对独立事业充满信心。对此，亚当斯表示反对，一方面他认为这样会助长债券投机行为；另一方面他很清楚，由于阿比盖尔手中持有不少战争债券，自己也会成为该计划的受益者，这在道德上并不光彩。但大陆会议还是以九比一的压倒性优势通过了该议案，9月该法案正式实施。当时阿比盖尔以将近四分之一的价格购买了面值100 英镑的债券，到期后她不仅可以以面值兑付，还能够获得百分之六的额外利息收入。到 1782 年 3 月该法案停止实行的时候，阿比盖尔在不违反原则的前提下，取得了大量收益，这不能不归功于她的精明能干。

除了投资以外，阿比盖尔还有着敏锐的经商头脑。由于战时物资紧缺，各州物价飞涨，在马萨诸塞州，商店的店主几乎可以对所售商品漫天要价。亚当斯家在当地也经营着一些商店，于是如何保证这些商店的货源成为阿比盖尔要考虑的问题。由于英军在海上的劫掠，从欧洲运输小商品到北美的商船少之又少，对此，阿比盖尔向亚当斯表示："平均三艘船中只要有一艘顺利抵达，我就能够赢利。"但是缺少武器的民用商船无法保证航行安全，于是她将目光投向了军舰，毕竟这是一种能够保证运输安全的方式。她写信给远在欧洲的亚当斯，希望他能借助法国的军舰从欧洲捎带回一些生活必需品。于是亚当斯不断向家中发回包裹，主要是一些日常用品，如针线、手帕、亚麻布等。阿比盖尔将这些源源不断的必需品都储存在小店中，作为商品出售。当然，作为一名议员的家属，如果以这种方式为自己谋利的话，一定会引起他人的指责。于是阿比盖尔请表兄小塔夫茨代为经营，很快就聚集起不少的财富。当亚当斯离开马萨诸塞前往法国之时，他留给家中大约 1200 美元，不过这笔钱一定会逐渐贬值，加之商店的收入也在不断增加，于是阿比盖尔仿效之前的做法，将纸币全部用于购买联邦发行的另外一种战争债券，由此也规避了不断加重的金融风险。为了保证财产得到合理分配，阿比盖尔还在临近的佛蒙特州购置了大约 1000 英亩的土地。她本打算和亚当斯在那里颐养天年，但是后者不置可否，因为他只想留在马萨诸塞，享受海边的风景。不过阿比盖尔将亚当斯的话视为默认，继续她的金融投资计划。阿比盖尔凭借出色的理财能力为亚当斯家族积累的大量财富，也为日后亚当斯的政治活动提供了充足的资金。

夫唱妇随 政坛佳话

从 1778 年开始，亚当斯就去往欧洲协助富兰克林争取法国的援助，临走时还带上了长子约翰·昆西·亚当斯。自此夫妻二人便远隔重洋，唯一的交流方式就是鸿雁传书。尽管难以忍受两地分居带来的痛苦，但是阿比盖尔在民族大义面前毫不含糊，全力支持丈夫的事业。亚当斯于当年 2 月启程前往法国，阿比盖尔在 5 月的信中向亚当斯表示："尽管日子艰难，战争残酷，我与最亲爱的人相隔茫茫大洋，但是我绝不拿祖国交换荣华富贵，今生只当美国人。"爱国之情，溢于言表。

当昆西·亚当斯年纪尚小的时候，阿比盖尔就教给他基本的伦理道德观念和为人处世的原则，这让昆西·亚当斯受益匪浅。当他随父前往法国的时候，他以母亲传授的知识为基础，努力学习新的学问，逐渐成为同龄人中的佼佼者，为他日后的一番成就奠定了基础。他在巴黎给家中的弟弟写信，谈到了母亲阿比盖尔的影响："我从自己的亲身经历确信，你和我一样有着绝佳的机遇，因为我们都有一位杰出的母亲……"儿子的成功证明了自己平时言传身教的效果，因此阿比盖尔十分重视女性在家庭教育中的作用，尤其是将那些为国奉献的政治家们的思想传承下来，促进下一代的成长。

不仅如此，她还进一步探讨了女性的政治地位问题。时值亚当斯负责起草的《马萨诸塞州宪法》表决之际，阿比盖尔对自己不能参与投票表示了遗憾，并且表示，"只要美利坚的女儿们充满美德，她就不会被桎梏束缚"。虽然她后来一再主张女性应享有财产权和参政权，但是她并非鼓吹女性独立，摆脱男性的影响，而是呼吁男性承担起责任，为女性提供安全无虞的避风港，这样她们才能使得家庭稳定，事业发展。她的观点是，男性和女性各尽其职，共同营造和谐的氛围。只要有机会，阿比盖尔也必定亲力亲为，为美国的独立事业尽一份力。当时在马萨诸塞有不少保皇党人（也称托利党人），他们不愿意脱离英国，有的甚至还暗中破坏独立事业。在他们的影响之下，一些家庭主妇也随声附和，鼓吹妥协。为了回应这些女性的不实之词，马萨诸塞准备组织深明大义、人格高尚的女性代表人物来阐明道理，拨乱反正。1778 年 4 月，位于坎布里奇的马萨诸塞法院任命了三名女性担此重任，她们是温斯罗普夫人、沃伦女士和阿比盖尔·亚当斯。此后，她借此机会在不同场合为美国的独立事业摇旗呐喊。

长期的分离终于告一段落，1784年6月，阿比盖尔带上女儿娜比从波士顿港口坐船前往欧洲，经过一个月艰难的海上航行，一家人终于团聚，他们定居于巴黎市郊的寓所。初到巴黎，阿比盖尔便随亚当斯出入各种社交场合，结识无数达官显贵。灯红酒绿的大都会生活不仅没有让她迷失，反倒促使她反思法国的社会现象。例如，法国宫廷的挥霍无度、贵族享有大量特权，这与美国构成了强烈的反差。她在写给姐姐玛丽的信中说："在这个国家，每个人都将追逐时髦奉若神明，从上到下无一例外。"当时托马斯·杰斐逊也在法国，很快阿比盖尔与他也成了朋友。杰斐逊的睿智、优雅的举止和渊博的学识吸引了阿比盖尔，更重要的是，他们在对法国的态度上完全一致。杰斐逊和她欣赏法国悠久的历史、高雅的艺术和先进的科技，但是年轻的美国更让他们感到骄傲，因为没有法国社会的等级观念和贫富差距。

亚当斯一家在巴黎居留了8个月，后因为工作所需，杰斐逊接任富兰克林担任驻法国大使，亚当斯则被委任驻英国大使。亚当斯夫妇带领孩子前往英国，在那里度过了三年时光。英国的环境与法国类似，阿比盖尔接触到包括国王乔治三世在内的英国上流社会的代表人物，他们与生俱来的优越感让她感到不习惯，她也开始思考不同政治制度之间的差异。实际上，也许是受到亚当斯的影响，阿比盖尔对政治这一男性主宰的领域有浓厚的兴趣，也曾多次公开表达过对政治的看法。后来当亚当斯成为美国第二任总统之后，她在幕后提供了大量参考意见。这些真知灼见的形成可以说主要来自于在欧洲的见闻，以前她只是生活在马萨诸塞州、波士顿等相对较小的地域范围内，到了欧洲才见识到各国的风俗与民情。她认为，无论采用何种体制，都不能建立在对下层民众的压迫之上，"当我一想到……（有的国家靠）千千万万的民众承担苛捐杂税来供养少数人浮华奢侈的生活，我就会对我们幸福的国度充满热情"。通过对比，阿比盖尔认识到拥有封建传统的欧洲社会与推崇民主自由的美国之间的巨大差异，更加坚定了她对美国道路的信心，这也是她共和思想的最初体现。

阿比盖尔在欧洲期间还见识了当时先进的科学技术，她参加了一些科学讲座，感受了欧洲发明创造的最新成果，例如电磁学等。在学习之余，她思考了女性教育的重要性，这是美国十分欠缺的领域。她在给侄女的信中感慨道，看到那些科学发明"就如同进入了一个美妙的国度，我从未目睹过，我们美国女性也从未被许可来参观和感受这一切"。在随后的信件中，阿比盖尔反思了美国共和制的进步与女性地位的落后之间的反差，指出这是美国社会亟待改进的地方。她认为理性的男性都需要受过教育的女性作为他们的益友，她们能给孩子们灌输知识和培养美德，也能打理家庭的经济事务。她呼吁美国社会要给予女性更多的发展机会，希望女性不再徘徊在"梳妆台和厨房的狭小空间内，即便是一些明智的男性也希望将我们束缚在此"。她继而呼吁给予女性政治权利，让她们能够自由思考和决策。

1786 年，马萨诸塞州爆发了一场农民起义，它由独立战争退伍的老兵丹尼尔·谢司发起。在很短的时间内，起义军相继攻占了一些法院和军火库，这立刻引起了当局的恐慌。虽然起义最终被镇压下去，参与起义的老兵也被监禁，但它背后的原因却发人深省。许多有识之士纷纷对此发表评论，远在欧洲的亚当斯夫妇也没有置身事外。阿比盖尔对叛乱的领导者提出了严厉批评，她在给杰斐逊的信中认为，叛乱者是"无知的……亡命之徒，毫无良知和原则"。但是杰斐逊显然不这样认为，他在回信中表示，"我喜欢不时发生一些小叛乱"。另外他还在写给亚当斯的女婿威廉·斯蒂芬斯·史密斯的信中提出："一两个世纪内丧失几条生命意味着什么？它意味着自由之树必须时时用爱国者和暴君的血来浇灌，使之鲜绿常青。鲜血是自由之树的天然肥料。"[1] 从两人的言论中不难看出，阿比盖尔主张维护传统，

1　托马斯·杰斐逊. 杰斐逊选集 [M]. 朱曾汶译. 商务印书馆. 2011:430.

反对暴力，这与亚当斯的看法是一致的。

出于对谢司起义的担忧，亚当斯开始构想美国政府的组织形式，以防止类似事件的发生。1786 年 10 月，他开始撰写《为美国宪法辩护》一书，前后历时一年。在书中，亚当斯首先就现代君主制所包含的共和思想进行了讨论。他认为，现代以英国为代表的君主制国家已经将制衡的思想贯彻进政治体制之中，而共和制确保了政府是受治于法而非受治于人。英国的君主制政府采用代议制，将行政从立法中分离开来，司法则保持相对独立，这是自由政府的基础，也是美国政府所仿效的源头所在。由于对权力的渴望是人的天性，也是所有罪恶的根源，民众的激情若缺乏贵族的制约就会导致动荡的发生。因此亚当斯认为，简单而完美的民主不会存在于现实世界，只有将权力和责任交由若干明智之士代为行使才是民主的最佳形式。亚当斯认为，从古代和现代民主制国家、君主制国家的成败来看，三权分立是不可动摇的根基，普遍存在于各种社会，任何政府的建立如果不以此为据，都将是不完善、不稳定的，民众终将成为被奴役的对象。

阿比盖尔与亚当斯的看法一致，稳定而平衡的结构是共和政府所追求的理想状态。1786 年夏末，亚当斯夫妇前往荷兰访问。他们看到了新兴的荷兰在共和政府的治理下显得井井有条、生气勃勃，这让夫妇二人看到了共和政府的最佳模式。他们在荷兰停留了一个多月，期间去了鹿特丹、阿姆斯特丹等不少大城市，这里城市整洁、人民富足，管理得有条不紊。基于此，亚当斯开始著书立说，阐述基本的治国理念。当他撰写《为美国宪法辩护》的时候，阿比盖尔是他的第一位读者，也是其思想的维护者。阿比盖尔在写给儿子昆西·亚当斯的信中表示，该书"对各种政府组织形式进行了深刻的探讨，包括君主制、贵族制、民主制以及共和制等"。她还认为，亚当斯的观点真实地反映了一个国家内部各个组成部分之间的好恶，在彼此之间形成了平衡。只有平衡才是实现国家长治久安的基础，而法国爆发的大革命打破了平衡，陷入了过度民主的陷阱。在立法、行政和司法之间的关系上，亚当斯更多地倾向于行政，虽然亚当斯认识到了民众在政府中的作用，但是出于其政治精英角度的考虑，在立法与行政两者的关系中，他更加强调行政权对立法权的制约。因为按照常理，后者总是处于较强势的地位，若对其缺乏相应的制约，它将很快侵蚀、攻击行政权直至最后将其消灭。亚当斯在论述三者关系时多次提及制约，即便在立法机构内部也是如此。他将那些能力卓著之士称为"天然贵族"，以区别于家族、世袭等因素造成的"人为贵族"，两者可以共同成为立法机构的组成部分，这样就可以有效地抵消行政长官和普通民众的权力，从而扩大贵族团体的影响力。亚当斯之所以对民众抱有戒心，是因为他对人性持悲观态度，他认为从古以来人类就有自私自利、爱支配他人、滥用权力的倾向，这是人性使然。亚当斯的这种相对保守的观点在当时革命情绪高涨的形势下显得比较另类，有人因此将他称为"君主主义者"。为了帮助亚当斯认识到其观点的不足，阿比盖尔善意地提醒他：如果一味重视行政权就容易让人觉得是在"拥戴一位国王"。如此看来，除了与亚当斯保持一致以外，阿比盖尔还不时提供中肯的改进意见，防止措施走向极端，尤其是在若干年后亚当斯成为总统，很多政策背后都有阿比盖尔的影响。

第一夫人 实至名归

在被派驻欧洲若干年后，亚当斯夫妇终于回到了美国。1788 年 6 月，他们乘坐的船只抵达波士顿港，受到了当地民众的热情欢迎，人们手持鲜花，夹道欢呼，向这一对为美国的独立事业做出巨大贡献和牺牲的伉俪表达敬意。这时的阿比盖尔已经四十多岁了，是一位思想成熟的女性。岁月的磨练，尤其是在欧洲的经历使得她对美国当时的政治现实有了深刻的理解，对共和主义的内涵也有独到的认识。1789年4月30日，乔治·华盛顿当选为美国首任总统，亚当斯因为杰出的贡献当选为副总统，继续为年轻的合众国效劳。当时的华盛顿内阁可谓是人才济济，杰斐逊担任国务卿，约翰·杰伊担任首席大法官，阿比盖尔对此感到欢欣鼓舞，她在给友人的信中表示，"（他们）都是最伟大的天才……完全有能力和平地处理国家大事"。

　　亚当斯一家于6月搬至临时首都所在地纽约，后又迁至费城。在亚当斯任职期间，阿比盖尔给诸多亲朋好友写了大量信件，其内容不仅涉及家庭生活或个人情感，很多是忠实记录了美国当时包括内政外交在内的政治现实。她对当时的美国充满信心，认为"我们的公共事务从未如此繁荣，新政府在国内外的信用不断增强，民众从中受益良多，也对管理者有了信心"。在表述与政治有关的事务时，她并非毫无主见一味附和亚当斯，也没有幼稚盲目地发表不实之词，她的大部分观点和主张都很深刻，充满了理智与智慧。她不仅给亚当斯提出了许多真知灼见，在她的儿子昆西·亚当斯担任第六任总统期间，也曾给予指导，建言献策，可以说她是一位不折不扣的伟人背后的女性。

　　按照美国宪法的职责划分，副总统是一个相对空闲的职位，在大多数情况下只需亦步亦趋地跟随总统，虽然兼任参议院议长，但基本上在参议院也没有表决权。这对于准备回国之后大展身手的亚当斯而言，无疑倍感郁闷，他甚至感叹，国家给自己设计了虚职。他对阿比盖尔说："我的国家以自己的智慧为我设计了一个最不重要的职位，一个人类创造出或想象得出的最没分量的位子。"[1]为了缓解烦冗无聊的事务给亚当斯带来的困扰，阿比盖尔经常在家中举行宴会，邀请华

1　戴维·麦卡洛，约翰·亚当斯[M].袁原，戴晓征译.中国社会出版社，2003：348.

盛顿夫妇等著名人士参加，替原本不擅长社交的丈夫广结人缘。她在给亲戚的信中写道："周一的晚上，我们的家向所有愿意来访的人开放……每个周三都有 16 到 18 人来参加宴会，这是我们所能招待的最多人数了。而周四我又要忙于收拾餐具，整理家务了。"这一切不仅需要仔细的安排与布置，更需要足够的财力支持，依靠亚当斯的薪水显然不够，是阿比盖尔的理财能力发挥了重要作用，在长期动荡的时局中，她凭借精明头脑和敏锐眼光积累了相当丰厚的家产。

　　阿比盖尔不仅在社交场合游刃有余，她也有着灵敏的政治嗅觉与判断能力。在当时的费城，许多政治领导人在对待法国大革命的问题上产生了分歧。杰斐逊对法国大革命推崇有加，认为它是法国民众走向自由的必由之路。而亚当斯和阿比盖尔则对大革命的极端手段和造成的惨重损失感到担忧，他们更倾向于借鉴英国的模式。本来阿比盖尔与杰斐逊的私交甚好，也很欣赏后者的人格与才能，但由于政见不同，他们开始渐行渐远。亚当斯本人恪守副总统的职责，在所有问题上都与总统保持一致，而华盛顿十分器重汉密尔顿，后者是联邦党人的代表，亚当斯则成为了联邦党人名义上的领袖。阿比盖尔与亚当斯一致，支持联邦党人的政治观念和措施，例如，1791 年 2 月国会批准成立美国银行，这是汉密尔顿大力推动的举措，但是遭到了杰斐逊和麦迪逊的反对，为此汉密尔顿进行了大量的说服工作。阿比盖尔支持美国银行的建立，认为这是维持联邦稳定、促进经济发展的重要步

骤。从美国银行设立的过程中，阿比盖尔也感到了政坛的不和，当时对华盛顿、汉密尔顿、杰斐逊等政治人物的攻击甚嚣尘上。虽然作为副总统的亚当斯由于职责和言论所限，并没有成为攻击的焦点，但当时的政坛极不稳定，大有山雨欲来风满楼之势。阿比盖尔对此深感担忧，甚至认为"内战"即将来临。她在给女儿的信中表示："我深信，只要再活十年，也许就能目睹南方和北方各州的分裂。"

　　1792 年华盛顿首届任期届满，尽管他并不愿意连任，但因为他

的声望和人格，他依然是下一届总统的不二人选，而亚当斯也随之就任副总统。亚当斯的第二届副总统生涯乏善可陈，也缺乏足够的影响力，因为大多数情况下华盛顿倚仗自己的内阁，亚当斯基本没有参与决策的机会。即便如此，亚当斯还是积极地履行自己的职责，一方面是出于责任心，另一方面是因为他认为华盛顿结束任期后，自己就会成为继任者。他在1796年1月写给阿比盖尔的信中明确表示："我是明显的继任者，很快就会继承……这一切现在还是秘密，还不宜公开。"由于亚当斯的事务并不繁忙，同时也为了节省开支，阿比盖尔带着孩子回到了昆西，这样她就可以继续发挥自己的理财能力，来弥补召开宴会所欠下的债务。而亚当斯也重新租了一间公寓，省去了大量租金，也不用再夜夜笙歌，挥金如土了。其间，亚当斯也曾返回昆西，与家人一起度过了几个月的时光。

正如阿比盖尔所料，不久美国政坛因为一件事陷入了危机。按照当时美国驻英国特使约翰·杰伊与英国政府达成的协议，英国答应1796年6月1日前从美国西北地区撤军。作为补偿，美国向英国开放内陆河道，并确立英国在西印度群岛贸易中的优势地位。美国船只虽然可以出入英属东印度群岛，但船只的吨位和所交易的货物要受到严格限制。《杰伊条约》损害了美国的利益，引起了美国民众，尤其是原本对英国就没有好感的民主共和党人的强烈反对。当时的财政部长汉密尔顿极力支持该条约，因为他认为，经济的发展需要和平的环境，哪怕有时为了和平要做出一定的让步。在他的坚持之下，华盛顿决定批准该条约。为了慎重起见，华盛顿在批准条约之前，要求参议院召开特别会议来讨论此事。为此他还专门宴请亚当斯，征求他对条约的态度。经过讨论，两人在条约的批准上达成了一致，参议院以三分之二的多数表决通过了条约。《杰伊条约》的签订造成了美国政坛两派的分裂，双方的代表分别是杰斐逊和汉密尔顿，而名义上亚当斯倾向于后者所代表的联邦党人。同时，由于杰伊是联邦党人，很快舆论便将矛头指向了亚当斯。时任副总统的亚当斯面临着极大的压力，一直以来他都主张政治上仿效英国，而与法国保持距离，这次英国人的行为无异于当头棒喝，也使其开始审视自己的观点。当然，他并没有立刻改变看法，毕竟《杰伊条约》的签订使得美国能够避免与英国的战争。但他也认为英国人迟早要为自己的傲慢付出代价。阿比盖尔对亚当斯面临的困难感同身受，她对媒体的不实之词感到愤怒。实际上，当时除了亚当斯以外，华盛顿也成了众矢之的，一些人认为华盛顿在官邸举行的招待活动是在拙劣地模仿英国皇室的仪式。

　　阿比盖尔与丈夫一起坚定地维护总统的权威，她告诉亚当斯："你知道，我总是关心国家大事，也许有人认为我是一位闲极无聊的女性，可是我绝不会对舞台上正在发生的一切无动于衷，因为剧中主要人物的一举一动都会影响到我们的下一代。"字里行间流露出忧国忧民之心。的确，阿比盖尔虽然身为女性，但是她不囿于性别，不断发表自己的真知灼见，为国家的发展建言献策。1792 年，著名女作家玛丽·沃斯通克拉夫特发表了著名的《为女权辩护》。她在文中指出，女性长期以来饱受压迫，遭受不公平的对待，已经沦为了男性的附属品，毫无自由、平等可言，这一切的根源都在于君主制社会。要改变女性的状况就必须像法国革命那样彻底摧毁君主制度，以最直接的方式让民众决定国家事务。该文的观点十分激进，就连亚当斯都颇有微词，认为沃斯通克拉夫特对法国大革命的认识是幼稚而肤浅的，缺乏对历史事实的基本理解，因为"这位有着男性理解力的女性对公众事务缺乏经验"。亚当斯将她描述为一位软弱的女性，充满了"幼稚女性的热情"。不过，阿比盖尔对该文却深感鼓舞，希望有朝一日女性也能够在政坛有一席之地，发出自己的声音。她在给一位马萨诸塞州参议员的信中，坚定地表示要维护女性在政治领域的权利，她声明："在这样一个千载难逢的时刻，有谁能够置身事外呢？"就政治事务而言，她永远都是积极的参与者。

1797 年 2 月 8 日，61 岁的约翰·亚当斯当选为美国总统，3 月 4 日他在费城就任，阿比盖尔也成为了继玛莎·华盛顿之后的第二位美国"第一夫人"。她并没有随着身份地位的改变而沉浸在喜悦之中，因为她早已从华盛顿夫人玛莎的身上看到了"第一夫人"应该承担的责任。阿比盖尔明白，她和身处高位的亚当斯一样都必须更加严格自律，报效国家。她表示："这样的场合我并不感到骄傲或洋洋自得，我的心中充满崇高感，因为它有着责任感、使命感和随之而来的各种职责。"言语间表达了她和亚当斯要为百姓谋福祉的决心，同时她也十分清楚正是因为他们受万众瞩目，就更应该携手同心，带领美国共克时艰、继续向前。她告诉亚当斯："（我）愿意竭尽全力成为你处理国务方面的帮手。"亚当斯对此十分感动，两人在长期生活中已经形成了牢固的关系，并且历久弥坚。他迅速回信表示："在我的生命中，从未像现在这样需要你的建议和帮助。"的确，亚当斯常年出使在外，对美国国内的形势缺乏深刻的认识。同时，他性格独立，从不受他人影响也不结党营私，因此在美国政坛的地位并不稳固，这一点可以从总统选举的结果看出。当时杰斐逊也参选总统，双方的支持者相互攻讦，甚至不惜造谣中伤。最终，总统选举的结果是亚当斯与杰斐逊分获 71 票和 68 票，分别当选总统和副总统，这是美国历史上第一次正副总统分属不同的党派。亚当斯的当选是实至名归，是对他所持政治观点的肯定，他的政治生涯也因此达到巅峰。但辉煌的背后却隐含着许多棘手的问题，如党派之争、与英法两国的关系，这些都是亚当斯需要面对的问题，如果应对不力或稍有闪失，都会造成严重的后果。他迫切需要一位帮手能够替他分担困难、减轻压力，在这个方面，阿比盖尔是不二人选。

建言献策 为国分忧

当阿比盖尔成为"第一夫人"之时,她面临着资金和人手都不够的局面。即便如此,她还是主办了许多活动,加强政府官员之间的联系,力图弥补因党派造成的分歧。据她给姐姐玛丽的信中说,她每天的日程都很满,早上5点钟起床,先整理家务,继而接待来访的客人,有时还要张罗餐会招待各位政治领导人。虽然忙忙碌碌,但她乐在其中,并且说:"我开始感到有些游刃有余了,对待那些仪式性的工作也不再焦虑不安了。"7月4日是美国的独立日,按照华盛顿在位时的惯例,亚当斯夫妇在费城举行了庆祝招待会,参加人数超过了150人。招待会的开支将近500美元,主要由亚当斯夫妇承担。要知道华盛顿是来自弗吉尼亚的种植园主,家产殷实,完全有能力支付宴请宾客的费用,而亚当斯并没有显赫的家世,由于常年出使在外忙于公务,也没有为家庭积累太多的财富。所幸阿比盖尔在亚当斯不在家时,精打细算积累下了不少财富。在迎来送往的招待活动中,亚当斯赢得了同僚的接受和认可,他所领导的政府也得到了大家的支持。

不过,美国政坛表面的歌舞升平难掩业已出现的矛盾。在国内,亚当斯秉承亲英立场,反对民众一方独大,将构建平衡的政府作为追求的目标。杰斐逊则对法国模式推崇有加,他认为激进的法国大革命代表着民主发展的方向。同属联邦党人的汉密尔顿出于对华盛顿的情感而与亚当斯有明显的隔阂,在很多问题上与亚当斯背道而驰。在国外,《杰伊条约》的签订虽然给美国的发展提供了相对和平的国际环境,但是法国对此一直耿耿于怀。当时,新成立的法国督政府在对待美国的态度上含糊不清,有时甚至表现出敌视。随着形势的发展,法国政府对美国的态度逐渐变差,直至拒绝美国政府的使节查尔斯·平克尼进入该国,后者不得不退居荷兰等待指令。除了禁止外交使节进入该国，法国的军舰还在公海之上劫掠美国商船。法国政府的这种做法，对刚刚就任总统的亚当斯来说不啻为奇耻大辱。他很快就向美国国务院提交议案，商讨应对法国政府行径的措施，其中包括断绝与法国的贸易关系，甚至建议开始备战。

阿比盖尔坚定地站在亚当斯一边，她在写给姐姐玛丽的信中表示：“也许人们会认为这个国家希望发起毫无收获的战争……但是为了自卫，我们会被卷入战争，我们必须时刻准备着，这也是总统的意思……如果真的卷入战争，我们必须且应当带着同仇敌忾的情感坚定不移地勇敢面对。”在亚当斯的提名之下，埃尔布雷奇·格里、约翰·马歇尔连同早先的平克尼共同组成三人代表团出使法国。当格里启程去往法国时，亚当斯向他解释了之所以派出三人代表团，主要是为了向世界表明美国重视对法关系，试图以此来向法国示好。然尊重并非意味着无原则的妥协和让步，他对格里写道：“我真诚地希望此行能达成（美法之间的）和解，但这不能以国家信念和政府尊严为代价。”他还表示：“我真诚地希望与法国保持友好，但是如果他们执意要站在我国宪法和政府的对立面，恶意中伤友善者，那么，对于与他们缔结的条约，我就要仔细考虑了。”

三人带着亚当斯的嘱托相继渡过大西洋来到法国，但是，接下来发生的事件却是他们始料未及的。当他们抵达巴黎后，法国外交部长塔列朗并未立刻接见他们，只是过了几天后才简短地与他们会面。此后，他安排了三个代理人会见美国特使（美国使节在外交密件中将他们称为X、Y、Z），并向美国索要高达25万美元的贿赂，又要求美国提供3200万荷兰弗罗林币（约合1200万美元）的巨额贷款，资助法国在欧洲的战争。作为继续谈判的条件，他们还要求亚当斯对他批评法国大革命的言论进行正式道歉。三位美国使节拒绝了这些带有侮辱性质的条件，并向亚当斯回函进行了详细汇报。这一后来被称为“X、Y、Z事件”的变故给美法关系一记重击。

以副总统杰斐逊为代表的民主共和党人出于党派成见和个人利益，竟然将危机的原因归咎于亚当斯对法国的态度。他们认为一直以来亚当斯对法国都缺乏好感，正是因为他在国会演说中发表了一番对法国的不当言论，才直接导致法国人肆无忌惮地向美国特使索贿，因此亚当斯必须对此负责。民主共和党人具有超强的宣传能力，为了达到目的，他们甚至不惜造谣和发动人身攻击。

当阿比盖尔知道一切之后，她一方面对法国的无礼行为感到愤慨，她说："目前确凿无疑的是，法国蓄谋剥夺我们所珍视的一切，如宗教、自由、政府和财产，我们应当紧密联合起来。"另一方面她也谴责了民主共和党人的离心离德，认为他们是在走法国雅各宾派的老路。经过努力，美国的情况开始改观，阿比盖尔对此感到十分欣慰，她表示："目前公众舆论正在快速发生改变，人们也认识到谁是权利和自由的坚定维护者，商人们已经着手举行集会感谢总统采取的强力措施……还有人说如果杰斐逊当总统，麦迪逊和伯尔担任特使的话，我们都会被卖给法国。"亚当斯的果断措施得到了许多人的支持，民众的爱国热情也被唤起，阿比盖尔后来在给友人的信中自豪地表示："我们已经目睹国家摆脱了压迫、专制，在各国之中脱颖而出，是唯一一个展现出自由前景的共和国。"

美国与法国之间的紧张关系让人感到战争似乎迫在眉睫，亚当斯也开始采取极端措施来应对紧急状态。1798 年 7 月，美国通过了旨在限制言论自由的《客籍法》和《反颠覆法》，不仅将移民归化时间从 5 年提高至 14 年，并且授权总统驱逐任何他认为危险的外籍侨民。另外，任何唆使和煽动叛乱的人都将被判处罚款和监禁。这一措施具有极大的争议，遭到了以杰斐逊为代表的民主共和党人的反对。杰斐逊离开首都回到了蒙蒂塞洛，并且迅速起草了《肯塔基决议》，开启了州政府对联邦政府发起挑战的先例。麦迪逊也起草了《弗吉尼亚决议》，强烈谴责这种破坏民权的法案和联邦政府无视州权的行为。一时间亚当斯陷入了巨大的麻烦，成为千夫所指的对象。阿比盖尔坚定地站在亚当斯一边，也许因曾经是公共舆论的受害者，她对媒体毫无根据的言论深恶痛绝，尤其是在紧张的战争期间，因为这样只会削弱国内的团结。她在给友人的信中说："我希望国家的法律严惩煽动叛乱者，包括发起毫无根据的诽谤言论的作家和报社记者，这是有益于国家和平与和谐的举措。当前，一定要对外侨实行严密细致的监控，《外籍法》通过之后这一切都会实现。"阿比盖尔的强硬言论招致了反对者的批评，他们讽刺地称她为"女王殿下"。反联邦党人的代表阿尔伯特·加勒廷对她不遗余力维护联邦党人的做法十分反感，他说，"她是夫人总统，但不是美国的……而是某个党派的"。还有人指责她利用影响力为亲朋好友谋取利益，这样的言论甚嚣尘上，给亚当斯夫妇带来了许多困难。当时阿比盖尔身染重病，回到了昆西，连续两个多月卧床不起。此前费城就在流行黄热病，由于缺乏有效的应对手段，3000多人不幸患病去世。亚当斯也匆忙结束了费城的事务，回到家乡，一方面陪同病重的阿比盖尔，另一方面也是为了逃离传染病的威胁，直到数月后阿比盖尔的病情好转，他才回到费城。

"X、Y、Z事件"使得美国举国上下同仇敌忾，民众的爱国之情高涨，准备与法国决战，战争如同弦上之箭，一触即发。然而作为总统的亚当斯此时仍然保持清醒的头脑，他明白战争并非美国的愿望，只要有一丝和平的希望就应该争取。因此他力排众议，在1799年2月18日宣布派遣美国驻海牙公使威廉·万斯·莫里出使法国。后来事态的发展也证实了亚当斯的判断，塔列朗给他来信表示，保证美国使节得到应得的礼遇，加之法国督政府的倒台，战争的威胁暂时消除。亚当斯在对法关系上的审时度势虽然让美国暂时避免了战争的危险，却不知道自己的行为已经使连任的机会变得渺茫。杰斐逊和共和党人利用与法国的媾和把亚当斯塑造为一个懦夫的形象，而亚当斯所属的联邦党则在汉密尔顿的运作之下显得与总统貌合神离。亚当斯在写给尚在昆西养病的阿比盖尔的信中表示："亚当斯夫人不在费城，他们（汉密尔顿为首的激进派）是多么遗憾啊，她真是一个好顾问。如果她在的话，莫里绝不会被提名，其使命也就无从谈起了。"显然，汉密尔顿将亚当斯视作政治上的对手，这给后者的连任带来了很大的困难。

远离政坛 安享晚年

1799 年 12 月 14 日，华盛顿病逝于弗农山，整个美国陷入了极大的痛苦之中，华盛顿的逝世意味着一个时代的结束，同时也使得美国未来的发展方向充满了不确定性。阿比盖尔十分钦佩华盛顿高尚的人格和奉献精神，她向华盛顿的遗孀玛莎表达了深切哀悼："我衷心请求您允许我分担您的损失和痛苦，为您失去爱侣而恸哭。"虽然，阿比盖尔对华盛顿的逝去感到遗憾，但出于正直的性格和理智的思考，她认为"没有谁能够成为美国的'救世主'，美国的命运也不会寄托于某一个人身上，连华盛顿也不行。如果有谁还固执己见的话，那他无异于最无知的人"。这也表现出她对国家治理原则的理解，还有对亚当斯的支持和信任。

当亚当斯还在酝酿华盛顿离去之后如何治国理政时，副总统杰斐逊已经迫不及待地开始准备 1800 年的竞选，他领导下的民主共和党与亚当斯所属的联邦党不可避免地会有一场互不相让的正面交锋。为了争取竞选的胜利，双方以报刊等为阵地，你来我往，唇枪舌战，有时甚至不惜造谣中伤，严肃的政治选举演变成了人身攻击的场所。杰斐逊一方沿用在第一次总统竞选时的方法，以各种方式攻击亚当斯，将他形容为"君主主义者""伪君子"，指责他妄图在美国复辟帝制，将总统职位传给自己的儿子。而杰斐逊则不存在这样的情况，因为他没有子嗣。亚当斯阵营也不甘示弱，恶毒攻击杰斐逊私人生活不检点，与庄园里的黑人女奴有染。双方的论战打得不亦乐乎，一时间美国政坛热闹非凡。

就在选战如火如荼进行之际，美国总统的官邸即将落成，亚当斯于10月启程前往坐落在波托马克河畔的新首都华盛顿，阿比盖尔则在次月与亚当斯会合。当时的首都只是一个落后的僻远小城，按照阿比盖尔的理解，"这座城市只是徒有首都之名，仅此而已"。一切设施都在建设之中，但是，她还是认为，"我决心对这一切都满意"。后来成为"白宫"的建筑物还只是一栋只有6个房间的小楼，虽然可以一览波托马克河的景色，但周围都是荒野。房子还没有完全竣工，工人们在每个房间都点燃了壁炉，以便将油漆烘干。作为女主人的阿比盖尔只能在东边的房间里晾晒衣物，但她仍然对即将来临的新生活充满期盼，在给女儿娜比的信中写道："女人们都迫不及待地想拥有一间会客厅了。"当时华盛顿聚集了相当数量的政客及其家人，阿比盖尔利用机会在官邸召开宴会，将这些联邦党人的中坚力量都团结起来。在谈到正在进行的选举之时，她在给姐姐玛丽的信中表示："关于政治，现在众说纷纭，我衷心希望无论谁当选，其结果都将会对我们国家的和平、自由和幸福贡献良多。"话语间多少透露出对选举结果的担心。实际上她已下定决心，如果亚当斯败选的话，他们也要有尊严地离开，绝不能让亚当斯反对者的险恶用心得逞。她向友人强调，"我将竭尽全力履行本职……希望政府得以保全……"

1800年12月初，大选结果揭晓，杰斐逊获得73票当选下任美国总统，亚当斯得65票。选举结果出来以后，亚当斯感到十分失望，加之钟爱的儿子查尔斯因病离世，他的心情跌倒了低谷。新当选总统杰斐逊的就职仪式于1801年3月4日举行，当天凌晨4点，亚当斯夫妇收拾行李，乘坐公共马车披星戴月地离开了首都华盛顿，没有参加盛大的仪式。而杰斐逊在发表就职演说时，对华盛顿大加赞赏，对亚当斯则只字未提，两人此时可谓是形同陌路。阿比盖尔对杰斐逊的当选感到遗憾，认为这给美国的共和制带来了风险，尤其是党派的分裂。她告诫道："在我国当前的形势下，统一对我们的生存至关重要。"不过，让她感到欣慰的是，他们能够回到家乡昆西安享晚年。

在此后的岁月里，夫妇二人互相陪伴、勤于耕作，将农场打理得井井有条。虽然亚当斯离开了政坛，但他的儿子昆西·亚当斯继承了他的事业，成为一名出色的政治家。例如，在路易斯安那购地方面，他摒弃前嫌，极力支持杰斐逊对宪法的宽泛解释，促进了美国领土面积的扩大；在担任詹姆斯·门罗总统内阁国务卿的时候，他负责起草了《门罗宣言》，为美洲摆脱欧洲干涉，营造和平环境作出了巨大贡献。昆西在很多问题上都受到阿比盖尔的影响，尤以反对奴隶制为最，他在担任国会参议员之时，曾经多次投票反对奴隶制的扩张。

实际上，回到家乡的阿比盖尔仍然关注着政治，也关心女性的地位。她在 1814 年给友人的信中表示，女性有责任"在男性专有的领域占有一席之地"。她还公开支持麦迪逊总统的对英禁运政策，认为这是出于国家利益至上的原则。出于对亚当斯夫妇的尊重，门罗总统于 1818 年 7 月在去往北部各州的途中，顺道来到昆西拜访两人，阿比盖尔很欣赏门罗总统的风格，也对美国的未来充满信心。但是晚年的阿比盖尔也并非生活在恬淡和谐之中，亲人的故去让她深受打击。早在亚当斯竞选连任的时候，她的二儿子查尔斯因病去世，1813 年她的姐姐和姐夫也相继去世，最让她伤心的是女儿娜比也因为乳腺癌去世。这一系列的悲剧让她难以承受，此时亚当斯是她唯一的安慰。1818 年 10 月 28 日，阿比盖尔因为伤寒在家中与世长辞，亚当斯和几位家人陪伴她走完了最后的人生历程。

在同时代女性中，阿比盖尔无疑是一位佼佼者，坦白说，她的成就在当时的环境下具有超前性，是不可复制的，也可以说她是一位幸运的女性。她出生于风气相对开明的新英格兰地区，这位马萨诸塞的女儿从小就接受到了来自包括家庭在内的各方面的思想熏陶，逐渐形成了自己独立的性格。她婚姻生活美满，夫妻二人相敬如宾，在与亚当斯长达 50 多年的婚姻中，她不仅是亚当斯的贤内助，而且还在很多国家大事上为亚当斯建言献策，而亚当斯对她也言听计从，这种良性互动使她不断展现自己的才华，直至成为美国早期杰出女性的代表。她维护女性地位、反对奴隶制、支持共和，利用自己的特殊身份在美国政治领域发挥重要影响，这一切都使得她在美国历史上留下了浓墨重彩的一笔，为世人所景仰。

阿比盖尔·亚当斯年表

1744　11 月 22 日，阿比盖尔·史密斯生于马萨诸塞的韦茅斯。

1764　与约翰·亚当斯结为伉俪。

1765　女儿娜比出生。

1767　长子约翰·昆西出生，后担任美国第六任总统。此后亚当斯夫妇又育有两子一女，小女儿不幸夭折。

1769　亚当斯全家搬到波士顿。

1770　3 月 5 日，"波士顿惨案"爆发，亚当斯走上从政道路。

1776　3 月，写信给参加费城大陆会议的亚当斯，呼吁与会的革命者们"记住女性"。

　　　7 月 18 日，参加波士顿举行的《独立宣言》庆祝活动，聆听殖民地代表宣读《独立宣言》。

1778　2 月，亚当斯从波士顿启程出使法国，约翰·昆西随行。

1780　首次公开发表文章，12 月，在《独立纪事报》上匿名撰文批驳英国作家切斯特菲尔德伯爵歧视女性的观点。

1784　6 月，与女儿娜比从波士顿前往欧洲，历经一个月海上航行，取道英国去往法国，亚当斯一家团聚。

1785　亚当斯被委任为驻英国大使，阿比盖尔带孩子同往伦敦，在英国度过三年。

1786　3 月，在给杰斐逊的信中谴责谢司起义。8 月，随亚当斯访问荷兰等地，历时一个多月。

1788　6 月，出使欧洲多年的亚当斯夫妇回到家乡波士顿，受到民众热烈欢迎。

1789　乔治·华盛顿当选为美国首任总统，亚当斯当选为副总统。

1797　约翰·亚当斯击败托马斯·杰斐逊当选总统，3 月 4 日在费城就任。

　　　4 月，阿比盖尔从昆西启程前往费城。

1800　11 月，到达新落成的首都华盛顿，成为白宫的第一位女主人。12 月 3 日儿子查尔斯因病去世。几天后亚当斯在总统选举中以 65 对 73 票败于杰斐逊。

1801　3 月 4 日，凌晨，亚当斯夫妇乘坐公共马车连夜离开首都华盛顿。

1813　8 月 15 日，女儿娜比因病去世。

1814　儿子昆西·亚当斯作为美国外交使节出使欧洲。

1817　7 月 7 日，亚当斯夫妇举行晚宴招待来访的詹姆斯·门罗总统。15 日，昆西接受国务卿的任命。

1818　10 月 28 日，因伤寒在家中与世长辞。

延伸阅读

1. Jeanne E Abrams, *First Ladies of the Republic*. New York: New York University Press, 2018.
2. Woody Holton, *Abigail Adams*. New York: Free Press, 2009.
3. ［美］戴维·麦卡洛，约翰·亚当斯 [M]. 袁原，戴晓峥译 . 中国社会出版社，2003.

本章作者

　　汪凯，南京师范大学外国语学院英语系教师，博士，副教授，解放军国际关系学院英语语言文学博士后。出版专著《从亚当斯到杰克逊——美国早期精英政治的兴衰》，译著《反利维坦》，主持省部级项目"从普利策传记类获奖作品看美国当代社会思潮"等。曾在《外语研究》《社会科学论坛》《上海书评》等杂志发表若干篇有关美国文明的论文，在《外国语文》《外国文学动态》等杂志发表有关英美文学的论文。目前的研究方向为美国文明。

3

玛格丽特·富勒

Margaret Fuller

（1810—1850）

十九世纪女性的生活典范

女性写作的时候就像魔鬼附体一样，唯其如此，女性写出来的东西才值得一读。

——纳撒尼尔·霍桑

　　1850 年 5 月 17 日，玛格丽特·富勒乘坐美国"伊利莎白"号帆船从意大利启程回国，此前她在意大利已漂泊 4 年，并经历了 1848 年罗马革命的失败。对于这次航行，"我有种荒唐的恐惧感，"她在致友人书信中写道，"各种不祥之兆合在一起，让我有种阴暗的感觉。"在波涛汹涌的海上，她想象自己的生活像她熟悉的古希腊悲剧般一幕幕上演，而作为主人公，却仿佛一叶小舟，任凭命运支配。两个月后，当帆船即将靠岸时，海难不幸发生。富勒放弃了独自逃生的机会，选择了与丈夫和幼小的孩子一同死去。

　　后来，爱默生在他的日记中写道，富勒是"看着距离她仅 60 杆远的海岸死去的，她的祖国最终冷漠地拒绝了她，拒绝了她这样一个勇敢、雄辩、敏锐、有造诣、忠诚而且坚定的灵魂"。爱默生本人更早时候曾将富勒称为"反叛者"，而她最终在海面上覆亡，似乎昭示了所有社会叛逆者共同的命运。她的一生极其短暂，去世时年仅40 岁，但毫无疑问，她实现了早年写给拉法耶特将军信中所说的梦想——取得了当时妇女根本无从获取的荣耀——作为教育思想家，她的女性教育观在美国教育思想史上独树一帜；作为超验主义代表人物，她与爱默生、梭罗等人一道倡导独具特质的美国文学和美国文化，在美国思想史上书写了浓墨重彩的一笔；作为社会改革家和美国新闻界第一位女性记者，她被视为女权主义运动的先驱，并被誉为"纽约的公共良知"，成为最成功的美国"十九世纪女性的生活典范"。

从神庙学校到格林学校

　　玛格丽特·富勒出生在马萨诸萨州的坎布里奇（Cambridge，哈佛大学所在地），她的父亲提摩太·富勒是一个坦诚而急躁的杰斐逊式的民主派，曾做过律师，后来连续当过四届国会议员；她的母亲曾做过学校老师。富勒是家中长女，父亲自小就以男孩的标准对她严格要求。6 岁时让她学习拉丁文，10 岁时开始学习希腊文。她很早就开始阅读西塞罗和普鲁塔克，并且每天背诵维吉尔诗歌，每周达到 500 行。8 岁时曾因为偷偷阅读《罗密欧与朱丽叶》而受到责骂。一方面这种严苛的智力训练为她打下了坚实的古典文学基础（包括日后的神话研究），一方面这种枯燥乏味的记诵之学也在她幼小的心灵播下了反抗的种子。后来她在教学活动中力求以问答法取代死记硬背的记诵法，显然与童年的这段经历大有关系。由于长期熬夜，过分的刺激常常使她无法入睡。她获得了一流的教育，但付出的代价也极其巨大：频繁的头痛、神经性胃病、失眠以及噩梦，都使她终生不得安宁。10 岁以后，由于担心她学识太多，不能与人良好沟通，父亲将她送往波士顿帕克博士的学校。在那里她迷上了舞蹈课，并违背当时淑女的行为准则与哈佛学院的男孩交往。14、15 岁这两年她居住在波士顿以北 40 英里的格罗顿，就读于普雷斯科特女子学校。1826 年她 16 岁时，回到坎布里奇与弗雷德里克·亨利·赫奇成为密友——后者比她年长 5 岁，当时是哈佛学院的学生。在此期间她爱上了一个远房表哥乔治·戴维斯，但没有获得回应；同时还与另一名哈佛 1829 年毕业生詹姆斯·弗·克拉克过从甚密——二人自 1832 年起开始受卡莱尔的感召，学习德语。克拉克后来回忆说："一年之内她阅读了歌德的《浮士德》《塔索》《伊菲革尼亚》……诺瓦利斯、里希特，以及席勒所有的戏剧和一些抒情诗歌。"克拉克对她的天赋推崇备至，认为她的理解力超强，而他本人则智力低下，头脑空空宛如一张白纸。好景不长，1833 年春，由于富勒先生仕途失意，辞去议员职务返回故乡格罗顿，富勒全家也一同迁居。7 月，克拉克离开坎布里奇，去路易斯维尔当了牧师。1834 年，赫奇也到班戈当了牧师。1835 年，富勒先生去世，玛格丽特被迫负担起全家的生计。

1836 年，在好友哈瑞特·马蒂诺的介绍下，富勒在康科德与爱默生会面，并成为终生好友。同年她接替伊丽莎白·皮博迪小姐担任"神庙"（Temple）学校创始人布朗森·奥尔科特的助手，教授拉丁文和希腊文。一年以后即 1837 年，又前往罗得岛普罗维登斯的"格林"（Greene）学校。对她而言，这两处的教学经验是宝贵的积累，为实现梦想打下了基础。自 1839 至 1844 年，她在波士顿皮博迪小姐的书店举办"谈话"（Conversations）讲座，门票价格不菲——据说一次讲座抵过哈佛半年的学费。参加的对象多为当地名媛淑女，以及超验主义代表人物家庭的小姐太太，而话题则涉及文学、历史、神话、哲学，几乎无所不包，尤其是当时社会改革中热门的教育问题。由于她的学识和口才（爱默生认为她的演讲才能远胜于她的写作才能），讲座获得极大成功。她本人不仅收获了声名，也解决了两个弟弟读哈佛的费用。1840 年，乔治·里普利牧师劝说富勒和爱默生加盟他的乌托邦——布鲁克农庄，遭到二人婉拒。但富勒时常光临农庄，与学员聊天谈话或发表演讲，并结识了当时尚未崭露头角的青年作家霍桑。后者受她的影响很大，并将她写进小说《福谷传奇》中。

同年，由爱默生推荐，富勒出任超验主义喉舌《日晷》（*The Dial*）杂志的主编。作为美国第一位超验主义女性，她关于男女平等、男女平权的倡议一经宣传，立刻发生了深远的影响。她在《日晷》上发表的《伟大的讼案》（后改名为《十九世纪的妇女》）奠定了她在思想界永久的地位。

1844 年，她应《纽约论坛报》主编霍勒斯·格里利之邀，出任该报文学编辑，后担任该报驻欧洲记者，也由此成为美国首位女性驻外记者。她在英国会见了爱默生的好友卡莱尔，并通过后者结识了意大利革命者马志尼。怀着满腔热情，她只身前往罗马，参加了1848年罗马革命，并邂逅当地贵族青年奥索里。二人不顾家庭的反对，秘密成婚。婚后不久，生下一名男孩。1850年，由于罗马革命形势急转直下，富勒一家失去经济来源。富勒本人贫病交加，不得不决定在罗马陷落之前逃离意大利。5月，她与丈夫及孩子乘船返回美国，不幸遇难。

爱默生在得到海难消息后第一时间便委派梭罗前往搜索，可惜找到的仅是富勒丈夫的一颗纽扣而已。她的离世令爱默生黯然神伤，"我失去了我的听众，"他写道，"我仓促投入工作，警惕自己所剩的日子不多了。"为纪念富勒，他邀请克拉克以及钱宁一道搜集资料，并于1852年编辑出版《玛格丽特·富勒回忆录》，该书迄今仍是富勒研究一手资料中最权威的版本。富勒的一生颠沛流离，历经坎坷，但和爱默生一样，生活的重压和挫折打击从未使她丧失信念和希望。朋友赫奇说她具有思想的力度，为人也堪称刚柔相济。她思维的典型性在于"不是由感情而是由思想所支配的，而且她将这种刚毅果断与一个女性的审美很好地结合在一起"。她的另一个朋友克拉克也说："玛格丽特的天才中最突出的成分是准确和敏锐的理解力。一些人能看到差异，一些人看出相似之处，她却两者兼备"。她自己有一次也对爱默生说："我现在已结识了在美国所有值得结识的人，还没有发现能与我的才智相匹配的人。"——也许爱默生是个例外。她本人曾多次谈到爱默生对她思想的影响。尤其是她的妇女教育思想，在很大程度上就是爱默生的自立学说和自我教化在妇女教育领域的延伸和拓展。

1837年之前，富勒曾短暂举办过女子学校，后来主要担任钱宁牧师的秘书和助手。正是钱宁牧师的介绍，她得以结识波士顿教育改革家奥尔科特。后者的神庙学校因为经费问题无力聘请专任教师，于是富勒应奥尔科特之邀欣然担任该校教师，这也是她一生中首次正式出任学校教职。1837 年，奥尔科特举办的神庙学校由于教学内容涉及宗教与种族纷争，遭到家长和社会保守人士的一致反对，被迫关闭。奥尔科特先生由爱默生资助，出发去英国考察教育。而作为奥尔科特助手的富勒则应罗得岛格林学校校长海勒姆·富勒先生之邀，前往任教，正是在格林学校，她延续神庙学校的教育改革思想，开始了大胆的课堂教育实践和探索。

作为超验主义者，她和爱默生、奥尔科特等人一样，反对洛克的"白板说"（Tabula Rasa），认为并非所有知识都来源于感觉经验，反对借助于戒尺和棍棒的灌输法。恰恰相反，她倡导一种快乐学习法："既然上帝创造了我们，"她说，"他就有责任让我们有能力享受快乐。"学生在她的课堂上确实感到无拘无束，充满快乐。一方面因为她学识渊博，讲课时娓娓道来，引人入胜；另一方面因为她对学生，尤其是女生，充满了同情和关爱。

在 19 世纪初的美国，妇女被认为智力低下，只适合待在家中做主妇，不适合从事任何学术活动，因为繁重的脑力训练据说会引起头痛、消化道疾病、眩晕甚至血液紊乱。此外，在她们成长的过程中，还要不断经受体弱多病以及生育死亡的威胁。富勒以自己的亲身体会，让学生们明白女性并非天生的弱者。通过对话和问答，她和学生之间建立起一种反传统的友好而互动的关系。她教导女学生们也应该互相关心，相互鼓励，共同努力在男性占统治地位的社会里获取自己应得的幸福权利。在当时人眼里，"她们像小鸟一样活泼可爱，温柔善良，渴求美好的作品和知识。她们相互鼓励去行善，她们是竞争对手却并不相互嫉妒"——以道德培养替代知识灌输，以合作精神取代竞争对抗，也是超验主义教育观一个鲜明的共同特色。

富勒所理想的目标，就是要让女孩子们像男性那样（或者像她自己那样），培养出系统化的思维方式，获得一种"我们女性缺乏的精确性"。她给学生讲解《圣经》,讲述希腊罗马神话,朗读歌德的诗歌,让她们在认识宇宙真理的同时也获得美与诗的享受。通过研读神话,她让学生们明白,无论男女,每个人身上同时存在着阳刚和阴柔两种特质:"男人就像阿波罗一样分享着雌性之美,而女人就像密涅瓦一样分享着阳刚之气。"这比英国女作家弗吉尼亚·伍尔夫的"双性同体"理论要早大半个世纪。她自己很显然兼具两种精神气质,尤其是她身上体现的男性坚强无畏的一面——美国小说家亨利·詹姆斯视之为"玛格丽特幽灵"(Margaret Ghost)。另一位文学家爱伦·坡则半开玩笑地说过:世上所有的人可以分为三种——男人、女人、玛格丽特·富勒。

这种极具磁性的个人魅力不仅使富勒赢得了学生的尊敬和爱戴,也使得她和友人爱默生、克拉克、霍桑等人保持了长期的友谊。皮博迪小姐曾说过,假如富勒是个男人的话,所有听讲座的女孩子都会爱上她。可能正是在这个意义上,人们才说她拥有"十九世纪女性最成功的生活"。正由于富勒对女学生的同情和关爱,学生对她也充满感激,师生之间的友谊有的甚至延续到女学生结婚以后。

在快乐学习的基础上,富勒还着力培养女学生的独立思考能力。她的学生安在日记中写道:"富勒小姐给了我们两条法则:第一是不要放过任何在阅读和对话过程中碰到的人和不懂的东西,第二是不要让你的年龄或害羞(怕别人笑话无知)成为借口,阻止你去问问题。"富勒自己也曾明确宣告,"我不希望背诵课文,"她说,"因为所说的用心背诵事实上是身体在背诵。我希望你们通过心灵获取知识。"

富勒的课堂问答法和奥尔科特一样,源自苏格拉底。她坚持认为知识是流动的,而非一成不变。和其他任何事物一样,一旦凝固、僵化,知识便失去活力,成为呆板的教条,不能激发人的兴趣。只有在独立思考中,书本知识才能转化为人生的经验和指南,引导人们做出正确的判断和抉择。因此和爱默生一样,她呼吁女学生们学会独立思维，达到知识上的自立。"我来不是教授知识，"她说，"而是激发他人的思想。"

此外，问答法在课堂上的运用还有助于培养一种民主气氛。由于富勒对学生期许很高，一开始有些学生未免感到担忧，害怕达不到她的要求。然而无拘无束的课堂问答很快消除了部分学生的疑虑。有时富勒甚至在课前描绘出一些著名诗人的肖像，让大家猜，同时自然转入课堂讨论。有的女生天性害羞，不敢当众开口发表自己的观点，对此富勒则通过课堂氛围的感染和开导，让她们在自我意识的基础上逐渐过渡到大胆自我表达。

当然除了课堂讨论和问答法，日记也是师生之间相互交流和沟通的一个途径。写作是整理思想和训练思维的一个良好手段，她要求每个学生都要记下自己的感想和体会。她本人逐篇批改，并在课堂上当众评讲，尤其针对一些学生自我反省的内容。一个学生在写给家长的信中说道："我们来到这里的目的不是为了听她讲话，因为她不会那样做，我们必须自己讲话，这样才能了解我们自己的思想。"这样一种开放式、民主的氛围，一种面对面亲密的接触和交往，使富勒与学生之间建起一种良好的相互信任的关系，同时她也让学生们认识了自己。格林学校的教学经历益发使她坚定了自己的信念："妇女教育一直是我的梦想和希望。"

遗憾的是，由于繁重的教学影响了她的健康，也影响了她翻译《歌德谈话录》和写作计划，同时加上经济方面的原因，1838 年冬，她决定离开"这个像家一样的学校"，只身去往波士顿，开始举办她的"谈话"讲座。

"谈话"讲座与女性教育

富勒的"谈话"讲座由皮博迪小姐的"共读会"（Reading Party）发展而来。参加的对象大体可以分为三类，一是她的好友和以前的学生，如斯特吉斯，以及钱宁博士的女儿玛丽；一是当时波士顿的单身青年女子，如美国"公立学校之父"贺拉斯·曼的未婚妻玛丽和霍桑的未婚妻索菲娅，以及绅士派诗人詹姆斯·拉·洛威尔的未婚妻玛丽亚；另一类则是超验主义代表人物的家人，如爱默生的妻子莉迪安、他的妻妹伊丽莎白、牧师里普利的妻子索菲娅、克拉克的妻子萨拉、历史学家乔治·班克罗夫特的妻子戴维斯和社会改革家西奥多·帕克的妻子卡波特等。讲座的地点设在皮博迪小姐位于西街的"超验主义书店"的前厅。第一次讲座定在星期三上午 11 点，每次两小时，持续了 13 周。后来又改为冬夏 12 周，春季 13 周，持续四年之久。按照富勒的理念，讲座的目的不仅是要使妇女学会社交，更要教育她们，通过改变思维方式进而改变她们的生活方式。除了让她们获得系统化的思想，还要让她们学会将这种思想用于生活实践。

讲座的话题由希腊神话开始，渐次延展到人文学科其他领域，内容还涉及妇女在社会中的地位、婚姻、家庭、生育等。除了富勒本人的演讲，还有妇女之间的相互交流和讨论。通过这样一种成人教育的方式，正如奥尔科特描绘的那样："良好的会话极具抒情色彩：各种声响纷然杂陈，在所有心灵中激起跳荡的音符，它促使每个人展现自己最好的部分，甚至超过他自己的想象。仿佛被幕后看不见的手所推动，在管风琴上演奏，却不知合奏的哪一部分属于自己。"爱默生也很欣赏这样的谈话方法，认为这是他的"思想的人"（Man Thinking）的一种具体体现。通过会话引起思想的碰撞，从而获得对事物深邃的洞察，这种洞察不是哪一个人的产物，而是集体智慧创作的结晶。

对于当时很少有机会在公共场合抛头露面的女性而言，这样的谈话不仅可以唤起她们的女性意识，增强自信，也可以很好地锻炼她们的个人能力和勇气。富勒曾告诫："那些不愿开口讲话的人，不会像那些勇于陈述自己观感和印象的人获得同样的裨益。"除了要她们开口讲话，富勒还常常要求某人对诸如"美""文艺"等概念作出定义，并要求用她们自己的语言为这一定义进行辩护。皮博迪小姐曾记录过这样一件事：一名妇女对"生活"作出了定义。"好，但是还不够深入，"富勒说，"什么是生活？我知道我所想的，我要你自己去发现你所想的。"这种启发式的教育方法今天看来可能平淡无奇，可在记诵之学盛行的19世纪教育界，这种颠覆性的教育理念无疑令人惊叹。

皮博迪小姐曾将奥尔科特的教学理念（苏格拉底问答法）和实践记录下来，并加以整理成为美国教育学经典《校志》（*A record of school*）。与之相反，富勒却认为："我们从任何事物得到的最好的东西无法被记录，因为我们接受的不是确定数量的思想，而是其中真理流过我们，并成为我们的一部分，这才是最珍贵的，生活中最好的部分太富于精神性而无法被记录下来。"她的一个著名学生——女作家埃德娜·道·切尼便在日记中记录了这一"真理流过"的过程：

> 一束光亮将周围的一切照亮，眼前的大自然、生活中的观察和阅读的书本。她说的一切都揭示了隐含的意义。任何事物都显示出真正的内在关系。或许我最好的表达就是我不再是受到局限的自我，而是感觉到全世界的宝藏一下子都在我面前展开。

美国历史学家查尔斯·卡珀将富勒称为"主动性思维的最有力的倡导者"，并且认为这种教育理念就是爱默生"思想的人"在女性教育方面的延展。这也可以说是富勒对19世纪美国教育思想的一个杰出贡献。

富勒的名著《十九世纪的妇女》展示了其教育思想的哲学理论基础。针对英国诗人拜伦狂妄的论断"爱情是妇女全部的存在"，她反驳道："这是一个恶俗的错误；她也为真理而生。"同时她还反驳了当时流行的斯宾诺莎的错误观念——在世界任何地方，女性都屈从于男性且无法分享统治权，这位哲学家断言女性天然低于男性，因此必须臣服。富勒列举西方文学和神话经典，揭示了他的逻辑谬误，并指出那样的谬误不仅损害了女性的幸福，也会损害男性的幸福。妇女，她说，和男性一样，也是神的孩子，也天然具有神性。妇女想要的或想做的，从来不是去统治，而是要求自然地成长，使她的内在天赋和力量不受阻碍地展现出来。自远古开始，男女之间便没有截然的高下之分，每个人都有阴阳两面的气质，仿佛液体凝为固体，固体又融为液体。世上从没有完全男性化的男人，也没有全然女性化的女人。诸多气质如恒心、刚毅、勇敢都是男女共享的。富勒分析说，妇女之所以长期处于屈从地位，无非是因为她们未能享受与男子同等的教育，否则假以时日，也可能出现一个女牛顿，而这也正是她孜孜不倦致力于妇女教育的主要原因。

当然，除了表达愤怒与抗议，富勒更多表达的是一种憧憬和希望。由于历史原因，多数女性看上去多愁多病，依赖他人，甚至无常善变。但正如爱默生在《超灵》一文中宣称的那样，大凡从历史中推演出的结论往往不合当下情势。过去妇女从未在政府中拥有统治权并不意味将来她们不能分享统治权。不仅在政治方面，富勒深信，只要受过良好的教育（包括自我教育），具有独立思考能力的妇女一定能在人类文明的各个领域取得不亚于男性的非凡成就。"在任何一个年代，我们都能看到平等的两性共同分担责任、义务和希望。"她在文章的结尾满怀信心地预言："我站在生命的艳阳午后。事物不再在晨露下闪烁，也尚未被夜幕遮蔽。每一个斑点，每一条裂缝都昭然若揭。"这并非完美的现实世界，却昭示着希望。"灵魂总对我们讲，珍惜你们最好的希望和信念，并在行动中遵从它们。这就是实现它们的强烈而有效的手段。"

超验主义强调人的主观能动性，它认为人的精神可以超越物质世界、感性世界和经验世界的种种限制，而生活就是为了发掘自我、表达自我、充实自我。无论男女，都是"圣灵"的一部分，都享有部分神性。这种人文主义精神和自立主张对人类历史的发展具有深远影响。秉承了爱默生的超验主义自立学说，富勒勇于为妇女的自我教育和自立辩护。和男子一样，妇女同样需要独立，尤其是一间"属于她自己的房间"（伍尔夫语），或其他"她自己的标准"。她设想生活是个体自我生长、自我发展的过程，而历史则是人类通过男女两性辩证的相互作用向更完美人性的进化。富勒的代表作《十九世纪的妇女》剖析和批判了父权社会思想对女性的偏见和压迫，抗议女性被置于依附地位，鼓励女性塑造独立意识并重新诠释性别身份。该书为要求两性平等的观点提供了理论依据，被认为是美国第一部重要的女权主义著作。与此同时，富勒毕生所从事的妇女教育事业，不仅是当时新英格兰社会改进运动的重要组成部分，也是实现人类社会共同进步、达到人性完满的重要途径。她的一生虽然短暂，但成就卓著，在美国教育思想史及女权运动史上影响深远，堪称美国十九世纪女性的代表人物。

富勒与康科德友人

1844 年对富勒而言"意义非同一般"。这一年她的首部著作《湖上夏日》出版，在同类游记作品中别开生面，赢得评论界一片喝彩。同时，她的另一部作品《伟大的讼案》也基本完稿（1845 年 1 月出版）。此外，她还有若干评论、书评、诗歌在报刊发表，可谓创作颇丰。但在其他方面，收获却不尽如人意。这一年早些时候，她在波士顿举办长达五年的"谈话"课堂黯然收场。一方面由于她个人的身体原因，另一方面也由于参加的人数不足，她的收入大受影响——自1835年父亲去世之后，家庭经济压力一直令她备受困扰，终生不得解脱。紧接着，她苦心经营数年的超验主义刊物《日晷》杂志也宣告停刊——尽管两年之前她以健康为由辞去主编一职（由爱默生接任），但她内心清楚，自己与爱默生的办刊理念不合，以及长期辛劳而分文未得，才是更主要的原因。

与事业受挫相比，感情方面经历的挫折更令她沮丧。自1830年代起，富勒与富家子弟塞缪尔·沃德交往多年，时常在书信中互诉衷肠，结果沃德和她的闺蜜安娜·巴克小姐秘密订婚，并于1840年结婚。富勒为此郁闷不已，直到遇见德裔犹太商人詹姆斯·内森，但后者由于家族生意返回德国之后，这一段恋情也无疾而终。其实，令富勒更为纠结的还是她与爱默生之间的关系：这位"康科德圣人"对她的好感有目共睹（当时甚至传出绯闻），可是无论如何富勒也无法再前进一步。她在当年6月的一则日记最能表达出这种落寞情怀："我需要帮助。我需要一个充满爱意的、大大的拥抱。"此前一个月，在她生日那天，她的妹妹爱伦产下一女（取名玛格丽特·富勒·钱宁），其他几位好友如卡罗琳·斯特吉斯等也纷纷结婚生子，而她却似乎注定要孑然一身，孤独终老。

这一年，与富勒一道经历巨变的还有她的康科德友人。爱默生《随笔集》第二卷出版，正志得意满（富勒稍后的书评不无微词，更显现二人之间分歧）。梭罗正为《康科德和梅里马克河上一周》的出版而四处奔走，并最终为自费出版该书背负巨额债务。奥尔科特创办的乌托邦"果园农庄"由于经营不善在年初宣布破产倒闭。另一位友人里普利的"布鲁克农庄"也面临重大改变，即将由个人互助联盟转变为乌托邦性质的"法朗吉"（Phalanx）——在崇尚个人自由的超验主义者富勒看来，这无疑是不祥之兆。三年之后，一场大火将农庄斥巨资兴建的主楼焚毁，里普利被迫变卖家产清偿债务。

在四年之前即 1840 年，应爱默生等人之邀，富勒答应出任《日晷》主编，其实也有她自己的考虑。作为 19 世纪的知识女性，尽管她天资聪颖，又勤奋自励，却未能像同时代的男性那样接受正规教育（超验俱乐部早期成员大多哈佛神学院出身），这也成为她终生难言的隐痛。当爱默生提出他当前的首要任务是撰写《随笔集》，故而不能如约出任主编时，富勒几乎不假思索地应承下来——如此一来，既能为她本人提供一个发表的平台，又能借机结识康科德及波士顿一班文人名士。

其实早在 1836 年，"赫奇的俱乐部"（即超验主义俱乐部）成员最初在坎布里奇集会之时，就提出构想创办一份自己的杂志：因为在当时的新英格兰，即使最开明的基督教杂志也难以接受他们的宗教观念和激进思想；而另一些内容浅显的妇女杂志和感伤文学杂志又不合他们的胃口。1839 年，当波士顿大众杂志向爱默生等人约稿时，为了不被同化，爱默生、里普利、富勒、奥尔科特等人决定创办"超验主义的喉舌"——《日晷》。照奥尔科特的说法，其名称寓意着一种全新的生活状态和一个"崭新的历史时代"。

1840 年 7 月，《日晷》第一期面世。卷首是爱默生的《告读者书》："在新英格兰，旧的宗教习俗和教育传统将人固化为石头"，一派死气沉沉，没有文学天才，也没有批评家，"让人看不到希望，让年轻人失去了梦想"。他主张唤醒一群思想上的反叛者，以崭新的文学样式来反映时代精神，通过严肃而审慎的文艺批评来提高文学的品位，以高雅的诗歌来克服庸常的生活，进而达到完满的道德精神。"僵化的形式——任何形式，都可能意味着精神的死亡"，而他倡导的思想变革，正是对社会习俗的反拨和对保守势力的抵抗。根据他的超验主义学说，欲改造社会，必先改善人自身。

尽管编者宣称这是一本"文学、哲学与宗教"杂志，但文学性似乎稍稍逊色。远在英国的卡莱尔在收到爱默生寄赠的第一卷后提出意见，一方面他声称这些来自美国的最年轻的声音纯洁而精妙，令人振奋，另一方面又不无遗憾地指出，这类文章的思辨性和理论性太强，"不接地气"，令人难以接受。

与来自国外温和的批评相比，国内同行和读者的批评口吻要严厉得多，尤其是针对奥尔科特的那篇《俄尔甫斯箴言》(*Orphic Sayings*)玄之又玄，晦涩难解，其风格有如"十五节沉重的车厢拖拽着一位旅客"，单调而乏味。对于这些批评，爱默生显示出他执着而坚定的一面，他坚信自己的眼光和判断。奥尔科特属于天才人物，其思想的卓越不凡之处尽管受其文字拖累，却不能被完全抹杀掩盖。不顾富勒等人的反对，爱默生对"箴言"进行大幅删改，并且坚持在随后几期中继续刊发。

富勒和奥尔科特曾在"神庙学校"共事。她对奥尔科特的雄辩口才推崇不已，但对于他过于雕琢华丽的写作风格却不太欣赏。她几次拒绝由爱默生寄送的修改稿，对完全脱离市场和读者的杂志的前途深表担心。同样受挫的还有爱默生的"门徒"梭罗。这位刚从哈佛学院毕业的年轻人雄心勃勃，立志要当一名作家，但他描写康科德地区自然景物的散文却因为缺乏统一的主题遭到富勒拒绝。在《日晷》第一卷中，她只选用了梭罗的一首短诗《同情》和一篇评论《佩尔西尔斯》。

困扰富勒（以及爱默生）的最大问题是稿件的匮乏。里普利牧师文笔雄健，可惜他的精力很快专注于经营"布鲁克农庄"，无心应约撰稿；帕克投身于社会改造运动，四处奔波；布朗森为自己创办的杂志一年撰稿多达 15 万字，自然也无暇他顾。不得已，富勒只能向远在外地的老友克拉克和赫奇等人恳求赐稿（爱默生后来则被迫毛遂自荐，选择刊发其家族成员的作品来填充版面）。

当然，这份被称为"年轻美国的无畏《圣经》"的文学杂志在第一卷中也不乏佳作，如富勒关于里希特和赫德尔哲学思想的评论，以及阿尔斯顿的原创性作品。关于欧洲大陆的文学思潮，一般杂志发表的更多是介绍性文章，至于深入的研究和评论，则是《日晷》的独特贡献。在这方面，作为编辑的爱默生和富勒意见高度一致。

尽管如此，在编辑方针方面，爱默生和富勒却各有侧重。除了文学，富勒对音乐、美术、建筑、雕塑等艺术样式也饶有兴趣；爱默生则相反，他自称为"音盲"，对美术也一窍不通。罗马典雅的建筑在他眼里跟波士顿没什么两样。他重视的是自然与科学。前者在他看来是心灵的外化，与人类情感道德之间存在着某种神秘对应；后者则是人类经验和智慧的总结。此外，他更注重杂志的信息交流功能：国外的某种文艺理论，国内的某种学术批评，甚至某人关于社会改革的演讲，都能在杂志上获得一席之地。他邀请梭罗担任助理编辑，两人还一道推出旨在介绍世界上主要宗教学说的经文节选——《道德经典》，内容包括佛教、印度教、波斯教及中国儒家的思想。这也反映出爱默生一贯的主张：古老的经典中往往蕴含着最新的思想。

三个月后，《日晷》第二卷出版。虽然撰稿人没有什么变化，但文字风格大有改进。一贯挑剔的卡莱尔宣称对这一卷的喜欢程度明显超过第一卷，尤其是爱默生本人的文学论文《新诗艺》被他称为"迄今为止最有价值的一篇"。在论文中，爱默生倡导"一种受到激发的心灵的即兴创作"："诗歌应当自心底自然流淌而非源自外部市场。对于艺术家而言，真诚胜过词藻，内容重于形式。真正的天才如浑金璞玉，形式上未必尽善尽美，但惟其质朴率真，才更具心灵的震撼力。"

自《日晷》创办以来的近两年中，由于富勒的不懈努力，杂志在某种程度上获得了成功：梭罗的风格趋于凝练深邃，霍桑的随笔可读性很强，帕克的宗教和神学论文篇幅较长，但气度恢弘，堪称杂志的脊梁。同时富勒还进一步拓宽稿源，增加话题的覆盖面，但市场的问题依然无法解决。

继任的爱默生像富勒一样尽心尽职：作为一流的撰稿人，他本人在杂志上发表的诗文质量上乘；作为负责的编辑，他删改天才诗人琼斯·维里的诗作，挖掘出梭罗的潜质，并将奥尔科特从凌乱冗长的手稿中拯救出来。但当超验主义学说影响消退、廉价的伤感小说成为市民阅读的主流、废奴运动和男女平权运动日益成为时代最强音之时，这份以自我教化和培养高雅趣旨为己任的文学杂志前景也就日益黯淡。到1844年4月，订户只剩下区区两百人，杂志终于被迫宣告停刊。

作为一个文学刊物，富勒深知《日晷》的失败主要在于它脱离大众，只为少数文化精英服务。但与此同时，《日晷》也取得了令人瞩目的文学成就——在不到四年的时间里，《日晷》发表42位作者共350篇作品。这是超验主义运动保存完好的一部档案：其中既有作者已湮没无闻的平庸之作，也不乏爱默生的《新诗艺》、梭罗《马萨诸塞自然史》以及富勒《伟大的讼案》这样的名篇，这也是它在文学思想史上的重要贡献。

此外，"谈话"课堂的关张也令富勒不胜唏嘘。课堂兴办之初，参加人数众多，富勒每年净收入可得五百美元，极大缓解了她的经济压力。然而随着新英格兰社会的变迁，知识女性纷纷投身于禁酒废奴、普及教育、男女平权等社会改造运动，年轻小姐则相继结婚生子，到1844年4月学员仅剩十余人。富勒本人一方面长期饱受疾病困扰，亟需放松疗养；一方面也打算继续自己的文学追求，于是决定停办课堂，专注于《湖上夏日》的撰写和《歌德谈话录》的翻译。

《湖上夏日》是富勒与友人结伴西行的记录，形式松散，但文采斐然，引起纽约著名出版人霍勒斯·格里利的注意。彼时格里利收购的纽约《论坛报》面临同行竞争的压力，试图通过改版吸引读者，打开市场销路。同时，他又是一位富于情怀的报人，希望借助报刊媒体提高民众道德修养和审美情趣，普及民众教育。格里利的夫人曾参加过"谈话"课堂，格里利本人和富勒一样也是"布鲁克农庄"的常客，1847 年农庄解体后，里普利和约翰·沙·德怀特等人也先后被他延揽加入《论坛报》。1844 年秋，他向富勒正式发出邀请。

随着"改革与扩张"的口号深入人心，富勒的新老朋友也纷纷投入到社会改造的洪流之中。3 月，她的老朋友克拉克在康科德学会发表演讲，反对兼并德克萨斯，并通过《西部信使报》宣传进步思想。另一位老友帕克同情底层民众，呼吁废除奴隶制，主张激进的社会改革。奥雷斯蒂斯·布朗森教长则在《布朗森季评》上发表长文抨击资本主义经济制度，宣传劳工至上，成为"劳工的先知"，被誉为"马克思主义诞生之前的马克思主义者"。与此同时，富勒的新朋友、纽约《论坛报》掌门人格里利也热衷于各种社会改造计划，并试图通过报刊杂志"打造公共舆论"并"提升美国人的审美和道德水准"。这一年年末，他诚邀富勒加盟纽约《论坛报》，出任记者兼文学编辑。

富勒善于交友。好友威廉·亨利·钱宁形容她谈兴正浓时往往会"瞳孔收缩，两眼放光，似乎具有某种天然的魔力"，爱默生也宣称"富勒天才过人，热情似火，吸引不同性格的人走到一起，是（超验俱乐部）真正的中心"。另一位超验主义代表人物皮博迪小姐两年前接手《日晷》的出版发行，她位于波士顿的外文书店也是富勒"谈话"课堂举办的场所，这里一度是超验主义运动的中心地带。如今，随着"谈话"的结束和《日晷》的关张，皮博迪发现连书店的生意也日渐惨淡。1844 年离开波士顿去往纽约，不仅是富勒人生的转折点，从某种意义上说，也是超验主义运动的转折点。

从康科德到纽约《论坛报》

格里利开出的条件非常诱人，不仅薪酬丰厚（每周三篇专栏文章，年薪五百美元），而且顺带解决了富勒在纽约的住宿问题。更重要的是，《论坛报》拥有五万订户（后来增至三十万），读者群则不下数十万人，正是富勒长久期待的平台。另外，格里利保证，她将享有充分的新闻采访和排版自由。面对纽约的巨大诱惑，身处坎布里奇的富勒并未立即应允，而是迟疑不决。

富勒的顾虑来自康科德。爱默生闻讯富勒即将加盟《论坛报》，已通过书信明确表示反对。报刊文章在他看来不是纯文学，只是茶余饭后的谈资，不具备恒久的生命力，将天才浪费在这样乏味的应景写作上，显然并非明智之举。自 1839 年经热心的皮博迪小姐介绍与爱默生相识之后，富勒凭借超群的智力和才华赢得了爱默生的敬重，而她本人对这位大作家更是无比敬仰——由坎布里奇至康科德半日往返的便捷车程使得二人的联系更为频繁。近几年来，她已不知不觉将康科德视为精神故乡，与梭罗、霍桑以及奥尔科特等人也结下了深厚友谊。接受格里利的邀请意味着切断与波士顿 - 康科德文学圈的联系，她内心难以割舍。

但促使她离开的力量似乎更为强大。她的弟弟哈佛毕业后投身一家律师事务所，可是沾染上了纨绔子弟的毛病，一年仅穿着花销便需一百五十美元，入不敷出。另一个智力残障的弟弟和几个妹妹全要依赖她扶持。她早先在奥尔科特神庙学校做助手兼教师，最终分文未得，只好远赴报酬优渥的普罗维登斯格林学校——繁重的教学任务严重损毁了她的健康。担任《日晷》主编两年间，由于刊物销路不畅，之前商妥的每年两百美元编辑酬劳也无法兑现。她对里普利"布鲁克农庄"生产劳动与文化教育相结合的生活方式极有兴趣，但加盟农庄首先需要至少五百美元股金，令她望而却步。作为"超验俱乐部"的一员，她对他们乐观豁达的生活理念极为认同，但对他们的凌空蹈虚、不切实际又未免产生怀疑。

同样遭到质疑的还有爱默生的行为方式。爱默生的乐善好施远近闻名：他为长期经济困窘的奥尔科特一家源源不断地提供经济援助

（包括资助奥尔科特赴英国考察），为梭罗提供食宿和就业机会，并为作家霍桑、诗人威廉·埃·钱宁等提供低廉租房，对到访康科德的富勒等友人更是热情相待——但在这背后，富勒却发现他孤高冷傲、难以亲近的一面。"他缺乏温暖，"富勒在致友人书信中抱怨说，"而且难于捉摸。"文如其人，日后富勒在评价《随笔集》第二卷时也指出，"作者过分专注于自我，缺乏感动人心的真诚"。对于曾经付出的这一段情感，富勒在致爱默生的一封书信中曾不无伤感地喟叹："我不是僭越者……假如我误踩了边线，一定会退出，将果园归还给合法的主人。"在赴纽约之前的告别信中，富勒鲜明地表达了自己的立场："你追求学术，我追求生活。"批评家将这一论断认为是富勒摆脱爱默生文人团体的影响而"走向心智成熟"的表现。

促使富勒将目光转向纽约还有一个重要原因。她的名篇《伟大的讼案》在《日晷》刊载后，反响强烈，但也不乏批评之声。霍桑夫人索菲亚便质疑一位未婚女子如何能勘破婚姻的奥秘。更多的批评文章认为作者的笔力似乎仅限于中产白人妇女，视野过于狭隘，未免以偏概全。雄心勃勃的富勒在友人建议下打算将它扩展为一部著作——更多的创作素材，更广的社会层面，更庞大的阅读群体，显然没有比纽约和《论坛报》更好的平台。

富勒在《论坛报》发表的文章大体可分三类：注重文学审美的作家作品翻译介绍、从政治社会学入手的严肃的文艺批评，以及一些短讯和时评。她最为擅长的当然是文学理论和批评。在富勒眼中，批评者应该同时具备哲学家和观察家的特征。文学批评的用处不单单是为作品"贴标签"，而是通过鉴赏评判，"过滤"出好的作品。批评家的角色应该是"发现作品中真实、本质的能量"，并将它传达给读者。和爱默生一样，富勒倡导一种新型的美利坚文学。她认为文学样式必须随特定的历史语境和地理环境而更新——工商业的发展以及蒸汽船、铁路、电报等科学发明不仅造就了期刊的黄金时代，也拓宽了文学的范围——她将这一种新型的文学样式称之为"历史罗曼司",相当于欧洲人的史诗。用她的话说,"小说就是今日的民谣,通过它可以了解我们的时代"。由此,她高度评价霍桑的《故事重述》,赞扬梅尔维尔的海洋小说,以及约瑟夫·科克兰的边疆小说。其实早在1843年,在致友人克拉克的信中,富勒便将美国作家比喻成在大河边劳作的农夫:"历史的长河流逝,大浪淘沙,冲积出一片新的土壤,作家应当像农夫一样善于从这片崭新的土壤中汲取养分,从而创作出属于这个特定年代的史诗。"

富勒文学批评的对象包括爱默生、坡、弥尔顿、勃朗宁等,批评文章后收入《文艺论文集》。她书评涉及对象还包括欧仁·苏、乔治·桑以及巴尔扎克等法国作家。她批评好友爱默生"单句和段落过于出彩,如马赛克或勋章墙,令人眼花缭乱",并由此冲淡主题。富勒评价霍桑语言"懒散"、风格"苍白无力"——"他总是在暗示,却没能揭示我们存在的神秘",但同时也赞扬作家在《古屋青苔》《胎记》《拉帕奇尼的女儿》《天路》《好小伙布朗》等小说中对人性的刻画——"霍桑细致而无畏地探究人性的奥秘",堪称"当今最好的作家"。不同于霍桑对女性作家的偏见,富勒对"乱涂乱画的女人"抱有相当同情,但对无病呻吟的"客厅诗人"却毫不留情。在她看来,布莱恩特、欧文和库珀不过是欧洲文学拙劣的摹仿者。朗费罗和洛威尔也乏善可陈——她批评名诗人洛威尔"漠视人物内心情感动机,看不到人物性格的发展"。当时新英格兰最负盛名的诗人朗费罗,在她眼中也是名过其实——他被指控"剽窃":他的诗是"精妙的模仿……内心缺乏激情,亦无视外在风景",甚至连意象也不是他自己的——"真正的意象是人行道边跃入眼帘的一朵鲜花,自然而富有诗意"。总之,从内容到形式,毫无创新可言。

作为批评家,富勒一向秉持公正立场,对外国作家也不例外。她评价巴尔扎克"思想肤浅",但同时又赞扬他技艺高超,是"无情的外科医生"——《高老头》临死一章令人心痛欲碎，堪称"巴黎的李尔王"。相比于"富于感召力"的乔治·桑，欧仁·苏尽管"笔触细腻大胆"，但他缺乏想象力，其创作才情远低于桑。一言以蔽之，富勒认为伟大的批评家比伟大的诗人更难得，因为批评家必须具备"综合批评能力"，要用"更高尚的观点"同美国新近出现的商业主义和肤浅庸俗的物质主义展开对决。从这个意义上说，"富勒自始至终是一位批评家，滑稽的是时至今日，人们记得她是女性主义者，却忘记她是一位批评家"。

离开康科德之后，富勒逐步远离自我中心的爱默生，投身于社会改造。身处纽约，她对劳动妇女和穷人的悲惨境遇感同身受——她在报社附近目睹市民捐资兴建教堂，而四周流离失所的穷人却无人问津；她为爱尔兰移民遭受的不公待遇大声疾呼；好友亨利·钱宁成立"纽约监狱协会"，她于 1844 年在钱宁陪同下走访"星星"女子监狱——此后她的文章也多由文学评论转向政治文化和社会揭露。除了女犯，她关注的对象还包括流落街头或生活在救济院的城市贫民——她在文章中痛斥富人居高临下的态度，并强调乐善好施对社会进步的重要意义。她在演讲中宣称"这是一个严峻的社会现实"，而社会理应肩负责任，帮助不幸之人。此外，她还参观了贝尔维贫民院、民工子弟学校、疯人院、感化院和布莱克维尔岛监狱等场所。在慈善医院，她注意到"哺乳的母亲和新生儿一道暴露在男性访客肆无忌惮的目光之下"，由此呼吁保护个人隐私。在情况更为糟糕的疯人院，人满为患（须扩建一倍才够），"病人蜷缩在墙角，对陌生人无动于衷，心里没有希望，眼里也没有期盼的光芒"。布莱克维尔岛监狱专门关押刑事犯，其中有七百名女犯。富勒留意到在狱中女教官寥寥无几，除了惩罚，也没有其他让人悔过自新的机会和途径。在她看来，只有根据犯罪的性质将犯人分类，进行教化和改造，才能实现自尊和身心健康。她本人热心为女犯开设道德文化讲座，几乎每周造访一座监狱或济贫院。

富勒认为，贫困是对美国这个"充满机遇的国度最大的嘲讽"——纽约富人聚居在以华盛顿广场为中心的中城区，穷人则居于下东区，泾渭分明，老死不相往来。而"纽约有足够的资源和财富，有足够善良的意愿，有足够的管理智慧"来解决贫困问题，应该对公共管理和慈善机构进行改造，使其转型为民生服务机构。然而在政党分肥体制之下，无论民主党还是辉格党，对此都无暇顾及。于是富勒呼吁纽约市民：针对社会不公的现象，人们不能视而不见，必须立刻采取行动——而上述文章，亦堪称20世纪初美国新闻界"扒粪"运动之先声。照富勒的看法，"济贫院、疯人院、监狱……这些都不是问题，体制才是问题"。但与激进派主张不同的是，富勒反对通过暴力革命变更社会制度，而宁愿诉诸基督教的福音——一个人人平等、相亲相爱的社会才是千禧福音。关注美国社会不平等现象并为之大声疾呼，富勒本人也由此完成"从超验自我到公共良知"的转变。

富勒由文学批评转向社会评论很大程度上受到纽约"青年美国运动"的影响。"青年美国运动"提出自由贸易、社会改革等主张，引起富勒强烈共鸣。这一运动的代表人物是著名出版家戴金克和《民主评论》主编奥沙利文，后者于1845年提出"显然大命"（Manifest Destiny）一说，鼓吹美国的领土扩张，其成员则包括诗人布莱恩特、历史学家班克罗夫特，以及梅尔维尔、霍桑等人。富勒与之保持联系，但反对其大国沙文主义和孤立主义。富勒认为，任何一个民族的文化都不可能完全隔绝外来文化的影响，与其故步自封，不如"与时俱进"（synchronicity）。

1846年8月，富勒作为慈善家马库斯·斯普林夫妇12岁儿子的私人教师，与他们一家一起游历欧洲（格里利预支125美元，要求她发回旅行见闻）。在英法等国，除了与华兹华斯、卡莱尔、乔治·桑等名流晤面，她将更多的时间用于参观曼切斯特和利物浦的机械学

院、纽卡斯卡的煤矿、设菲尔德的钢铁工厂，以及巴黎和里昂的织布厂。对她而言，欧洲像健康而强壮的滋补营养品，"假如我早十年……我就不会将自己荒废在根本不适合我天性的土地上"。欧洲的种种社会弊端也促使她反省美国由财富不平等造成的社会危机。她报道在里昂举办的女子室内音乐会，其场景令她联想到纽约"星星"女子监狱的犯人；在格拉斯哥目睹贫穷妇女流落街头，其境况则令她联想起但丁的《神曲·地狱篇》。

富勒对奴隶制深恶痛绝，不止一次公开抨击赞同奴隶制的政客。她为1844年1月麻省的废奴集会大声欢呼，随后又在《论坛报》撰文高度评价爱默生最近的废奴演讲。她从罗马发回的报道将意大利人民的自由解放同美国的废奴运动相提并论："奴隶制的罪恶造成了美国社会虚假的繁荣，政客们利欲熏心，不惜为此悍然发动战争，高尚的道德情感甚至在个人身上也已被遗忘。"而身在欧洲的富勒，却致力于做一名时代的见证者："这些值得铭刻的事情在我眼前呈现，假如我无法投身革命，我会很乐意成为它的历史学家。"

富勒相信新闻"是我们文学中最重要的部分"，它既有修辞力量，又有政治良知，它是"教育民众最有效的工具"。她在《美国文学》一文中写道，报纸不仅提供"新闻"，更能"传播知识，并能播撒思想的种子"。从1844年底接手文学版块，到1846年夏远赴欧洲考察，她共发文250篇。其中既有文学批评，更多的是社会观察与评论，比如针对纽约市政当局负责聋哑人培训机构的年度报告所作的评论，要求为聋哑人提供平等的受教育权。这些专栏文章和书评社论不仅拓展了文学的疆域，更唤起民众对社会改造各项事业的关注和了解，有助于提升国民的道德水准，也有助于践行美国民主。富勒深知她与爱默生的区别：文学家追求美，而记者要求真。她所从事的是"伟大的民众教育"——《论坛报》由此成为"伟大的道德工具"，富勒则被誉为"纽约的公共良知"。

美国超验主义的杰出代表

在 1830 至 1850 年大约 20 年左右的时间里，以里普利、爱默生为首的"超验俱乐部"成员（包括富勒和皮博迪小姐等女性）时常聚会，高谈阔论。他们自称"同好者俱乐部"，而事实上，正如其代表人物之一克拉克所说，"没有任何两个想法相似"，另一位代表人物赫奇干脆否认："根本没有严格意义上的俱乐部，只是男女同好者不定期的聚会。"他们相互争论，相互包容，"唯一不受欢迎的访客是'不宽容'（intolerance）"。

通过演讲和布道（大多数超验主义者是牧师出身）、书评和专栏，他们试图传布新思想，打造独具特色的"美国"文化。《日晷》上曾刊登记者萨克森的文章，他定义"超验主义倡导的平等与博爱是美国无可争议的立国之本"。另一位早期超验主义重要人物赛勒斯·巴托尔则说，"超验主义是一艘崭新的航船，比五月花号更好——借此真理得以逃脱敌手。"

爱默生在 1840 年写道：这一场革命影响深远，尽管其时代精神对每个人意义可能不同。对某些人，它意味着国家某方面的社会改革；对另一些人，它意味着个人的道德提升，以及养成良好的商业习惯；再对其他一些人，则可能意味着拓宽文学艺术的视野、深化哲学的洞见，以及个人在孤寂之中虔诚的祈祷。但无论哪一种，都是对陈规旧习的一种反抗，一种政治姿态。同一年，他的朋友克拉克也认为，"我预感到整个社会里都有某种珍贵的东西在酝酿，在发酵"。用爱默生的话说："每个人在他的上衣口袋里都揣着一份改革计划。"

欧洲的浪漫主义是一场逃离规范、传统与习俗的运动。传播到美国之后，在美利坚崭新的土地上，浪漫主义学说号召人们将社会的陈规陋习全部抛弃，奉行彻底的个人主义和对自我的追寻——浪漫主义者大声质问，在美利坚这样一个年轻的国度里，人们为何要受到社会习俗的约束？为何不能大胆探索，尝试新思想，创造新艺术？由此美国化的浪漫主义得以诞生，它不是欧洲大陆陈旧思想的翻版，相反它是新大陆文化与自然土壤结合而成的新生命。这个新生命被称为"超验主义"。换言之，超验主义就是"美国的浪漫主义"。

源于激进的欧洲哲学思想和社会思想，超验主义对习俗的挑战令许多人感到惊愕，超验主义则不免时常沦为嘲讽的对象。狄更斯曾犀利地抨击："一切难以索解（unintelligible）的东西都是超验。"卡莱尔在会见里普利牧师后将这位唯一神教的牧师定义为"试图通过培植洋葱来改造世界的人"。尽管大家都承认他们心存善良，但又一致公认他们"不切实际"。保守的唯一神教牧师弗朗西斯·鲍文称它"教义晦涩——虽经乔装打扮，根源却仍在外国……是美国人盲目效仿欧洲的病态产物"。超验主义者用词典雅，看上去不免装腔作势。他们的哲学，与其说出于信仰，不如说是矫饰——"他们最拿手的行文方式，便是故意将文风弄得晦涩难懂"。

尽管如此，超验主义对美国文化思想的启蒙意义却是谁也无法否认的。超验主义历史学家奥·布·弗洛辛厄姆简明地总结道："尽管这一运动持续时间较短，规模有限，参与者数量也较少，但它在思想史上却意义非凡。"它以充满活力的开放性姿态，对美国文化中根深蒂固的实用主义和偏狭性提出了挑战。

时至今日，大多数人认同超验主义是以爱默生、梭罗和富勒为代表的一场19世纪的思想运动。它源于爱默生在哈佛神学院演讲中呼吁的个人良知，源于梭罗在瓦尔登湖的生活实践，源于富勒的文艺理论和文学批评。但与此同时，人们还应该了解，这一运动涉及的层面相当广泛——这一群体是美国最早的知识分子群体，包括教育改革的推动者，为妇女、劳工、城市贫民甚至罪犯代言的社会改革家，以及废奴运动的激进派。事实上，超验主义内部可以根据趣旨不同分为两派：一派以爱默生为代表，倡导自省自立和自我教化，强调文学文化修养对塑造国民性的作用；另一派以里普利和布朗森等人为代表，他们受欧洲社会思想影响，强调平等和博爱。前者的超验个人主义通常被称为自我中心主义，后者则将目光转向经济制度和社会变革——一方面强调个人价值，另一方面突出众生平等，二者奇妙地统一在超验主义内部，自始至终。

对应上述两派，到 1840 年代之前，超验主义一直存在两个中心：一是康科德的爱默生私宅，一是波士顿的教堂和报告厅等公共场所。19 世纪中叶前后，随着废奴运动的高涨和美国内战的临近，爱默生派的自我主义者也开始将目光转向严峻的社会现实，从个人书斋走向公共讲坛，并将思想学说付诸行动。此时，超验主义早期的宗教纷争早已偃旗息鼓，让位于新时代波澜壮阔的社会改革运动：超验主义激进派奥尔科特和托马斯·温·希金森冲入波士顿联邦法院，企图解救废奴领袖安东尼·彭斯；帕克鼓吹武装堪萨斯州的"自由土地"运动分子，与政府抗争；里普利热衷"堂吉诃德式"的傅立叶主义；富勒从意大利发回罗马革命的最新报道；爱默生颂扬起义失败被送上绞架的约翰·布朗；梭罗则倡导公民不服从……可见，照历史学家佩里·米勒的说法，"超验主义的两极——社团主义和爱默生的个人主义"至此已合二为一。

米勒曾定义超验主义是"人类精神对情感饥饿的抗议"。不无巧合的是，这一特定的反抗群体在 1840 年代前后不约而同遭到主流社会放逐。奥尔科特神庙学校关张，他本人成为"伊甸逐客"，被迫举家搬迁康科德，靠亲友接济过活；爱默生辞去家族世袭的波士顿第二教堂牧师之职，成为无业人士，并因神学院演讲触怒教会正统派，近 30 年不复入哈佛讲坛；里普利也因为教会内部纷争，愤而辞去教职，靠卖文度日。这一群"愤怒的年轻人"，正如美国思想家沃浓·路易·帕灵顿所说，"他们急于改正社会弊端……他们的社会批判虽然严厉，但出于真诚，富于理智，这正是美国社会最需要的批判"。

1848 年后，欧洲由"革命年代"转入"资本年代"。照奥尔科特的说法，"极端者变得不那么极端，保守者也认同缓步变革"，美国社会由此进入调适期。一个由黄金、铁路和贸易支撑的国度变得目空一切，因此更需要超验主义的批判精神。然而，新一代超验主义者如希金森、富兰克林·本·桑伯恩等人却以饱满激情拥抱新时代——桑伯恩宣称"梭罗的哲学不名一文"——事实上，他们更乐于奉行维多利亚时代的主流价值观，通过自我教化，成为受人尊敬的绅士或道德楷模。

1850 年代以后，昔日超验主义者摇身一变皆为社会成功人士。赫奇当上哈佛教授，德怀特化身波士顿音乐教父，里普利成为美国文艺批评界的"头面人物"，他们都失去了批判的动力，而当年那些纷争和激进之辞如今已翻成恶梦，恨不能早日与之决绝了断。唯一的激进派布朗森赞同马克思学说（"世界并非由意识决定"），为此不惜与昔日战友一刀两断，成为马恩信徒，但很快又蜕变为反废奴主义者，成为保守派。

包括富勒在内的超验主义者以超强的个人主义著称，但他们并非游离于历史之外，相反，作为时代的亲历者，他们紧扣时代脉搏。1830 年代新英格兰城镇工业化革命和资本主义世界第一次经济危机共同造就一个剧变的时代，超验主义也应运而生。1850 年代中期以后，除了风起云涌的废奴运动和女权运动，美国社会对移民潮、城市化运动和反官僚主义等问题更为关注，而以自我教化为核心的社会改造思想与内战前后美国社会趋势明显格格不入，超验主义逐步走向式微。超验主义本以激烈的反资本主义姿态横空出世，至此则一无所用，基督福音派、无政府主义者、傅立叶主义者等社会团体纷纷解体，足见超验主义及其他激进派改革方案在实践中根本行不通。尽管如此，它们的出现却促使有识之士不断反思，从而也促进资本主义制度日益完善。从这个意义上说，1840 年代富勒离开康科德去往纽约，是超验主义者迈出的坚实一步，也是超验主义运动转向的一个重要转折点：它标志着超验主义"由最初松散的联盟一举变为步调一致的运动"。倘非英年早逝，富勒一定能在汹涌的社会洪流中迸发出更加璀璨的光芒。

1850 年 7 月 19 日，伴随富勒一道沉入纽约港附近海面（距离港口不到 50 米）的还有她的多卷本手稿——在意大利居留期间，她以几乎全部的生命能量撰写的《罗马共和国史》——"它们比我坎坷的一生更有价值"。富勒逝世后，亲友为她在坎布里奇著名的奥本山公墓树立了一座衣冠冢，碑石上铭刻着一行字："出生时是新英格兰之子，后被收养成为罗马公民，她的天才属于全人类。"

玛格丽特·富勒年表

1810　5月23日，玛格丽特·富勒出生于马萨诸塞州坎布里奇，父亲提摩太·富勒，母亲玛格丽特·克兰·富勒。

1817　父亲提摩太·富勒开始担任国会众议员。

1824—1825　就读于马萨诸塞州格罗顿由普利斯科特小姐创办的女子学校。

1831　11月，遭遇情感危机，一度精神崩溃。

1833　举家搬迁至格罗顿乡间。

1835　10月，父亲提摩太·富勒死于霍乱。

1836　7月，与爱默生相遇；11月起在布朗森·奥尔科特创办的神庙学校任教，次年4月离开。

1837　6月起任教于罗德岛普罗维登斯的格林学校。

1839　出版艾克曼的《歌德谈话录》英译本，出任《日晷》杂志首任主编，11月开始在波士顿举办女子"谈话"讲座。

1840　7月，《日晷》第一期发行；开始写作《自传素描》；与爱默生交往密切。

1841　4月，在《日晷》发表《利拉》；7月，发表《歌德》。

1842　3月，辞去《日晷》主编一职，由爱默生接替。

1843　在《日晷》发表《伟大的讼案》（后改名为《十九世纪的妇女》）；夏季与友人同游威斯康星州湖区。

1844　4月，结束"谈话"讲座；5月，发表《夏日湖上》。年底应霍勒斯·格里利之邀，前往纽约担任《每日论坛报》记者兼文学编辑。

1845　正式出版《十九世纪的妇女》。

1846　作为《论坛报》驻外记者前往欧洲，游历英法等国。

1847　2月，抵达意大利；4月，在罗马邂逅贵族青年奥索里侯爵乔万尼·安吉洛，后秘密成婚。

1848　9月，生子小安吉洛。11月，教皇从罗马仓皇出逃。

1849　2月，罗马共和国反败为胜；6月，法军围困罗马，城陷；9月，携家人避居佛罗伦萨山中。

1850　2月，为《论坛报》发回最后一篇报道；5月17日，与丈夫携幼子乘船返美。船只在纽约港附近失事，三人全部遇难。

1856　随笔集《国内和海外记》出版。

1859　随笔集《内外生活》出版。

延伸阅读

1. Joan Von Mehren, *Minerva and the Muse: A Life of Margaret Fuller*, Amherst: University of Massachusetts Press, 1994.
2. Susan Cheever, *American Bloomsbury: Louisa May Alcott, Ralph Waldo Emerson, Margaret Fuller, Nathaniel Hawthorne, and Henry David Thoreau; Their Lives, Their Loves, Their Work*, Detroit: Thorndike Press, 2006.
3. Charles Capper, *Margaret Fuller: An American Romantic Life, vol.II: The Public Years*. Oxford University Press, 2007.
4. Barbara L. Packer, *The Transcendentalists*, Athens', Georgia: University of Georgia Press, 2007.
5. John Matteson, *The Lives of Margaret Fuller: A Biography*, New York: W.W. Norton, 2012.

本章作者

杨靖，南京师范大学外国语学院英语系教授，博士，博士生导师，美国文明研究所所长。兼任中美比较文化研究会常务理事、副秘书长，江苏省翻译协会理事，江苏省外国文学学会常务理事、副秘书长。出版专著2部，在《外国文学评论》《外国文学研究》《世界文学》《外国文学动态研究》等期刊发表学术论文50余篇，另有学术书评、随笔若干散见于《文艺报》《书城》《上海书评》《东方历史评论》等报刊杂志。主要研究方向为19世纪中期美国文学、美国历史与文明。

女士接力 美国变革者

斯托夫人

Harriet Beecher Stowe

（1811—1896）

引发了一场大战的小妇人

你们应该教育你们的奴隶，把他们当作有理性的生灵，——当作不朽的生灵来对待，最后你们必须跟他们站在一起接受上帝的审判。

——《汤姆叔叔的小屋》

19 世纪的世界文坛可谓星光璀璨，英国的狄更斯、俄国的托尔斯泰、法国的福楼拜等巨匠创作了流芳百世的经典文学。然而，当时最畅销的作品却非出自这些大师之手，而是美国作家哈里特·比彻·斯托的处女作长篇小说《汤姆叔叔的小屋》。这部小说于 1852 年首次以单行本出版，当年销量仅次于《圣经》，达到惊人的 30 多万册。小说被翻译成多种文字，在全世界拥有广泛的读者，也被改编为音乐剧、滑稽剧，在全美各地巡回演出。全家人聚在一起朗读《汤姆叔叔的小屋》是当时美国家庭流行的消遣方式，所以这部小说的实际读者要超出它的销量。1893 年芝加哥世界博览会上，斯托夫人的作品初版《汤姆叔叔的小屋》和《汤姆叔叔的小屋题解》被装在花梨木的盒子里，上面罩着大玻璃，陈列在"女性展馆"图书馆的中心位置。到了 20 世纪上半叶，小说本身虽遭冷遇，但小说中的人物形象和故事场景却常出现在手帕、墙纸、餐盘和烛台上，或被做成玩具、雕像等，成了热销的大众消费品。直到今天，《汤姆叔叔的小屋》在美国仍几乎无人不知，对普通民众影响极大。

19 世纪的美国远不如今天开放，女性尚无选举权，社会对女性的期待无非是照顾家庭、养育孩子，大部分女性没有机会发挥自己的才能。斯托夫人却能在那个时代以一部小说影响美国和世界，她的成就值得关注。然而，畅销书作家似乎很难摆脱盛极而衰的命运，斯托夫人也不例外。著名评论家埃德蒙·威尔逊认为，美国内战后，南北方之间的紧张局势使这本小说遭忽视。北方人为战争带来的痛苦感到负疚，不愿提及过往；南方人在战前就禁止有关奴隶制的公开讨论，战后更是不愿涉及这一话题。美国内战结束后，南北双方似乎都乐于忘记这本著名的小说。然而，小说虽不在江湖，江湖上却有它的传说。由这部小说改编的各类剧作一直在美国各地上演，美国人了解汤姆、伊娃等角色就像中国人熟悉贾宝玉、林黛玉一样。民权运动和文化研究的兴起使《汤姆叔叔的小屋》再次成为美国文学的必读书，1960 至 2000 年间，几乎每 10 年就会出版 6 到 7 种不同的新版本。如今，它已被译为 68 种文字，且许多文字都有多种译本。

斯托夫人以小说的方式记录了 19 世纪美国的社会文化，然而她在作品中探讨的社会和宗教问题已成往事，为什么直到今天大家仍在读她的作品？显然，她留下的文化记忆不仅具有独特的女性视角，体现了女性对道德、信仰、社会制度等问题的关注，而且提供了一套分析和解决复杂问题的可能的方法。斯托夫人关注复杂问题的思考路径和探索方式，对当代读者仍具有重要的参考价值。人生在世总会碰到各种困难，个人如此，社会亦如此。有些问题目标明确，结果可以预测，属于简单问题，比如学习某项新技术。有些问题令人进退两难，比如应该购买某项新技术，还是自己研发？这类问题由于没有唯一正确答案，有时令人难以抉择。还有些问题因涉及多方利益和矛盾，不仅没有现成的出路，而且几乎没有彻底解决问题的可能性。在斯托夫人生活的时代，美国人遇到了他们历史上最为棘手的问题——种族问题，战争虽然结束了奴隶制，但此后复杂的种族关系，一直是困扰美国人的社会问题。斯托夫人用文学形式呈现了这一复杂问题的方方面面，她对社会的影响，以及超越时代的平等意识和价值观念是她最重要的遗产，使她成为美国杰出女性的重要代表。

家世生平：牧师家庭的生活和信仰

哈里特·比彻 85 年的人生全部生活在 19 世纪，她见证了那个时代美国经济的发展和社会矛盾的爆发。1811 年，哈里特出生于康涅狄格州的小镇里彻费尔德，父亲拉曼·比彻是长老会著名的牧师，1832年，拉曼在俄亥俄州建立了一所神学院，于是全家搬到辛辛那提市。1836 年，哈里特嫁给圣经文学教授卡尔文·埃利斯·斯托，此后 18年斯托夫人一直住在俄亥俄州。当时的俄亥俄州是自由州，紧邻蓄奴的肯塔基州，辛辛那提市地处俄亥俄河流域，河边酒吧时常聚集各类闲散人物，河岸上经常有逃奴从对面游过来，有些俄亥俄人愿意帮助他们逃跑，有的则加入追捕逃奴的队伍。1836 年夏，辛辛那提市一家废奴报社遭到攻击，废奴派自然要回击，整个城市陷入暴乱。斯托夫人一家亦卷入其中，秘密帮助逃奴寻求自由。奴隶制引发的矛盾和纠结，对于哈里特来说不是书本的理论，而是生活的日常。她在《汤姆叔叔的小屋》中记录了自己的经历，其中的人物大多有着真实的生活原型。

美墨战争结束后，大量的新增土地引发了国会对奴隶制问题的争论，从前自由州与蓄奴州之间的平衡被打破，国会不得不于 1850 年出台一系列妥协法案，试图缓解南北矛盾，维护联邦的统一。然而，妥协案未能达成初衷，反而引发了北方的强烈不满，尤其是其中的逃奴法案遭到北方人的普遍谴责，认为该法案把所有美国人都捆绑到了奴隶制的战车上。1850 年逃奴法案规定，各州政府和司法机构都要尽力协助奴隶主追捕逃跑的奴隶，凡以任何方式阻挠缉捕或庇护逃奴都被视为违法行为，将面临经济或刑事处罚。在逃奴法的刺激下，北方原本的温和派也开始支持废奴，而南方奴隶主仅仅把这部法案视为一般的财产保护法，并不认为这是北方为维护联邦做出的牺牲。这一时期美国社会的分裂和各方态度情绪的变化正是斯托夫人创作《汤姆叔叔的小屋》的社会背景。

身处乱世，父亲拉曼出言谨慎、处事圆通，但同时他目标明确、做事果断，是一个讲求实用的行动派。拉曼反对奴隶制，但他并不是废奴主义者。奴隶制问题激化后，成了非常敏感的政治话题，教会也不可避免地加入讨论。普林斯顿大学和耶鲁大学的神学院观念不一，双方激烈论辩，普林斯顿大学非常保守，而耶鲁大学则相对开放。拉曼是耶鲁的毕业生，自然被视为自由派，他在当地强有力的对手是辛辛那提第一长老会教堂的牧师约书亚·威尔逊博士，此人是狂热的加尔文主义者，似乎比较嫉妒拉曼的事业成功。1835 年，威尔逊两次指控拉曼为异教徒，均以失败告终，因为拉曼在神学问题的论辩中非常谨慎，从未落下口实让别人抓到小辫子。拉曼总是尽量避免用极端观点惊吓教众，他用这种方法使自己成为最受欢迎的牧师之一。他的实用和周全影响了哈里特，为哈里特提供了处理棘手问题的样板。

哈里特在辛辛那提的文学俱乐部结识卡尔文，婚后孩子接二连三地到来，家庭开支剧增，成为斯托夫人的哈里特不得不想办法写点小故事，挣些外快贴补家用。卡尔文大部分时间都在外地为神学院筹款，由于丈夫长期离家，所有家务和照顾孩子的重任全部落在斯托夫人身上。1848 年，辛辛那提突然流行霍乱病，斯托夫人最小的孩子不幸夭折，她自己也身染重病，奄奄一息，这时只有年迈的父亲陪在身边给她安慰和照顾，帮她度过了难熬的日子，而新英格兰人骨子里的积极乐观和坚强不屈给了她走出低谷的力量。斯托夫人早年的婚姻生活并不愉快，但她很少抱怨，就像她很少提及奴隶制带来的焦虑感，而是用思考和写作去化解生活的压力。

如果说生活是创作的源泉，那么斯托夫人写作的另一个重要灵感则来自宗教带给她的困惑。斯托夫人的姐姐凯瑟琳的未婚夫在一次海难中去世，此人是耶鲁大学的自然哲学和数学教授，但他对宗教不感兴趣。他的人生悲剧让凯瑟琳痛苦万分,她一方面为失去爱人而悲痛,另一方面因不知道他的灵魂是得救还是被弃而惶惶不安。姐妹俩开始怀疑长老会教堂宣扬的教义:上帝只恩泽少数人,却放弃了大多数人,而无论被选还是被弃,个人的努力都无法影响上帝的决定。凯瑟琳无法忍受如此专断的上帝,大胆地谴责上帝为了亚当的堕落而惩罚全人类。1840年,她公开批驳乔纳森·爱德华兹宣扬的上帝的意志,为人的自由意志辩护。到1857年,凯瑟琳声称不相信原罪,她已经与宗教思想渐行渐远。同一年,斯托夫人19岁的儿子亨利溺水身亡,同样的遭遇使得她和姐姐一样怀疑上帝的选择。

斯托夫人出身牧师家庭,对她一生影响最大的两个男人——父亲拉曼和丈夫卡尔文都是神学专家。她本是虔诚的教徒,但并不盲目崇拜,喜欢在辩论中阐明自己的观点,聆听不同的思想,做出独立的判断。对神学问题的辩论是斯托夫人家庭生活的一部分,她了解牧师的工作和生活细节,知道他们的穿着打扮、日常饮食、家务劳动、家庭关系等,从未有小说家像她那样描述牧师的居家生活。她非常了解牧师们反复思考的问题,这在当时的女性作家中极为罕见。斯托夫人熟知宗教历史,了解当时教会争议的话题和政治问题的细节,研究天主教和各类新教的派别,教会争论的议题对她而言从来不是抽象的,她非常清楚这些论争与现实的个人行为和美国世俗历史事件的关系。

斯托夫人用小说记录了从18世纪末独立战争结束,直到19世纪70年代美国教会的生活,多部小说中的场景和人物都取自现实生活。《牧师的求婚》描写了18世纪末新英格兰港口城市纽波特的生活,这里是乔纳森·爱德华兹追随者的家乡,虔诚的信徒们念念不忘牧师的教导和预定论的教条。而在《我们和邻里们》中,19世纪70年代的纽波特成了纽约浪荡子的游乐场,顽固的公理会举步维艰,时常被温和的圣公会,甚至罗马天主教同化。以小说的形式展现宗教的编年史,或以环境和人物展示19世纪不同的宗教体验,这是斯托夫人的重要贡献，在英语作家中极为罕见。

文学创作：社会问题和宗教主题

斯托夫人成长于牧师世家，最熟悉的就是布道文。她并不喜欢阅读小说，好在她有极好的写作天赋，擅长细节描绘，因此她笔下的人物灵活有趣，对话各有特色。由于她很少在叙事技巧上下功夫，因此"作为讲故事的人，她不会给你惊喜，但她却清晰地说明了美国社会的部分情况"[1]。斯托夫人曾抱怨说，要把想谈的社会问题和社会理想放到一个故事里，真是一种折磨。她最常用的就是对话体，威尔逊甚至认为，《汤姆叔叔的小屋》之后，斯托夫人再也没能认真构思一个故事情节，并让它自然地发展。

《汤姆叔叔的小屋》在经典文学中甚至可以说是写得相对粗糙的作品，经常遭到后世评论家的诟病。阅读这部小说时，读者也不难发现其中的瑕疵。小说的情节安排不够流畅，作者不时跳出来直接跟读者对话，甚至自顾自地大段讨论她认为重要的问题，读者难免对小说形成道德说教的部分印象。有些情节过于戏剧化，比如，伊娃去世的场景（第 26 章），汤姆遭勒格利侮辱时的精神突变（第 38 章）等。再者，斯托夫人不熟悉南方人的生活，对南方淑女的描写缺乏真实感。然而瑕不掩瑜，汤姆叔叔、柯萝伊婶婶、谢尔比夫妇、伊莱莎和乔治，这些人物都跃然纸上，他们的对话、争论和内心独白都很自然、真实，感觉就像几个普通美国人在身边聊天。

小说的整体布局富有特色，以四个南方家庭为主要场景展开叙

1　Edmund Wilson, *Patriotic Gore: Studies in the Literature of the American Civil War*, New York: Oxford University Press, 1962: 35

述。一是谢尔比夫妇，天生是体面而友好的人，他们是传统的南方贵族，善待奴隶，却因农场经营不善而不得不卖掉家奴。二是俄亥俄的贵格会成员哈利迪一家，家庭生活以厨房为中心，日常用语离不开圣经语言，他们是帮助逃奴奔向自由的生力军，同时也是备受争议的逃奴法的违法者。三是圣克拉克一家，他们住着湖边大别墅，生活铺张、闲散，且不失魅力。可他们夫妻感情一般，孩子得了痨病，生活似乎处处受挫。最后才轮到可怕的西蒙·勒格利登场，他那高压恐怖的种植园如地狱一般囚禁和折磨奴隶，汤姆不可征服的灵魂至此才遭到恶毒的诅咒。这四个家庭构成了小说的主线，其间穿插着对奴隶市场、运输船和小旅馆的描写，这些小场景交互叠加在小说的主要情节中，构成了美国南方社会的全景图，功力不够的作者恐怕难以驾驭如此宏大复杂的场面。越往后读越不难发现斯托夫人对人物的控制力，因为他们争论的问题——奴隶制，绝不是简单的非黑即白，而是一个涉及多方利益，难辨对错，几乎找不到明确解决方案的复杂社会现象。斯托夫人采取分层讨论的方法，通过人物对话，层层推进对奴隶制的认识：

> 贩子是谁造成的呢？谁的过错最大呢？是支持那种制度的有文化、有教养、有智慧的人呢，还是作为这个制度的必然结果的可怜的贩子本人？你造就了需要他这种行当的社会风气，这种行当又使他伤天害理，久而久之他就不以为耻了；你在什么地方又比他略胜一筹呢？[1]（第181页）

从非洲贩卖黑人到美洲殖民地曾是大西洋上常见的贸易，1808

1　[美]凯瑟琳·K.斯克拉编.斯托夫人集[M].蒲隆，陈凯，李平译.北京：三联书店，1998.（本文所有斯托夫人作品引文均出自本书，下文仅在文中标注页码。）

年国际贩奴被禁，此后买卖奴隶就成了南北战争前美国国内利润最丰的行业。因奴隶贸易时常导致骨肉分离、阴阳相隔的悲剧，奴隶贩子往往是众人声讨的对象，斯托夫人却一语道破事情的真相——无人能免除奴隶制的罪恶。由于纺织业是当时最发达的产业，依赖奴隶劳动的棉花在国际市场供不应求，每一个从中获利的人都是奴隶制的帮手。奴隶贩子虽然残忍，不过是制度的产物，制定和支持这个制度的人才是罪恶渊薮。北方虽不蓄奴，却间接地助纣为虐。

> 庄园主要靠它来发财……牧师要讨好庄园主……政治家想靠它来统治……他们便花言巧语，颠倒是非，手段之高明，令世人叹为观止；他们能把人的本能、《圣经》惟我是用；然而到头来，无论是他们自己，还是世上其他的人一点也不相信。这东西来自魔鬼，这就是它的实质。（第 298 页）

存在的不一定是合理的，但一定不乏拥趸。斯托夫人承认奴隶制的现实，但并不因此心安理得；她理解人性的弱点，但并不因此屈从于心魔。对于强制他人劳动，剥夺他人劳动成果的做法，斯托夫人坦承这是不道德的行为，且从不讳言奴隶制的罪恶。虽然她的目标读者是当时的主流人群，但她并不因此迎合南方奴隶主，而是用最尖锐的问题刺激所有人思考奴隶制对美国的影响。南方种植园离不开奴隶的劳动，北方工业革命需要廉价的棉花，当时美国经济的发展也部分地依赖奴隶制，这些现实无可回避。奴隶制是当时美国人想要逃离，却又无法放弃的困境。

因为要建立统一的联邦，美国的制宪者们选择了妥协，默认了奴隶制的存在，奴隶既是财产也计入人口基数，但每个奴隶只算五分之三个人。在 19 世纪的美国，种族歧视是正常现象，没有人把奴隶与"人人生而平等"的理想划等号。斯托夫人并没有想当然地接受当时流行的观念，她相信没有哪个种族天生低劣，她在《汤姆叔叔的小屋》中试图说明种族差异的存在，黑人在某些方面的才能甚至超过白人，这在当时是超越时代的观念。美国法律虽然默认奴隶制，但斯托夫人认为世间有更高的法——人的灵魂和精神——存在，"哪怕最卑贱之人的灵魂也有尊严和价值"。斯托夫人用自然的正义法则对抗宪法和逃奴法案，相信更高的法则比人类的立法更神圣。斯托夫人最可贵的是她以一种务实的态度承认奴隶制是无奈的选择，同时又心向未来，积极寻求解决问题的办法。

当时反对奴隶制的美国人很多，但观点并不一致：一是以加里森和约翰·布朗为代表的暴力派，他们攻击联邦，反对国家的政治和宗教制度。想要一劳永逸地解决问题，这样的愿望很美好，结果却往往适得其反。暴力虽能铲除现有问题，但劳民伤财，代价极大，而且没人能保证新制度比旧制度更好。二是以查尔斯·芬尼为代表的基督教劝导派，他们重视教育，强调人人具有受教育的权利，希望通过教育改变现状和未来。三是以爱默生、梭罗为代表的超验主义派，他们强调自立的个人抗议政府，在当时的新英格兰地区有较大的影响。四是自由土地派政客，如约翰·赫尔和纽约参议员威廉·塞沃德，他们倡导保留已有的奴隶制，但限制奴隶制向西部扩张。五是殖民运动派，主张把黑人送回非洲。

以上观点囊括了从激进到保守的各派人士，他们谁都无法说服其他人。奴隶制成了当时美国社会的僵局，政客们无法根除这一制度，演讲、辩论、布道、劝解均告失败。斯托夫人此时以小说的形式诉诸人的情感，激发人性中良善的一面，她把奴隶制的恶揭开，说明它给所有人——不分种族、无论南北——带来了痛苦，所有人都对这一制度负有责任，难怪林肯总统说她"引发了一场大战"。一本小说是不是真的能影响政府决策，导致国家走向战争？这无从证实，但《汤姆叔叔的小屋》对民意的影响却是实实在在的。

托克维尔早在19世纪30年代就发现美国民主的秘密之一就是强大的民意，林肯也说过，美国政府"以民意为基础，谁能改变民意，谁就能改变政府"。若从影响民意的角度看，斯托夫人是一名成功的作家。《汤姆叔叔的小屋》支持废奴，在一定程度上肯定了违法行为（违反逃奴法的人在小说中都是正面形象）。小说中比较典型的人物除了一心想逃跑的乔治，还有山姆和安迪，他俩很像当时流行的滑稽剧中的人物，但斯托夫人却把他们写成正义人士，和谢尔比太太一起帮助受害的奴隶逃离可怕的奴役生活。这几个人物都守着一个重要底线——虽然抵制不合理的法案，但并不破坏整个社会的秩序。斯托夫人强调维护公民的权利，反对暴力革命。暴力革命中统治者和被治者均以消灭对方为己任，目标单一，而维护权利却需要双方本着共存共荣的目的，互相妥协，彼此合作。小说中的乔治虽然跟布朗一样拿起枪，但他这么做是为了自卫，而且在他打伤了逃奴追缉者后，还帮助将受伤者转移到安全地带。

《汤姆叔叔的小屋》之所以能赢得广泛的读者，主要因为它敢于直面棘手的社会问题，既承认丑陋的现实，又不止于现状。它宣传变革，却没有突破情感与道德的底线。小说抓住美国社会的重大问题，推动民意的形成，使读者一边随着故事中的人物或哭或笑，一边不由自主地加深了对奴隶的同情，对支持这个制度的政府产生了怨恨或鄙视，这在很大程度上影响了美国历史的进程。斯托夫人并未简单地把奴隶制定义为邪恶的制度，而是通过设计不同场景中的人物对话或细节描写来表现奴隶制的方方面面，这就使得对奴隶制的讨论进入普通人的日常生活，形成强大的舆论导向。在舆论的影响下，北方原来的温和派逐渐赞成废奴，而南方人则试图为奴隶制辩护。奴隶制进入政治辩论的议题，这在一定程度上推动了共和党的兴起，也帮助林肯从候选人中脱颖而出。

深入阅读斯托夫人的作品，不难发现她思考复杂问题的出发点，即是否符合常识。常识是她判断事物的标准，无论社会现实还是宗教信仰，若不符合常识，她就会提出质疑。19世纪上半叶，加尔文主义思想余威犹存，给很多人造成困扰，斯托夫人的精神烦恼大多来源于此，她的作品反映了那个时代的精神危机。《牧师的求婚》第23章集中描写了加尔文主义在美国的发展历程。小说主人公承受的心理压力在加尔文主义盛行的时代非常普遍，无论一个人看起来多么优秀，无论他/她多么无私、友好、正直，他/她都不一定是被选的人。加尔文教的"预定论"给人带来的心理折磨是斯托夫人小说最重要的主题，痛失爱子的母亲一想到儿子可能会堕入地狱，先是感到绝望，接着就开始愤恨、反抗上帝的决定，她不可避免地会把做出这种决定的神明视为残忍、暴虐的魔鬼。处于否定上帝、失去信仰边缘的斯托夫人从解放的黑奴坎德丝身上找到力量。

> 我相信上帝的选民比人们认为的多得多。呃，耶稣并没有白死——那全部的爱是不会白白浪费的。上帝的选民比你我知道的有更多含义，宝贝！他们有灵魂——上帝给予他们灵魂……既然我们得生活在这世上，上帝肯定已作好安排让我们能活下去；如果事情像有些人猜想的那样，那么我们就没法活了，任何世上的事情都失去了意义。（第832—833页）

斯托夫人假托黑奴坎德丝说出自己的宗教理想，她给加尔文主义带去一丝人文思想和常识感，这正是清教圣贤所缺乏的。加尔文主义思想抽掉了耶稣的宽恕之情，取消了耶稣给予所有罪人悔过的可能性，他们要求信念先于悔过。上帝只把信念赠予被选之人，这样耶稣的作用就被弱化为上帝派到人间的信使，目的就是告诉人类他们当中只有极少数人能够得救。不知何故，这些人就能受到上帝恩宠，全然不顾加尔文教义所说"人因负原罪，故难辞罪恶"。被选的和被弃的都无法决定自己的命运。总的说来，一直到 19 世纪末，不少美国人都相信耶稣的形象就是传达上帝之意。

严苛的加尔文主义曾为移民北美的清教徒提供了荒野生活的精神支柱。"预定论"虽然让教徒不能确定自己是否得救，但被选者会在世间得到荣耀，他们承担重要的社会责任，在工作和生活上都有突出的表现。早期虔诚的清教徒大多生活简朴，以追求更伟大、更有价值的事物为日常生活准则。他们心怀胆略和勇气，主动放弃世俗享乐，习惯于跟魔鬼作斗争，日常的挫折无法动摇他们的信念。清教徒长期接受宗教教育，是一群受过思维训练的男女，不仅在日常生活中学习如何参与社区管理，还擅长在辩论中多角度地分析复杂问题，懂得以合理的方式维护自己的权益。清教徒相信管理权建立在推动被治者幸福的基础上，因此他们谴责虐待臣民的国王，值得关注的是，清教徒推翻国王的统治后并未因群龙无首而走向无政府主义，其中的奥秘就是他们的宗教实践。

清教徒赋予上帝一些豁免权，他们给予上帝不容置疑的尊敬、崇拜和忠诚，这些从前国王享有的权利转到了上帝手中。清教徒的心中仍住着一个国王，所以清教革命之后能够建立相对稳定的新政府，而法国革命则在陷入无政府主义之后再次落入专制。早期新英格兰在道德思想和地方生活的活力帮助其度过了艰难的殖民时期和困窘的独立革命阶段。但过于严苛的宗教教义使得清教思想不断受到后代的质疑，到 19 世纪，宗教活动虽然仍是美国生活的重要组成部分，但争议不断，斯托夫人抓住了其中的三大核心问题：谁享有宗教的权威？上帝的形象是严厉的还是仁慈的？宗教的目的是什么？

斯托夫人继承了独立思考的清教传统，在她看来，宗教权威并不属于教堂和神学理论，而是在汤姆、伊娃等这类普通人手中。斯托夫人不仅认为普通人可以阅读《圣经》，而且相信最边缘化的人也能理解《圣经》中最深刻的真理。《汤姆叔叔的小屋》中没有一个白人坚持他们声称的宗教原则，只有汤姆这个黑人严肃对待并真正实践了白人的宗教。小说结尾部分，汤姆勇敢地维护自己灵魂的尊严，同时还原谅了残暴的奴隶主西蒙·勒格利。宗教的权威在每个信仰宗教的普通人手中，他们以自己的方式理解《圣经》，使之与当代生活相关，《圣经》也因此成为活的文本，而不是死的理论。

> 你们在教堂听到的那种东西就叫宗教？那种东弯西绕、忽上忽下以迎合自私自利的世俗社会的各种歪门邪道的东西就是宗教？……不，当我寻求一种宗教时，我必须寻求一种比我高尚的东西，而不是比我低下的东西。（第247页）

宗教权威属于高尚的灵魂，它不受种族、阶级、贫富的影响，也不被世俗观念所左右。那些想要利用宗教为自己谋利的个人或组织并不能在精神上征服别人，信仰依靠的是厚德载物，臻于至善。

斯托夫人愿意服从上帝的权威，但她不能接受去世的家人是"落入愤怒上帝手中的罪人"，她在小说中试图说明上帝的仁慈，以此反驳乔纳森·爱德华兹的神学理论。《老城故事》和《牧师的求婚》有一个共同的人物艾伦·伯尔，他是真实的历史人物，乔纳森·爱德华兹的外孙，曾与美国第一任财政部长亚历山大·汉密尔顿决斗，导致后者死于枪伤。当时决斗已是一种形式，很少有人真的置对方于死地，伯尔打伤汉密尔顿，并致其死亡，这令他们的朋友震惊不已。伯尔的私生活也不检点，与多名已婚女性有染，可谓声名狼藉。斯托夫人在两部小说中均涉及这个人物，但写法有所不同。《牧师的求婚》中他以实名艾伦·伯尔出场，到纽波特拜访萨姆·霍普金斯牧师，却在晚会上勾引朋友和同事的妻子。"我们听人们为艾伦·伯尔的行为辩解说，他不是放荡不羁的好色之徒，而是一位最完美意义上的对女子献殷勤的人。此乃上流社会为干这种勾当的男人发明的形容词。"

《老城故事》第 38 章里虚构的人物埃里瑞·达文波特是爱德华兹的外孙，却不信宗教。他是一个优雅、理性、冷血、无德的绅士，在决斗中被杀。

斯托夫人勾勒艾伦·伯尔这个人物肖像，是为了说明爱德华兹神学理论的失败和危害。爱德华兹占据道德制高点，为加尔文教的被选原则设置了过高的门槛，普通人根本无法企及。爱德华兹自己的外孙伯尔，虽成长于牧师家庭，从小受宗教熏陶长大，却对宗教充满失望，最后成为一个为求成功不择手段的人。斯托夫人虽未明说，但读者不难体会到伯尔跟他的外公爱德华兹有相似之处，伯尔毫不留情地抛弃他的情人，爱德华兹毫不犹豫地证明未被上帝选中的人注定要被打入地狱，他们的无情背后隐藏着自私自利的逻辑，即为了一己之利不管他人死活。

斯托夫人笔下的伯尔一派正人君子形象，因家学渊源，对神学问题对答如流。他总是彬彬有礼，无论做什么坏事，都不忘满嘴仁义道德。斯托夫人擅长描写这类人物——聪明世故、胆大妄为。遗憾的是，斯托夫人未能用艺术手法把伯尔塑造成一个灵魂被弃的悲剧人物，她笔下的伯尔不乏真实感，却少了艺术升华。若能把伯尔描写成一个本不该迷失的灵魂，却因对上帝的误解而迷茫，或许这个人物的艺术感染力会更强。

斯托夫人受爱德华兹神学理论的困扰，起初陷入无望的忧愁和沮丧之中，对宗教产生怀疑。经反复思量，她发现上帝的形象并非如爱德华兹所说的那样不近人情。斯托夫人在《老城故事》中借蒂娜说出了自己朴素的信仰：

> 她相信无处不在的上帝是仁慈、善良的，她自己就是这个上帝的孩子，在上帝的家园里长大。她对祈祷怀有无限的忠诚，而且绝对信仰上帝的神威是宽容仁慈的。她总是透过愉快、乐

观和信任的光环去看待世上所有的事物。（第 1428 页）

在信仰危机的时代，斯托夫人提倡一种符合人类经验和共同情感的宗教思想。她相信仁慈博爱的上帝才能真正让人信服，《汤姆叔叔的小屋》中无论奥菲莉亚小姐怎么苦口婆心，严加管教，托普茜就是顽劣不化。真正改变托普茜的是伊娃无条件的爱，让她"有了感情、希望、向往和对善的追求"。具有人文关怀的宗教活动才能促进人与人的平等和友好。据说德国诗人海涅在读了《汤姆叔叔的小屋》后恢复了对《圣经》的信仰，而此前他曾长期受宗教怀疑主义的折磨。斯托夫人以自己的方式让宗教变得有用，给予大众文化一种救赎式的影响。她最关心的是基督教的道德原则，试图探索不同的人在宗教实践中的表现，因为在她看来宗教的目的不是培养冥想的思考者，而是真实、诚恳、充满活力的人！在宗教式微的时代，斯托夫人不谈神学理论，只重宗教实践，这种务实的态度反而让世俗化社会看到信仰的力量。

社会活动：以行动参与社会改革

1824 年 9 月，哈里特·比彻进入哈特福德女子学校学习，她姐姐凯瑟琳于 1823 年春天组建这所学校，目的是为了提升女子的受教育程度，让女性能够理解共和原则并参与政府管理。该校在高峰时期有 160 名学生、8 名教师和 2 位校长，所有师生都是女性。哈里特在该校学习和工作了八年，参与学校组织的共和政府实验和各类宗教研讨会，养成了独立思考、理性辩论和关注国家大事的习惯。这段时间的教育对哈里特此后的人生影响很大，她不仅习惯了参与社会管理和宗教讨论，而且培养了积极行动的能力。为斯托夫人作传的琼·海德瑞克把哈特福德女子学校称为"女性共和国",哈里特·比彻在这里第一次接触并了解贵格会(Quakerism)的思想,贵格会倡导人人平等,从不限制女性在公开场合演讲,认为女子接受与男子一样的教育并无任何不妥。贵格会成员是当时反对奴隶制和性别歧视的主力军,她们在某种程度上唤醒了哈里特的女性意识和平等观念。

哈里特虽然在女校培养了自信和自立的习惯,但她并不是女权斗士,大多数情况下她选择遵从当地的习俗。她随父亲西迁到辛辛那提市后,加入当地的文学俱乐部,大部分时间都用于练习写作。19世纪30年代,美国的已婚妇女和奴隶在法庭上没有合法身份,"女子无才便是德"是那个时代较为普遍的女性观,说一个女人有思想并不是赞美之词。当地的废奴报社遭袭击后,斯托夫人用"富兰克林"这个男性笔名,在《康涅狄格杂志》上发表了支持废奴的系列文章。她用男性笔名向公众表达自己的观点,既参与社会问题的讨论,又避免自己的女性身份刺激公众神经,分散读者的注意力。在女性受歧视的时代,这是一种合理的策略,毕竟一个人只能在历史允许的条件下做出自己的贡献。

斯托夫人早期的文章主要发表在三种不同的杂志:一是《西部月刊》,读者主要是参与西部开发的男性;二是萨拉·海丽主编的《戈迪的女性之书》,这是专为"美国女性"而编的杂志,目的是"改善女性的就业条件和教育水平,维护已婚妇女的财产权"[1];三是《纽约福音派》,读者主要是基督徒。其中《戈迪的女性之书》对斯托夫人影响最大。其一,据称该杂志投资人路易·戈迪是第一个付作者稿酬的美国出版商,推动了作家走上职业化道路。能够靠写作养家,这对斯托夫人是很大的鼓励。她成名后就成了家庭的经济支柱,为稻粱谋

1 Joan D. Hedrick, *Harriet Beecher Stowe: A Life*, New York: Oxford University Press, 1994: 133.

的顾虑也部分地妨碍了她后期的创作，她花了很多精力迎合市场需求，无法兼顾真正想写的内容。其二，该杂志从一开始就瞄准美国作家和作品，鼓励美国人写自己的书。因《国际版权法》到1891年才出台，此前美国的大部分杂志为了节省成本多从英国的出版物中复制内容。《戈迪的女性之书》在1836年拿到路易·戈迪的投资后，致力于发表美国作家的原创作品，有力地推动了美国文学的发展。如果说爱默生的《美国学者》（1837）是美国思想文化的独立宣言，那么《戈迪的女性之书》则更早地用行动探索美国文化的独立之路，它以自己的办刊理念和出版资助实实在在地推动了美国文学走上独立发展之路。斯托夫人受其影响，不仅发表关于女性题材的作品，而且分享新英格兰的宗教生活和奴隶制引发的争议，留下了关于19世纪美国文化的独特记忆。

《汤姆叔叔的小屋》发表后，斯托夫妇于1853年造访英格兰和苏格兰，受到热烈欢迎。4000多名英国人排队一天一夜，就为在伦敦聆听斯托夫人的演讲。然而，斯托夫人很快就发现，集会的人群并非她的粉丝，而是一群反美斗士。英国人一度控制了美国西部一大半的奴隶贸易，并不断向北美殖民地输入奴隶，国际贩奴被禁后，英国人心生不满，认为美国人切断了他们的财路。英国早在1834年就在自己所有的领地上废除了奴隶制，如今美国的奴隶贸易眼看又要受阻，伦敦人终于找到了可以发泄怨气的机会。他们打着道德旗号，嘲笑美国新出台的逃奴法案，抗议美国的奴隶制。人群的嘘声越来越大，斯托夫人几乎无法继续她的演讲。这时卡尔文·斯托站起来，他告诉听众，美国的奴隶主要在棉花田里劳作，可美国出产的棉花有五分之四都是销往英国，英国人有个办法可以立刻结束奴隶制——拒绝购买美国奴隶生产的棉花，断了销路的棉花自然不需要奴隶的劳动。斯托牧师大声质问下面的抗议者："你们愿意损失自己一分钱的利润，从而结束这个备受谴责的生意吗？"棉花种植者要有良心，"棉花的消费者难道没有良心？销赃人和小偷一样有罪"[1]。斯托夫妇的演讲增强了英国人对美国废奴运动的理解，维护了美国文化的国际形象。

斯托夫人成名后，她运用自己在政界的影响力继续挑战奴隶制，这在当时的美国是妇女禁止涉足的领域。1854年初，斯托夫人震惊地得知斯蒂芬·道格拉斯提议由堪萨斯和内布拉斯加的民众投票决定是否成为自由州或蓄奴州，这就意味着奴隶制有可能向西部扩散。为阻止奴隶制的进一步发展，斯托夫人在波士顿组织了反对奴隶制联盟，加里森、温德尔·菲利普等名人均加入其中。斯托夫人还跟她弟弟爱德华一起发动请愿，征集当地著名牧师的签名，共同反对道格拉斯的提案。1854年3月，斯托夫人在《论坛报》发表《呼吁美国自由州妇女共同应对祖国当下的危机》，劝告女性参与请愿并组织活动，阻止奴隶制在美国的扩散。她大胆的行动引起支持蓄奴的政客不满，伊利诺伊州的斯蒂芬·道格拉斯和密西根州的参议员刘易斯·凯斯都指责《汤姆叔叔的小屋》引发了暴乱和叛国。斯托夫人并未因此放弃她的原则，即使在堪萨斯－内布拉斯加法案通过后，她依然在6月组织了两次反对奴隶制的请愿。斯托夫人参加了1856年共和党总统候选人约翰·费利蒙的竞选派对，费利蒙支持废奴，得到了大多数北方州的支持，却因他的废奴言论失去所有南方州的选票。斯托夫人还自掏腰包支持废奴派的报纸和讲座，帮助解放了的黑人接受教育，甚至花钱买下好几个黑奴，给他们人身自由。

内战结束后，斯托夫人依然关注社会和政治问题，尤其是南方的重建和黑人的未来。她相信教育可以帮助不同种族学习彼此宽容，一旦教育消除了种族主义，通往政治和社会平等的道路就会开通。1867年，斯托夫妇在佛罗里达的曼德琳市买了一块地，建立实验学校，试

1　Edmund Wilson, *Patriotic Gore: Studies in the Literature of the American Civil War*, New York: Oxford University Press, 1962: 62.

图通过教育缓解种族矛盾。然而，南方在战败后民众情绪非常激烈，斯托夫人的学校虽然实行黑白分班，但仍在一夜之间被人烧光。

回望斯托夫人为废除奴隶制、争取种族平等所做的贡献，不能不承认她观念超前，并已尽力而为，做了她认为应该做和可能做的一切。传记作家琼·海德瑞克称斯托夫人"初衷很好，但她的行动从未超出一个家庭计划的范围"[1]。这一评价略显苛刻，毕竟19世纪的女性不像20世纪那样自由，斯托夫人的克制与平和正是温和派的典型代表。她在废奴演讲中为家人辩护也是人之常情，对比同时代的作家，她堪称行动派。

1863年1月1号，斯托夫人到波士顿音乐厅参加林肯总统发布《解放宣言》的庆祝会，北方举办了很多活动庆祝这一历史事件，而波士顿的这场音乐会是其中最隆重的。3000多名当地名流应邀出席，其中包括爱默生、朗费罗、惠特曼和奥利弗·温·霍姆斯。内战前的美国作家普遍有着政治热情，喜欢参与公共事务，斯托夫人的成名离不开当时的社会氛围。那时的作家还未完全走上职业化道路，喜欢参加沙龙或俱乐部的讨论，他们创作的"沙龙文学"能否在杂志上发表，主要看普通读者的接受度。那时还没有专业的文学批评家，作家面对的就是爱好文学的编辑和普通读者，没人分析美的不同层次或叙事的几种结构，文学评论大多是印象式的读后感。斯托夫人能够敏锐地抓住热点问题，审慎地写出自己的看法，这使她在文学职业化和市场化的转型期既抓住了市场，又赢得了声誉。

然而到了内战后的镀金时代，随着作家职业化程度的不断加深，女性逐渐被排除在职业文学俱乐部的门外。作为畅销书作家，斯托夫人曾是《大西洋月刊》和"匹克尼克"文学俱乐部的常客，但到了

---

1 Joan D. Hedrick, *Harriet Beecher Stowe: A Life*, New York: Oxford University Press, 1994: 252.

1860 年代，这些俱乐部都不再邀请她参加活动。在职业化的道路上，19 世纪后期的美国女作家在一定程度上受到歧视和排挤。值得注意的是，受废奴运动的影响，19 世纪 60 年代的美国妇女对个人权利的意识已被唤醒，性别平等、女性平权的思想已经开始得到重视，而斯托夫人在这方面相对保守，至少她在公共场合依然遵循传统习俗，发表文章时仍然常用男性笔名。如果说她在 1830 年代用男性笔名是为了不分散读者的注意力，集中讨论已具争议的奴隶制问题，那么到了 1860 年代，她仍用男性笔名发表文章，就是对传统的妥协，甚至可以说"在这一特定的历史时期，她不可避免地成为自身文化影响衰退的共谋者"。虽然斯托夫人后来也呼吁妇女拥有选举权，但显然"维多利亚天使"的翅膀部分地遮挡了她的视线，也在一定程度上阻碍了她的行动。

斯托夫人曾担任《家和家人》杂志的编辑，提携同时代的女作家，还以高价请爱默生撰文，倡导女性拥有选举权，可她本人却拒绝《革命》杂志请她写作同类文章。她不愿当个"革命"战士，与杂志主编观点不同，这可以理解，但她在此时发表诗人拜伦的乱伦故事，同情拜伦夫人的遭遇，不能不说是一场职业冒险。也许她的初衷是想维护女性的权益，结果却事与愿违，美国评论界不接受单方讲述的婚姻故事，认为拜伦夫人精神不正常，甚至有人质疑斯托夫人的写作目的是为了吸引眼球。英国人不能忍受任何人对他们偶像诗人的质疑，对斯托夫人冷嘲热讽。

女权运动和废奴运动虽然都是为了争取平等的权益，但目标和方法有所不同。解放奴隶只需废除奴隶制就可从理论或法律上保证人人平等，而解放女性却无法废除婚姻法，人类社会的延续需要婚姻法的保障，女性的权益需要男女双方共同维护才能达到目标。斯托夫人是一位谨慎的行动派，她对待女权运动和废奴运动的态度是一致的。她总能先人一步看到时代发展的趋势，但她从来不是激进的斗士，而是温和的改革派。她理解传统的羁绊，寻找可能的出路，她是美国社会文化转型时期积极的探索者。

后世影响：解锁当代美国的文化符号

斯托夫人曾是 19 世纪中叶身价最高的作者，但如今她的名气显然不如自己的作品大。汤姆、伊娃、托普茜等都是美国人耳熟能详的人物，但不是每个读者都知道这些人物的创作者。《汤姆叔叔的小屋》经反复演绎，其中的人物形成特定的文化符号，后世作家为争夺公众的集体记忆，不断重新阐释这些文化符号，使之成为历史的沉积岩。若要理解当代美国社会，解锁这些人物携带的文化符号，不失为有效的途径。《汤姆叔叔的小屋》甫一出版，南方读者就反对斯托夫人对奴隶制的描述，而如今的非裔美国人则反对她所描写的种族刻板形象。斯托夫人起伏变动的文学声誉，从一个侧面反映了美国多元文化的复杂与矛盾。

很多美国人都看过多遍《汤姆叔叔的小屋》改编的戏剧，大作家亨利·詹姆斯也是观众之一。这部剧从 1850 年代一直演到 19 世纪末，20 世纪下半叶又重登舞台。新科技的运用、舞台背景的更新、演员巡街的热闹，这一切都让这部剧深入人心，观众对台词耳熟能详，对其中的每个角色都有固定的期待。扮演勒格利的演员要是在演出中没听到观众的嘘声，他会感到自己的表演很失败；伊娃和汤姆的每场演出必定是手帕与眼泪齐飞；托普茜和马科斯一出场就会有笑声。1958年的一张电影海报直接邀请观众去电影院"憎恨西蒙·勒格利""嘲笑托普茜""同情汤姆""爱上小伊娃"[1]。

戏剧和电影为非裔美国人提供了新的可能性，增强了他们的力量。乔治是黑人反抗白人的象征，汤姆的非暴力抵抗成了力量而非屈服的象征。早期的美国滑稽剧演员都是白人，他们把脸涂黑扮成黑人，1877 年以后，大量黑人演员加入《汤姆叔叔的小屋》的表演，这给他们提供了实现自身价值的机会，否则绝大部分黑人只能从事繁重的体力劳动。黑人逐渐为自己的文化遗产感到自豪，他们与白人同台演出不仅增进了文化融合，也为跨种族交流打开了通道，为 20 世纪美国大众文化的繁荣打下了基础。改编的戏剧大多淡化原作中奴隶贸易和种植园的艰苦劳作，却强化了奴隶的快乐生活，这在很大程度上给观众造成黑人都是滑稽傻子的印象。改编的音乐剧多加入旋律欢快的圣歌，然而圣歌中隐藏着一种深层的悲伤，透露了黑人的真实心理状态。

1893 年的世界博览会上，《汤姆叔叔的小屋》引发了戏剧性的事件。博览会的女性展馆展出了小说的不同版本和译本，以及斯托夫人的信件和其他作品，组委会还专门给斯托夫人定制了半身像，并举行隆重的剪彩仪式。年迈的弗雷德里克·道格拉斯曾与斯托夫妇私交甚深，于是申请参加剪彩仪式，他想在当天扮演汤姆，以增强活动的跨种族特色。遗憾的是，组织方显然并未领会他的意图。大卫·雷诺兹评论道："他们的主要目的是宣扬伟大的白人文明。"[2] 这一结论似乎略显仓促，首先，主办方没有采纳道格拉斯的建议，是否为了故意忽略黑人的文化，并无充分证据能够证明。在剪彩仪式上，道格拉斯发表公开演说，号召建立平权，谴责南方自重建以来黑人所受的不公正待

1　David S. Reynolds, *Mightier Than the Sword: Uncle Tom's Cabin and the Battle for America*, New York: W. W. Norton & Company, 2011: 199.

2　同上，第 201 页。

遇，他的演讲也未受阻挠。其次，黑人文化虽然有自己的特色，但在19世纪末的美国，大部分黑人并未接受多少正规教育，他们的文化自觉与文化自信还有待培育，整体来说，他们对当时美国文化的贡献极为有限。再者，美国文明的崛起从根基上看，与清教主义有着千丝万缕的联系，从种族的视角讨论这一问题，意义不大。最后，奴隶制是美国的历史污点，就像曾经犯错的人，如何思过、改过是非常复杂的问题，绝非道德评判或因果逻辑可下定论。值得庆幸的是，达至真理虽很难，但至少有人走在寻找真理的路上。

1896年，美国联邦最高法院在普莱斯诉弗格森一案中，确立了种族隔离的原则，此后随着种族冲突不断加剧，不少州都出台法案禁演汤姆剧。20世纪上半叶，《汤姆叔叔的小屋》的声誉受损，到1931年，全美没有上演一部其改编的戏剧，主要原因之一就是南方上层社会对重建不满，把怨气发泄到剧作和小说上。北卡罗来纳州的小托马斯·迪克森和弗吉尼亚州的佛朗西斯·霍金森·史密斯是其中影响最大的人。迪克森既害怕政治平等，也不相信黑人和白人有可能建立亲密的种族关系。迪克森本是牧师，但他认为《汤姆叔叔的小屋》对南方造成了破坏性的影响，于是改行写小说。他的小说主题都是同情南方，谴责重建制度，其中最有名的是《本性难移》（1902）。此书毫不隐晦地歧视黑人，并为南方泛滥的私刑辩护，甫一出版就成为畅销书，影响广泛。亚特兰大的一名记者曾说迪克森小说中的人物比斯托夫人的小说人物更为真实。

迪克森的小说《三K党》被戴维·沃·格里菲斯改编为电影《一个国家的诞生》（1915），它以反讽的方式塑造与《汤姆叔叔的小屋》完全不同的人物角色和社会背景。该片中的南方社会一派宁静祥和的田园风光，奴隶在主人的照顾下过着安定的生活。破坏美好家园的不是奴隶主，而是解放了的黑人，黑人男性强奸白人妇女，制造恐惧和死亡，三K党为维护社会正义只能动用私刑。该片在上映当年就拿下一千万美元的票房，到 1949 年，票房总值达五千万美元，成为默片时代的经典，它对美国舆论的影响由此可见一斑。据说伍德罗·威尔逊总统在观看后曾私下评论说："该片似闪电般书写历史，而我唯一感到遗憾的是它写得完全正确。"[1]《一个国家的诞生》不仅影响了普通美国人对种族问题的看法，还推动了"邓宁美国史学派"的发展，该学派由哥伦比亚大学教授威廉·阿·邓宁和约翰·伯格斯创建，主要研究南方重建，他们把重建视为南方的悲剧，因为北方人和投机分子鼓励刚解放的黑人运用政治权力，这是对南方社会的破坏。邓宁派史学家认为，黑人尚不具备从政能力，德不配位，必有灾殃。

　　20 世纪上半叶，种族隔离是美国生活的普遍现象，当时的电影反映了这一问题。电影中的黑人多是低劣、幼稚、迷信、服从的人，而各类汤姆剧却以一种解构的方式暗中表明对种族和性别可以有不同的理解，一些演员以精湛的演技赢得观众的肯定和尊重。秀兰·邓波儿表演的伊娃和比尔·罗宾森扮演的汤姆不仅在银幕上表现了种族和谐的画面，而且显示了非裔美国人在舞蹈上的天赋。小秀兰在罗宾森的指导下学会跳踢踏舞，两人节奏强烈、合作默契的舞步迅速红遍美国。

　　刻板的种族印象和杰出的黑人演员之间的矛盾在《飘》这部电影中尤其突出。扮演保姆的海蒂·麦克丹妮尔拿到奥斯卡金像奖最佳配角奖，她在获奖感言中说："我意识到这是横亘在黑人和艺术之间又一个障碍的倒塌，我把这种认可视为整个种族的成就，而不是个人的进步。"黑人群体却对她的发言态度不一，芝加哥的一位黑人记者认为麦克丹妮尔和该片中的其他黑人演员"忘记了对自己种族的自尊、骄傲和责任"。种族隔离造成巨大的隔阂与误解，内心的极端自卑有

1　Anthony Slide, *American Racist: The Life and Films of Thomas Dixon*, Lexington: University of Kentucky Press, 2004: 83.

时表现为行为的极端自傲，连接受对方的赞美都变成对己方的背叛。

黑人需要新的武器帮助他们建立自尊、自立和健康的种族意识，他们发现最容易的目标就是小说《汤姆叔叔的小屋》，无需动刀动枪，只要重新评价这部小说，就能在舆论上占据优势。具有讽刺意味的是，多年受黑人评论家追捧的《汤姆叔叔的小屋》，在19世纪享有促进黑奴解放的美名，此时却突然成了向白人献媚的作品。汤姆叔叔不再是坚忍勤劳的象征，而成了软弱无能的代表。舆论导向也影响了斯托夫人小说的出版，1930到1959年间，《汤姆叔叔的小屋》只出版了不到10种新版本，比此前和此后都少得多。

民权运动兴起后，斯托夫人重新受到重视，尤其得到黑人作家的追捧。诗人保罗·劳伦斯·邓巴、小说家查尔斯·切丝纳特、批评家杜波依斯都对她高度评价，普遍认为斯托夫人用方言写作的方式比马克·吐温早了30年，对后世的地方文学家萨拉·奥恩·朱伊特和玛丽·威尔金斯·弗里曼等有较大的影响。

对《汤姆叔叔的小屋》的不同评价从一个侧面反映了美国的种族问题。战争虽然结束了奴隶制，但南方在重建中对于如何安置被解放的奴隶显然准备不足。内战结束后，黑人短暂地享有一些政治权利，不久南方白人种族主义者就组建三K党，以暴力私刑阻止黑人参政。此后近一个世纪，南方实行种族隔离，这一时期评论界对《汤姆叔叔的小屋》的讥讽和贬斥反映了白人对南方重建的不满，他们讽刺斯托夫人的作品以怀旧的方式粉饰奴隶制，试图为过去的生活辩护。同时，也不难看到黑人在争取平等解放的过程中，始终有不同的态度。激进派主张彻底的种族分离，他们不仅鄙视汤姆，而且不接受任何与白人的合作。对抗固然表现了斗争的意志和决心，但对整个族群的发展并无益处，至少缺乏策略和建设性的意见。实干派则主张通过个人努力在某一领域取得成就，循序渐进地改变整个族裔的处境，通过用事实说话，赢得世人尊重。两派观点不一，似乎从未有一方能说服另一方。

法律虽然规定人人平等，但事实上人生来就有外貌、体质、地位、财富等各方面的差异，即使是同一种族，人与人的不平等也在所难免。若要弥补天生的差距，有两个办法可以做到，一是直接向弱者倾斜的优惠政策，二是为弱者提供教育和自我奋斗的机会。前者可以在短期内改善某个群体的境况，问题在于政策优惠到什么程度比较合适？如何保证对其他群体的公平？后者给予每个人自我提高、逐步改善的机会，可能见效不那么快，却能在最大程度上减少天生的不平等。说到底，要实现法律规定的平等离不开每个人自身的努力，任何人要想得到尊重，首先要值得尊重，那些选择等、靠、要的人无法自立，何谈自尊？也许每个美国人心中都有个不同的"汤姆"，如何让这些"汤姆"成为真正的"山姆大叔"？这是当代美国文化无法回避的重要话题，也是斯托夫人留给世人的未竟事业。

斯托夫人年表

1811 6 月 14 日，哈里特·伊丽莎白·比彻出生于美国康涅狄格州小镇里彻费尔德。

1824—1827 进入姐姐凯瑟琳·比彻创办的哈特福德女子学院上学。

1827 开始在哈特福德女子学院执教，并在其后九年中靠教书为生，直到结婚。

1832 全家随父亲拉曼·比彻搬迁至辛辛那提。

1836 与圣经文学教授卡尔文·埃利斯·斯托结婚，同年生下一对双胞胎女儿。目睹了辛辛那提市废奴报社遭攻击，整个城市陷入三天暴动。

1839 开始在《戈迪的女性专刊》上发表文章。

1845 发表文章《立即解放》，从赞成父亲较为保守的观点转而接受兄弟们更为激进的废奴思想。

1851 《汤姆叔叔的小屋》连载发表。

1852 《汤姆叔叔的小屋》全书由 J.P. 朱厄特出版，第一天销量即达 3000 多册，第一年售出 30 多万册。

1853 出版《汤姆叔叔的小屋题解》，同年前往欧洲旅行，大受欢迎。

1856 出版小说《德拉：愤怒的深渊的故事》，销量令人失望。

1857 长子亨利溺水而亡，精神深受打击。

1859 出版小说《牧师的求婚》。

1862 林肯总统在白宫接见斯托夫人，称她为"引发了一场大战的小妇人"。

1869 出版小说《老城的故事》。

1870 出版《为拜伦夫人一辩》，引发争议。

1871 出版《我和我的妻子》。

1872 出版《老城火炉边的故事》。

1875 出版《我们和邻居》，该书为其弟弟亨利·沃德·比彻提供了精神支持，当时他被人指控与教区成员通奸。

1884 出版《著名的女性》。

1896 6 月 1 日，因中风卒于家中。

延伸阅读

1. David S. Reynold, *Mightier Than the Sword: Uncle Tom's Cabin and the Battle for America*, New York: W. W. Norton & Company, 2011.
2. Elizabeth Ammons, ed. *Critical Essays on Harriet Beecher Stowe*, Boston: G. K. Hall, 1980.
3. Faye Halpern, *Word Become Flesh: Literacy, Anti-literacy, and Illiteracy in Uncle Tom's Cabin*, Legacy, Vol. 34, No. 2, 2017, pp. 253-277.
4. Joan D. Hedrick, *Harriet Beecher Stowe: A Life*, New York: Oxford University Press, 1994.
5. Susan K. Harris, *Nineteenth-Century American Women's Novels: Interpretive Strategies*, Cambridge University Press, 1990.

本章作者

魏燕，南京师范大学外国语学院教授，美国哈佛大学美国文明系访问学者，主要从事美国文学与文化研究，发表核心期刊文章十多篇、专著一部、译著一部。主持并完成国家教育部人文社会科学青年项目"艾尔弗雷德·卡津的文学批评思想研究"、江苏省教委人文社会科学研究专项任务项目"詹明信后现代主义理论研究"。近期代表性文章有《今天为什么还要缅怀乔治·华盛顿？》《"道德情操"：爱默生思想创新的突破点》《美国现代文学的"自我之歌"——评艾尔弗雷德·卡津的〈扎根本土〉》等。

女士接力　美国变革者

伊丽莎白·卡迪·斯坦顿

Elizabeth Cady Stanton

（1815—1902）

妇女选举权运动的先锋

我们认为这些真理是不言而喻的:
所有男子和妇女生而平等……

——伊丽莎白·卡迪·斯坦顿

　　1895 年 11 月 12 日，纽约的大都会歌剧院里宾客云集，熙熙攘攘，一派热闹景象。六千人齐聚于此庆祝伊丽莎白·卡迪·斯坦顿的八十岁生日。这位美国女权运动的"王太后"此刻正端坐在装饰着玫瑰花的红色天鹅绒"王座"上，如往常一般，长长的黑纱裙裹着她圆胖的身躯，蓝色的眼睛和精心打理的白色卷发在白色蕾丝领边的衬托下，显得她神采奕奕。她身后的冬青树拱门下是一面白色雏菊搭成的花墙，其中用红色康乃馨嵌入了她的姓名。由于肥胖且年事已高，斯坦顿早已行动不便，身体虚弱，但她仍满怀欣喜地接受来自国内和国际妇女团体的问候和致意。其中，犹他领地[1]的摩门教妇女赠送的礼物颇具深意：一个紧锁着的银镶玛瑙的投票箱。在庆典即将结束之际，斯坦顿拄着拐杖，在家人的搀扶下，步履蹒跚地走到台前发表了简短的讲话："我很清楚，这些公众集会并非是向我个人表示敬意，而是为了我所代表的伟大理念——赋予妇女选举权。"欢呼声立时响彻剧院大厅。

　　斯坦顿的女权主义思想并不局限于妇女选举权，作为一名激进的改革家，她认为女性的地位与黑奴无异，都被剥夺了社会、经济和法律权利，因此解放女性与废除奴隶制同等重要。她提倡男女同校和女性职业培训，主张家务分工、同工同酬和计划生育，呼吁修改离婚法，争取妇女的财产权和对子女的监护权等。可以说，斯坦顿在美国

159

1　美国历史上的一个建制领土 (1850.9.9—1896.1.4)，为犹他州的前身。

历史上首次详细列出了女性应享有的权利，并为之奋斗终生。

斯坦顿与 19 世纪绝大多数北方中产阶级白人女性相同，都受过良好的教育，组建体面的家庭，生儿育女，照顾家人。她又与这些普通的家庭妇女不同，她才思敏捷，见解独到，言语风趣，浑身散发着独特的魅力；她聪慧自信，意志坚定，有足够的勇气面对批评和失败。在斯坦顿过世后不久，新闻记者艾达·胡斯特德·哈珀给予了她极高的评价，称她为哲学家、公共宣传家和推动第一次妇女运动的政治家。她评论说："假如一位男士拥有伊丽莎白·卡迪·斯坦顿的才智，那么他早就在美国的最高法院或者参议院占有一席之地了，然而我们的国家却从不酬谢它伟大的女性。"

斯坦顿的一生充满了争议。她的女权主义思想、激进的社会政治改革理念、道德偏见言论、对《圣经》的批判，以及遣词造句的方式，甚至她的穿着打扮和育儿方法都受到保守主义者的排斥与非难，这其中包括她的父亲、丈夫和曾经志同道合的朋友。在这些人的眼中，斯坦顿离经叛道，不合时宜，绝不是一位受人尊敬的上流社会妇女，而是一位令人厌恶的革命者——对 19 世纪的美国女性来说，这实在算不得一个体面的称呼。斯坦顿也"不负众望"，八十大寿之后仅两周，《女性圣经》(The Woman's Bible) 面世，她在书中毫不留情地抨击了传统教会关于女性附庸地位的阐述。

年轻一辈的女权主义者纷纷对斯坦顿退避三舍，唯恐她的反教会、反家庭的言论造成人们对妇女选举权运动的反感，因而开始有意识地与她划清界限，同时提高斯坦顿的老战友苏珊·布·安东尼的政治地位，甚至用她的姓氏命名 1920 年通过的第十九条宪法修正案（即安东尼修正案），完全无视斯坦顿早于安东尼公开提倡妇女选举权的事实。而且安东尼作为斯坦顿的终生好友与亲密战友，她的很多演讲稿都是斯坦顿撰写的。

随着时间的推移，斯坦顿在女权主义运动中的地位愈发边缘化。1923 年 7 月，在纪念塞尼卡福尔斯大会通过《情感宣言》(*The Declaration of Sentiments*) 75 周年的庆典上，作为大会发起人之一的斯坦顿似乎被淡忘，还是在斯坦顿的女儿哈里奥特·布拉奇的坚持下，庆典的参与者们才向斯坦顿致以敬意。1977 年 11 月，美国在德克萨斯州的休斯顿召开"国际妇女年"庆祝大会，安东尼的侄孙女坐在台上观礼，大会的开场火炬则来自塞尼卡福尔斯，不由使人缅怀那次大会的女英雄——斯坦顿。

回顾斯坦顿的一生会发现她扮演了多种角色。正如她的首位传记作家西奥多·蒂尔顿在 1897 年所说，她的生活由许多维度相互交织而成："我与你相识已四十余载，见过你四十多种不同的面目——妇女选举权的倡导者——新闻记者——演讲者——历史学家——旅行家——预言家——母亲——家庭主妇——爱国主义者——护士——保育员——厨师——制帽人——院外说客——议员——统计学家——立法者——哲学家……和神学家。"

然而，真正贯穿和影响她一生的重要思想是女性的独立意识。她在人生的各个阶段始终坚守这一道德原则，并通过演讲和写作的方式不断向女性宣传独立自主的重要性。可以说，"个人自主"（self-sovereignty）是斯坦顿女权主义理论的核心内涵，即女性应被视为独立的个体，既不必依附于男性生存，也不仅仅是附属关系中的某个角色，如母亲、妻子、姐妹或者女儿。为了实现自立自强，女性必须摆脱各种形式的束缚，从物质和心理上获得全面解放。由此，对于斯坦顿坚持用自己的姓名做称呼就不难理解了。她打破了女子婚后必须放弃父姓冠夫姓的传统，在友人的建议下，采用了折中的方式，将自己原本的姓氏"卡迪"作为中间名保留了下来，并要求周围人称呼她的全名——伊丽莎白·卡迪·斯坦顿，以此展现"个人自主"。她在一次论辩中对这种行为做了详细的解释：

为何奴隶无名无姓，除了借用主人的姓氏别无它法？只因为他们不是独立的个体，而是没有民权、没有社会权利的个人财产。女性也是如此。称呼这位女士约翰夫人或那位女士汤姆夫人，称呼黑人桑波或者瑞普·库恩[1]，都是白人男性至上的表现。我拒绝承认这一原则的正当性，因此我无法忍受其他姓名。

对独立自主和个人权利的强调是斯坦顿不断变化发展的女性主义意识形态的基石。她在定义"个人自主"的同时也在定义自己，正如她在临终前的自我评价："我成了一位非常杰出的女性，第一位'新女性'。"

少女时光："我向所有力量征税"

1815 年 11 月 12 日，伊丽莎白·卡迪降生在纽约州约翰斯城的一个富裕家庭。约翰斯城山环水抱，风景秀丽，距当时的经济文化中心、首府奥尔巴尼仅 40 英里，这里的居民既可以沉浸于优美的自然风光，又可以接触到最新、最时髦的思潮。伊丽莎白姐妹在这里度过了幸福的童年时光。卡迪家灰色砖面的大宅坐落在城市广场的东面，无论是在地段还是规模上，都可与教堂和法院媲美。家里每天都很热闹，除了孩子们和仆人，还经常有父亲的学生和朋友登门拜访。

打理宅院自然是母亲玛格丽特·利文斯顿·卡迪的任务。她身高六英尺，性格坚毅，独立自强，是家中唯一敢于挑战父亲权威的人。她拒绝搬到乡下的别墅，因为不愿离开朋友；她对父亲所谓的禁用摇

---

1 桑波或者瑞普·库恩，都是对黑人的蔑称。

椅的命令听而不闻；她支持废奴和女性权利，与父亲的立场完全相左。有一次在教区选举新任牧师时，她坚决要求女性教徒也享有投票权。在孙辈的眼中，她高雅端庄、温和友善，但也非常有主见，希望"改造他人和环境"以符合自己的想法。然而在斯坦顿看来，母亲既不和蔼也不温柔，相反，她严厉苛刻，"如女王一般"，总是阻止她做自己喜欢的事情。她同当时几乎所有的母亲一样，希望将女儿们培养成大家闺秀，嫁入门当户对的上流社会家庭，成为一名优秀主妇，因此她总是强调和培养她们管家的能力，这也为活泼好动、志向远大的斯坦顿所不喜。尽管如此，斯坦顿也承认自己"参与政府权力和责任的强烈愿望"源自母亲的遗传。

父亲丹尼尔·卡迪的性格内向，传统守旧，与母亲恰好相反。他白手起家，做过修鞋匠，后来学习法律，投资房地产，赚了不少钱。等到伊丽莎白出生时，父亲已经是位家境殷实、受人尊敬的绅士。1808 年，他入选州议会，虽然在竞选国会议员时屡遭失利，但他律师事务所的事业却蒸蒸日上，吸引了全国许多优秀的年轻人，其中就包括他将来的四位女婿。他长期在政府的司法部门供职，担任过巡回法庭的法官和纽约州最高法院的助理法官，直到 82 岁高龄才退休。

没有男性继承人是父亲一生最大的遗憾，他不时流露出的对儿子的渴望也深刻地影响了斯坦顿的人生。尽管斯坦顿有五个兄弟，但他们都过早地离开了人世，尤其是幼弟以利亚撒在 20 岁时的亡故令父亲痛不欲生，他的荣誉和家产将无人继承。在 1848 年之前，女儿不能以个人名义继承或持有财产，直到纽约州《已婚妇女财产法》通过之后，这种情况才得以改观，这在一定程度上提高了女性的社会地位。最终，女儿们继承了他数量可观的遗产，但没有儿子成了扎在他心口上一根拔不掉的刺。他曾经对斯坦顿叹息："啊，我的女儿，我多么希望你是一个男孩儿啊！"斯坦顿不止一次地回忆过这个场景，每次她都告诉自己，一定要像个男人一般学识渊博、勇敢无畏，她学习骑马，研究希腊文，涉猎广泛，同她的父亲一样，也终生保持着独立思考的习惯。她在自传中写道："我向所有力量征税，希望有一天能听到父亲说：'女孩儿竟然跟男儿一样优秀！'"但是，无论她多么优秀，性别都是一道无法逾越的鸿沟。思想保守的父亲虽然鼓励她接受教育，但又希望她遵守女则，不要越过性别的界限。斯坦顿渴望得到父亲的认可，却仅仅因为性别的缘故求而不得，这种失落感也是推动她为女性争取平等权利的一个重要原因。

作为一名律师的女儿，斯坦顿经常阅读法律书籍，旁听父亲与客人探讨法律问题，有很多机会接触到对妇女不公的案例。其中一位名叫芙洛拉·坎贝尔的妇女的经历令她非常气愤。坎贝尔在丈夫过世后想继承当初用自己的钱购买的农场，但这个农场已经被丈夫作为遗产给了冷漠无情的儿子。面对她的遭遇，父亲束手无策，因为这个农场已经是她儿子的合法财产。斯坦顿第一次清楚地意识到法律是一把双刃剑，既能够保护人们，又可能造成错误的伤害，如果这样的恶法继续存在，女性的权利将永远得不到声张。

在 17 和 18 世纪，人们普遍认为女人作为妻子和母亲应该待在家中。进入 19 世纪以后，随着工业革命的发展，工作场所逐渐从家庭这个私人领域中分离出来，把女性隔离在外，家庭成了所谓的"妇女的领域"。已婚妇女丧失了法律认可的公民地位，因为"丈夫与妻子在法律上是一体的，也就是说，已婚妇女的真实存在以及她在社会上的法定地位暂时中止了，或者说至少是融合到丈夫身上：她将在他的翅膀、他的保护和他的掩护之下生活……"。实际上，这就意味着结了婚的女人没有财产权，没有监护权，没有民事诉讼权，也不能在法庭上为自己申辩，不能签署合同或遗嘱，也不能分享丈夫的财产，丈夫去世后，其全部财产转入长子的名下。丈夫在家中是绝对权威，妻子处于从属地位，只能服从，许多州的法律甚至允许丈夫殴打妻子。

社会在缓慢的进步之中，19 世纪上半叶的美国妇女在接受教育方面更加自由。当时的社会舆论认为，美利坚合众国生存的基础是具有美德的公民，而家庭是培养有德公民的主要场所，妇女作为妻子和母亲对共和国的存亡起着至关重要的作用。因此，"共和国母亲"的概念顺势而生。为了培养合格的"共和国母亲"，美国开始大力推崇妇女教育，从小学到大学都招收女生，课程设置也非常丰富，包括艺术、历史、地理、数学、修辞和其他自然学科。1860年，招收女生的高等院校已有61所，大多数都实行男女同校。学生数量的增加使得对女教师的需求也随之上升，教师成了美国社会第一个向妇女开放的职业。可以说，美国教育对妇女开放的初衷是培养贤妻良母，却意外促成了妇女的觉醒，使其产生了争取平等权利的强烈愿望。

　　斯坦顿也是这股时代洪流的受益者。相对宽松的社会氛围和优渥的家境给了她较为自由的发展空间，使她接受了良好的学校教育。即使如此，当她在1830年从约翰斯城学院毕业后想继续深造时，也在父亲那里遇到了阻力。在杰克逊时代，"对真正女性的崇拜"是个热门词汇，牧师、女性杂志和一些保守人士不遗余力地宣传"真正女性"的形象——"居家、母性、虔诚、高雅、有闲和顺从"，声称这是区别淑女（中产阶级和上流社会女性）和其他女性（移民、黑人、女工和农妇）的标准。家中有钱有闲的女性也象征着男士体面的身份和地位。生性保守的父亲受到这股思潮的影响，认为斯坦顿无需继续求学，建议她或是跟着自己去巡回法庭，或是去"舞会和晚宴"打发时间，还可以学学"怎么操持家务，怎么做布丁和馅饼"。斯坦顿将父亲的建议都尝试了一遍，但仍旧希望去学校继续学业。最终，父亲做出了让步。1831年冬，斯坦顿登上了前往特洛伊的火车，成为了爱玛·威拉德女子神学院的一名学生，接受家庭艺术和学术科目两个方面的训练，包括天文学、化学、矿物学、生理学、植物学等课程。

　　1833年，斯坦顿结束了两年的求学生涯，返回家乡。彼时她已18岁，到了结婚生子的年纪，但她并不着急，而是享受起了悠闲的社交生活——聚会、跳舞、踏青、赛马和走亲访友。她最喜欢去皮特伯勒拜访表哥格里特·史密斯，在那里她接触到了许多废奴主义者、社会改革家、政治家，还遇到了她一生的伴侣——亨利·斯坦顿。

初逢政治：“生命中的新启示”

19世纪上半叶，美国一些中上层社会的女性受到启蒙思想的影响，追求自由和独立，但“妇女领域”的局限剥夺了她们在工作领域与男性竞争的机会，自我价值难以实现。这种矛盾促使一大批受过教育、思想先进的中产阶级妇女投身于社会改良运动，其中最有影响的是妇女道德改革运动、禁酒运动和废奴运动。在这些改革运动中，妇女团体积攒起丰富的组织经验和领导才能，不仅学会了如何起草法案、选举官员、组织集会、募集捐款、刊发文章，而且在请愿和庭审方面也得到了锻炼，为日后的妇女选举权运动做了充分的准备。

妇女道德改革运动出现于19世纪30年代，是美国第一个女性社会改革运动，其主要目的是取消针对性别的双重道德标准，倡导年轻人婚后节制性欲。她们游说议员立法取缔妓院，公布出入妓院的名人名单，谴责对女性的就业歧视，同时为失足女性提供救助。自1834年“全美妇女道德改革协会”在纽约成立起，其后的十年间，全国组建了400多个支部，为净化社会道德带来了一股清新的风气。

禁酒运动与妇女道德改革运动相似，也是为了保护女性的权益，利用社会舆论约束和控制男子在酒后的失德行为——举止失常，胡言乱语，殴打妻儿等。禁酒运动波及范围广，影响力大，后来的女权运动领袖大多参加并领导了禁酒运动。1852年，斯坦顿和安东尼在纽约州的罗切斯特成立了全美第一个州级妇女禁酒协会，斯坦顿担任主席。会议决定通过公共演讲、散发传单和刊发文章等手段提高女性独立意识，鼓励她们与"确定无疑的"酒鬼丈夫离婚以维护"真正女性的尊严"。安东尼也将她组织的禁酒请愿视为自己争取妇女选举权斗争的起点。

与女性社会改革运动联系最为紧密的是 30 年代开始的由威廉·劳·加里森领导的废奴运动。加里森是著名的废奴报纸《解放者》（*The Liberator*）的创办者和编辑，在支持废奴运动的女权主义者中影响力极大。他坚称，黑人与白人相互平等，享有同样的权利。女权主义者认为这条准则同样适用于男女之间的关系，她们向传统的社会秩序发起挑战，大声疾呼：同样生而为人，平权理所当然。当女性废奴主义者在公开场合发表演讲之后，社会舆论就会指责她们的行为"有失体统"，违背了上帝的旨意："女人的力量在于她的依附性，意识到自己的柔弱，这是上帝为保护她们而赋予她们的特点……一个女人若僭越男人的地位，模仿男人的腔调去做公共改革者，那她就放弃了上帝给她的权利……而变得不合人情。"她们在一次次的歧视、羞辱和恫吓中更加深刻地意识到，妇女和奴隶的境遇何其相似，必须联合起来争取权利。

斯坦顿在这一时期也受到废奴思想的影响，她经常参加废奴大会，聆听加里森、弗雷德里克·道格拉斯和卢克丽霞·莫特的演讲，利用机会参与辩论，独立思考。她后来在自传中提起这段往事，称之为"生命中的新启示"。

正是这个时候，亨利·斯坦顿闯入了她的生活。亨利比伊丽莎白年长 10 岁，是位颇有名望的废奴主义者。1839 年 10 月，正在皮特伯勒探望表哥的伊丽莎白被亨利雄辩的口才和英俊的外貌所吸引，开始与他约会。不久，在一次骑马出游的途中，亨利出人意料地向伊丽莎白提出了求婚，她立刻就接受了。不幸的是，这对情侣没有得到伊丽莎白父亲的祝福。首先，亨利是一位废奴主义者，这是她保守的父亲难以接受的；其次，亨利并不富裕，无法让伊丽莎白过上体面安逸的生活。本该沉浸在爱河中的伊丽莎白陷入了"困惑和矛盾"，几经挣扎之后在 1840 年初解除了婚约。然而，当她得知亨利即将远赴伦敦参加世界废奴大会时，她很快就改变了主意，坚持在亨利出发前结婚。1840 年 5 月 1 日，在几位朋友的见证下，他们举行了简单的仪式，结为了夫妻。伊丽莎白不仅选择保留父姓，而且拒绝在誓词中说出"服从"一词，她的解释是："我坚决拒绝服从一位我认为与我建立起平等关系的人。"

5 月 12 日，斯坦顿夫妇登上了蒙特利尔号，开始了漫长的旅程，直到 6 月初才抵达伦敦。旅途的疲惫在斯坦顿看到卢克丽霞·莫特时一扫而空，从此她俩形影不离——"不论我们去哪儿，我都要拉上卢克丽霞，亨利对此十分恼火"。对斯坦顿来说，莫特代表了一种全新的女性形象，她果敢坚毅，知识渊博，见解独到，"小小的身躯里蕴藏着足以指引宇宙的毅力和智慧""我抓住一切机会待在她身边，不停地向她提出一个又一个问题"。当她发现莫特有着自己独立的宗教观点时，从小在苏格兰长老会的严格教义熏陶下长大的斯坦顿先是感到无比震惊，而后又感到一种前所未有的自由："当我从她口中听到我同样有独立思考的权利……同样有听从自己内心信念的权利时，我的内心生出一种全新的自尊感和自由感。"

6 月 12 日，世界废奴大会在共济会会堂如期召开，400 位代表出席了会议，中心议题是商讨废除奴隶制的方案，以及如何救助初获自由的黑人。但是他们很快碰到了一个难题：是否允许来自美国的妇女代表正式参会。与会的男性代表爆发了激烈的争论，一部分代表坚决支持女性参会，另一部分人对此则表示无法接受，尤其是来自英国的几位牧师，他们援引《圣经》，反复强调女性是弱者，因而必须服从男性。据说亨利·斯坦顿也投了反对票。在整个辩论过程中，女性只能在一边旁观，没有为自己辩护的机会。感觉受到羞辱的斯坦顿看着这些"心胸狭窄的偏执狂"在台上肤浅可笑的表演，气得火冒三丈。

投票以妇女代表的失败告终。她们不远万里来到英国却只能被迫坐在旁听席上，沉默地看着男性代表慷慨发言。当加里森匆匆赶到伦敦却发现如此不公正的情景时，他立刻走到旁听席同妇女们坐在一起，以示抗议。他在寄给妻子的信中写道："斯坦顿夫人是一位无所畏惧的女性，她在用自己全部的灵魂去争取妇女权利。"

大会结束那天，斯坦顿和莫特手挽手一起走出会堂，回想起这次会议中妇女遭受的不平等待遇，她们做出了一个重要决定："回国后立刻召开会议，同时组建团体支持妇女权利。"然而这个愿望直到1848 年才终于实现。

塞尼卡福尔斯大会:
"这事得由女人自己来完成"

1840 年 12 月，斯坦顿夫妇结束了在英国的游历，返回美国。当他们正为住所发愁的时候，斯坦顿的父亲让他们在自己家中安顿下来。于是，亨利·斯坦顿跟着岳父学习法律，伊丽莎白则在父亲身边度过了一段轻松愉快的时光。她一边与莫特等好友保持书信联系，一边阅读了大量有关奴隶制和妇女权利的书籍，逐渐形成了自己的思想体系和政治觉悟。她意识到，政治问题必须依靠政治行动来解决，她很快将对此加以实践。

1844 年，斯坦顿的第二个孩子降生了，但是亨利·斯坦顿的收入仍然没有起色。这时，斯坦顿的父亲慷慨解囊，赠送他们一套位于波士顿的住房。波士顿是美国的文化重镇，名流云集，斯坦顿在这里如鱼得水。她既与诗人惠蒂埃、哲学家爱默生见面，也同废奴主义者加里森、弗雷德里克·道格拉斯、西奥多·帕克交往，还经常观看各种演出，参加政治集会。她命运的转折点在一年后悄无声息地到来了。

亨利·斯坦顿在波士顿的政治生涯并非一帆风顺，于是他将目光投向了塞尼卡福尔斯，希望在那里得到更多的机会。塞尼卡福尔斯确实是块福地，但福气不属于亨利·斯坦顿，而属于他的妻子——伊丽莎白·卡迪·斯坦顿。

与波士顿的热闹喧嚣相比，小城塞尼卡福尔斯显得异常冷清。尽管父亲再次慷慨地帮他们安家置地，但她不得不独自面对繁重的家务和单调的生活。亨利总是在外奔波，她要照顾不断出生的孩子，处理仆人的纷争，做饭洗衣，缝缝补补，忙个不停。这样的生活让她觉得难以忍受：

> 我现在已经彻底了解被禁锢在家庭中的妇女不得不苦于应付的各种困难，也终于明白如果女人一生的大多数时光都得与孩子和仆人打交道，那她绝不可能获得充分的发展……我强烈地感觉到必须采取积极的措施纠正这些社会不公，尤其是对待女性的错误行径。我在世界废奴大会的经历，我读过的关于妇女法律地位的书籍，以及我在各处看到的压迫，它们交织在一起席卷了我的灵魂，现在这种感觉因为个人经历而更加强烈。似乎所有的因素都串通起来逼我迈步向前。我对做什么、从哪儿开始都毫无头绪——我现在只有一个想法：召开一次公民会议，表达不满，商讨对策。[1]

1　Elizabeth Cady Stanton, *Eighty Years and More (1815—1897): Reminiscences of Elizabeth Cady Stanton*, New York: European Publishing Company, 1898, pp.147-148.

斯坦顿和莫特在伦敦许下的愿望即将成真。1848年7月，莫特夫妇拜访塞尼卡福尔斯附近的小城滑铁卢。斯坦顿前去探望莫特时遇到了玛莎·赖特、简·亨特和玛丽·安·麦克林托克。这五位女士中年纪最大的是54岁的莫特，最年轻的是32岁的斯坦顿。她们"既不是尖酸刻薄的老女人或无儿无女的妇女，也不是离了婚的妻子"，相反，她们的"灵魂宽广，足以感知他人的过错"。她们一致同意尽快召开妇女权利大会，一番讨论后立刻在7月14日的《塞尼卡县信使报》(*Seneca County Courier*)上刊登了一份会议通知：7月19日至20日将在塞尼卡福尔斯召开女权大会，"讨论社会、公民、宗教状况和妇女的权利问题"。同时，她们商定了大会宣言的一系列准则，文稿交由斯坦顿起草。

斯坦顿起草的《情感宣言》以《独立宣言》为蓝本，同样分为四个部分：第一部分阐述宣言的目的，第二部分是理论基础，第三部分历数了男性对女性的残酷压迫，第四部分则主张女性的公民权，要求男性停止对女性在社会、政治、经济上的一切歧视。这部宣言巧妙地将女性争取自身权利的事业与独立战争时期美国人民抗击暴政、谋求自由的斗争联系在一起，利用洛克的"人人平等"的天赋人权理论为女性辩护，即女性"必须获取自然法则和上帝赋予她们的、不同于她们迄今为止所占据的地位"，男女生而平等，女性同样拥有不可剥夺的天赋权利。

虽然《情感宣言》几乎逐字逐句地模仿了《独立宣言》，但当它应用到女性身上时，就呈现出崭新的意义。女性对政府违背天赋人权的做法深感不满，要改善这种状况就必须承认女性的公民地位，赋予她们全部的公民权，包括财产权、签约权、监护权、参与立法的权力，以及最重要的选举权。

斯坦顿对选举权的主张令人震惊，因为它毫不掩饰地向男性独享的政治权利发起了挑战，在此之前，从未有任何女性公开提出过这一要求，甚至连莫特这位坚定的女权主义者在听到斯坦顿对选举权的提议时也不禁目瞪口呆："啊，莉琪，你会让我们看起来无比荒谬。我们得慢些！"亨利·斯坦顿同样反对将选举权列入决议，因为这无疑会使大会沦为一场"闹剧"。他告诉斯坦顿，如果她坚持这么做的话，他将离开塞尼卡福尔斯，以示与此事毫无关系。他也确实是这么做的。

1848年7月19日，大会正式开幕。参会人数大约有300人，远超斯坦顿和同伴的预期。虽然大会的组织者是五位女士，但碍于当时保守的社会传统，她们仍然邀请了莫特先生担任大会主席。斯坦顿在会上做了生平第一次公开演说：

> 我从未在公共场合发言，原本怯于出现在各位面前，但是，权利和义务给了我勇气，我认为是时候公开女性遭受的不公正对待了，我相信这项任务必须由女性自己来完成，因为只有她们才能真切地感受到自己的卑微是如此之高，如此之深，如此之长，如此之宽。

在两天的会议中，参会者们对大会宣言和决议展开了热烈的讨论，特别是决议的第九条："决议，这个国家的女性有责任为自己争取神圣的公民选举权。"这是唯一一条没有全票通过的决议，最终仅以微弱优势获得支持。大会结束时，有68位妇女和32位男士在宣言和决议上签字。

这次大会引起了全国范围的关注，报纸纷纷撰文评论，但多数持批评的态度，有些甚至满怀恶意。有编辑称这次大会是"女性历史上最糟糕、最反常的事件"，还有的指责女性参会者的行为"不合妇道"，罔顾本分。他们担心平权会让女性"失德和堕落""对整个人类造成可怕的伤害"。

尽管起步艰难，但是塞尼卡福尔斯大会首次吹响了美国女权运动的号角。从此，一代又一代女性登上了历史舞台，为打破性别歧视、争取最广泛的权利而斗争。大会宣言和决议为女性通往平权的道路指明了方向，为其后几十年的女权斗争定下了基调和目标。更重要的是，大会令美国妇女认识到团结的作用，地方和全国性的女权组织因此不断涌现，为女权事业积聚力量。

对斯坦顿个人来说，这次会议同样意义重大，她第一次感到人生有了目标。在与报社的论战过程中，她埋头于宗教、科学、历史和哲学文献，生活非常充实。"现在我的头脑和双手完全被占满了。我不再像过去一样为离开波士顿而伤感，相反，我努力让自己在塞尼卡福尔斯的生活充实起来。"她紧接着参加了在罗切斯特召开的第二届妇女权利大会和滑铁卢会议并发表演说，反复呼吁立法赋予女性选举权，"这是我们的权利，我们必须拥有它，也终将使用它"。

1850 年 4 月，第三届妇女权利大会在俄亥俄州开幕。斯坦顿受困于家务未能出席，但她致信大会，表达了自己的意见。她敦促会议代表为选举权发起请愿，提出女性"无代表纳税"之苦，要求选举女性国会议员，因为"男士不能代表我们"，还为已婚妇女形同奴隶的地位鸣不平："已婚妇女没有法律地位；她们享有的绝对权利跟南方种植园里的奴隶差不多。她们随主人的姓氏，两手空空，一文不名，不能以自己的名义做任何事。"在一次次的集会和演说中，在一封封信件和一篇篇文章中，斯坦顿对妇女权利的认识愈发深刻，对女权事业也更加投入。

斯坦顿的言论往往大胆犀利，又切中要害，直击人心，她得到的支持越来越多，影响力日渐扩大，迅速成长为妇女权利运动的领袖、重要的理论家和策划人。

合作与矛盾:
"我从未如此深刻地感到低人一等"

1851 年对斯坦顿的一生来说是非常重要的一年,她遇到了自己一生的挚友和战友苏珊·布·安东尼,由此开启了长达 50 年的友谊与合作。彼时安东尼只是致力于禁酒运动,在斯坦顿的影响下,逐渐加入到争取妇女选举权的事业中。如果说斯坦顿是位优秀的思想理论家,那么安东尼则是一位杰出的政治活动家。她们分工合作,斯坦顿负责写稿,安东尼四处演讲,组成了强大的团队。亨利·斯坦顿对她俩的默契配合给予了准确的评价:"你搅动苏珊,她搅动世界。"

在内战之前的这十年,斯坦顿的公共活动相对较少,繁重的家务和接连出生的孩子占据了她太多时间,丈夫和父亲也反对她抛头露面。不过,她却以一种特殊的方式抗议对女性的束缚——发起服装革命,即脱掉繁复的及踝长裙,换上简洁轻便的灯笼裤 (Bloomer Costume)。斯坦顿的勇气解放了身体上的束缚,却带来心头的烦扰。讽刺、批判、嘲笑、谩骂纷至沓来,极大地打击了参与服装革命的女性。斯坦顿权衡利弊之后写信安慰安东尼:"我们穿上衣裙是为了更大的身体上的自由,但是身体上的自由与精神上的枷锁相比又算得了什么?……苏珊,把精力浪费在这种无谓的情感上太不明智,它们有更好的去处。这是我的经验之谈。"为了纪念斯坦顿等女性的先锋精神,塞纳卡福尔斯的街头在 1998 年矗立起她们身着灯笼裤的雕像。

斯坦顿在这一期间最重要的政治活动是 1854 年和 1860 年在两次妇女权利大会上的发言,这两次发言都立足于天赋人权的理论,集中体现了她自由主义的立场。

在 1854 年的发言中,斯坦顿以 1776 年革命者后代的身份请求纽约州立法承认女性的所有公民权,她认为男女两性是平等的,应该享有同样的权利，包括选举权：

> 我们（女人）是人；土生土长、生来自由的公民；财产的拥有者和纳税人；然而我们却被剥夺了参与选举的权利……除了不是男性外，我们具有宪法所要求的一切资格，也具有法定选举人所必需的条件。我们善良、守德、聪慧，在所有方面都不比傲慢的白人男性逊色。[1]

这篇发言得到了与会代表的一致肯定，他们将其作为大会的正式发言公诸于众。时隔六年，斯坦顿在1860年3月再次发表关于纽约州法规的讲话，重申了对女性地位的不满和对选举权的诉求。这两次会议促成了《已婚妇女财产法》（1860）的通过。与1848年的法案相比，新法案扩大了妇女权利的范围，包括已婚妇女的签约权，离婚妇女对子女的联合监护权以及寡妇的财产权等，但令人遗憾的是，投票权仍然是禁地。

同年5月，一直将离婚权视为主要奋斗目标之一的斯坦顿在第十次全国妇女权利大会上做了关于婚姻的演讲。她提出了关于放宽离婚法的十项决议，并利用天赋人权学说中的"人人享有追求幸福的权利"来证明决议的合理性。她在演讲中指出，不幸的婚姻就是一场灾难，对于女性来说尤为如此，因为女性全部的人生都在家庭之中，不幸的婚姻不啻于坐牢。

斯坦顿的演讲引发了铺天盖地的批评。《纽约论坛报》（*New York Tribune*）发表评论称斯坦顿的想法"简直令人瞠目结舌"；《晚邮报》

---

1 Elizabeth Cady Stanton, Address to the Legislature of New York, adopted by the State Woman's Rights Convention, held at Albany, Tuesday and Wednesday, February 14 and 15, 1854.

（*Evening Post*）警告读者，小心被视婚姻为交易的"新教义"给恶心到；《纽约观察家报》（*New York Observer*）将决议斥为异端邪说，"没有哪个真正的女性听到之后会不脸红"，它还告诫众人警惕这些改革者，她们"会将世界变成个大妓院"。

斯坦顿对如此刻薄的批评感到震惊，但她并不后悔。她写信告诉安东尼："无论发生什么，我的灵魂在陈述的事实中感受到了愉悦。"

很快，南北局势的恶化转移了所有人的注意力。11月6日，共和党人林肯在总统选举中获胜，奴隶制的存废问题成了各方关注的焦点。蓄奴州南卡罗来纳在12月20日率先宣布退出联邦，三个月后，南方成立同盟，定都里士满。内战一触即发。

斯坦顿为即将到来的战争感到欣喜。作为废奴主义者，她期待战争能够宣判奴隶制的死刑；作为女权主义者，她坚信只有一场天翻地覆的社会革命才能彻底改变女性的处境。她常把妇女比作奴隶，这也显示了她废奴主义的思想基础。早在1860年的美国反奴隶制协会成立30周年纪念仪式上，斯坦顿就明确指出，女性是"习俗、宗教和性别"的奴隶，女权运动与废奴运动密不可分。"男人生来就可随意行事，但妇女和黑奴没有这个特权……肤色和性别是低人一等的标识。"

为了心无旁骛地投入到废奴事业中，斯坦顿和安东尼等女权领袖暂时搁置了有关女权的一切活动。首先取消了1862年的第十一届全国妇女权利大会，其后四年的大会也未能召开。接着她与安东尼、莫特等人在纽约州巡回演讲，高呼"决不与奴隶主和解""立刻无条件解放黑人奴隶"等口号，为废奴运动奔走。1863年5月她和安东尼组织成立"全国妇女忠诚联盟"，号召全国有志女性加入废奴运动——"现在任何人都不要袖手旁观"。她们承诺收集一百万个签名向国会发起请愿，支持通过第十三条宪法修正案。一百万签名意味着在北方各州每二十人中就有一人在请愿书上留下自己的名字，这显然毫无可能，然而在 1864 年 8 月联盟解散之际，她们征集到了将近 40 万签名，这个数字即便是在今天也足以令人欣慰。

联盟存在的时间虽然短暂，但对后来的女权运动产生了深远的影响。女权主义者们通过亲身经历认识到，与她们早先的想法恰恰相反，建立有组织的团体对于实现奋斗目标具有重要意义。因此，内战之后的女权运动组织性更强，斗争策略更加成熟。

以斯坦顿为代表的女权主义者之所以对废奴运动如此热情，除了对奴隶制的痛恨之外，她们也希望在同心协力废除奴隶制之后，曾经大力帮助过的废奴主义领袖们也能全力支持女性获得选举权。然而当希望似乎就在眼前时，迎面而来的却是一盆冷水。

在内战后的重建时期，黑人公民权的问题被提上政治日程，女权领袖们视此时为争取选举权的契机。她们认为，整个社会在政治、经济、文化等方方面面正在经历深刻的变化，妇女可以借此潮流改变自己的命运，而且她们坚信自己在内战中的贡献将会得到共和党的回报，更重要的是，作为曾经的战友，废奴运动的领袖们肯定会在此时伸出援手。显然妇女们还是过于天真了，她们对政治的复杂性缺乏足够的了解。奴隶制问题是美国近三十年来的社会焦点，相比较而言，妇女问题远不及黑人问题棘手，共和党反对将二者牵扯在一起。更糟糕的是，曾经寄予厚望的盟友临阵倒戈，决定以牺牲妇女权利为代价确保黑人男性获得选举权。新当选的美国反奴隶制协会主席温德尔·菲利普斯写信告诉斯坦顿："正如亚伯拉罕·林肯所言，'一次只打一仗'，我说，一次只解决一个问题。现在的时间属于黑人。"斯坦顿被彻底激怒，她在回信中质问菲利普斯："我能就你话中对黑人和妇女明显的对立问一个问题吗？我的问题是，你是不是认为非洲裔里全都是男人？"

第十四条宪法修正案终于出炉，奇迹没有发生，它只立法赋予黑人男性选举权。斯坦顿怒火中烧，修正案不仅无视女性的权利，而且在第二款中特意加上了"男性"二字，这是宪法中首次提及性别。她坚决要求把"男性"二字从草案中删除，因为"如果'男性'这个词被加入，我们至少要花一个世纪的时间才能再次把它拿掉"。

斯坦顿和安东尼为了妇女选举权向国会发起了请愿，这是妇女权利请愿书首次递交给国会。她们设法收集了一万个签名并于 1866 年 1 月呈交国会，但无论是共和党还是民主党都拒绝了斯坦顿的请求。

斯坦顿愈挫愈勇。她改变策略，推动美国反奴隶制协会与女权运动合为一体，成立一个新的全国性组织。1866 年 5 月，时隔五年之后，第十一届全国妇女权利大会在纽约召开，会上代表们一致同意成立"美国平等权利协会"（AERA），致力于"保护全体美国公民的平等权利，尤其是选举权，无论其种族、肤色和性别"。大会选举莫特为主席，斯坦顿为第一副主席。斯坦顿的策略并没有打动那些有话语权的男性废奴主义者，1866 年 6 月，国会通过第十四条宪法修正案。

绝望中的斯坦顿不愿眼睁睁地看着选举权从指间溜走，再出奇招。她宣称，尽管妇女没有选举权，但宪法并没有明确反对妇女担任公职，于是她宣布以纽约第八区独立候选人的身份竞选国会议员，她也因此成为美国第一位谋求国会席位的女性。她说，既然共和党与民主党都不重视公民权，那就让我来呼吁选举权吧。选举结果毫无悬念：斯坦顿惨败，只得到了 24 张选票。

斯坦顿的落选一方面说明女性获得选举权的时机尚不成熟，另一方面也与她自身的道德见解不无关系。尽管她口中说着人人平等，但心中潜伏着白人至上的观念。她认为受过教育的白人妇女远比无知的黑人男性或者外国的男性移民优秀，因此在白人妇女尚未取得选举权之前就把权利赋予文盲一般的黑人实在令人惊骇。她写道："考虑到这一情况，即南方的新自由民和几百万正涌入西海岸的外国人即将全部获得选举权……为了国家的最大利益，我们必须将共和国女性的财富、知识和修养置于这股刚刚到来的贫穷、无知和愚昧之上。"她傲慢的言辞和激愤的语气引起了很多人的不满，也为不久之后女权运动与废奴运动的分裂埋下隐患。

眼看国会无望，斯坦顿退而求其次，将目光投向各州。斯坦顿在纽约，安东尼在堪萨斯、缅因、马萨诸塞和俄亥俄都向州议会提出吁请，删除州宪法选举权条款中的"白人男性"字眼。

堪萨斯是主战场。1867 年 3 月，堪萨斯州议会通过决议，将就两项条款举行公投，每位选民只能投出一票。一是删除宪法中的"白人"一词，二是删除宪法中的"男性"一词。曾在内战之前作为废奴双方争夺焦点的堪萨斯，再次成为测试公众是否接纳妇女选举权的试验场。

美国平等权利协会立刻着手发起宣传，派出大批成员到各地发动群众，为争取妇女和黑人男性的选举权造势。9 月，斯坦顿和安东尼坐着骡车分头行动，在木屋、仓库、校舍、教堂、户外等任何有人的地方演讲。相比其他州，堪萨斯的女权基础较好，女性为自身权利发声的情况并不罕见，斯坦顿对投票结果充满信心。然而，州内的共和党员拒绝站在斯坦顿一边。

斯坦顿和安东尼无计可施，转向民主党求助。对她们在平等权利协会中的盟友来说，此举无异于赤裸裸的背叛。但斯坦顿已经顾不上这些，只要还有一线生机，就绝不放弃。为了这渺茫的希望，她甚至跟臭名昭著的种族主义者乔治·川恩合作。斯坦顿的老朋友加里森对此难以置信，他说当自己"看到伊丽莎白·卡迪·斯坦顿和苏珊·布·安东尼跟那个跳梁小丑一起在全国到处跑，真是无比难堪和震惊"。但斯坦顿和安东尼也感到委屈，在被共和党抛弃之后选择同民主党合作实属无奈之举，她曾私下表示宁愿"接受魔鬼的帮助，只要他不劝诱我们降低标准"。最终，两项公投均告失败，黑人仅获得三分之一的选票，妇女的选票甚至更少。

两年后，第十五条修正案被共和党激进派提交国会，该提案规定联邦政府和各州都不能因"种族、肤色或过去的奴役情况"剥夺公民的选举权。斯坦顿等人试图在其中加上"性别"一词，但仍然没有成功。

斯坦顿逐渐意识到，与废奴主义者们合作的时代已经过去，现在到了与他们分道扬镳、寻找新的伙伴和策略的时候了。很快，新一轮女权运动就会到来，届时她们将完全依靠自己扛起运动的大旗。

革命与分裂："我们准备好了！"

斯坦顿和安东尼首先做的是创办报纸《革命》（*Revolution*），并在刊头印上革命感十足的口号："男人，他们的权利，再不可多；妇女，她们的权利，再不可少。"

从 1868 年 1 月 8 日第一期面世到 1870 年 5 月停刊，《革命》登载了大量讨论妇女权利的文章和社论，涉及的话题在斯坦顿的引导下往往具有极大的争议性，包括女性的就业和薪酬歧视、离婚诉讼中的不平等现象、欧洲女权运动、堕胎、监狱改革等等。有读者称报纸内容"犀利、辛辣"，建议改用不那么具有煽动性的名字，斯坦顿拒绝了。她后来写信告诉安东尼："没有比《革命》更合适的名字了。让女性稳坐合法的王位是这个世界现在乃至将来最伟大的革命。"《革命》的发行数量虽然有限，但对美国女权运动的发展产生了巨大的影响。它为运动提供了论坛，使运动成为社会关注的焦点，为其指明了发展的方向。1870 年，由于竞争对手《女性期刊》（*Woman's Journal*）创刊，分流了本就有限的读者，再加上债务缠身，斯坦顿等人不得不放弃了这份具有历史意义的报纸。

除了以报纸为阵地进行思想宣传，斯坦顿和安东尼还希望能找到新的支持者，她们把目光投向了工人妇女。这是一个完全不同的世界。对斯坦顿和安东尼这种出身富裕家庭的女性来说，挤在狭小、昏暗、拥挤、封闭的厂房里一天工作 10 到 12 个小时却连一美元都赚不到，这简直难以想象。与工人女性接触得越多，对她们压抑悲惨的境地就越发同情，二人决定采取行动改变现状。1868 年 9 月 10 日《革命》发表社论，指出女性之所以遭受不公正的对待是因为她们没有选举权——"她们是被剥夺了选举权的阶级，因此在工作领域里低人一等"。

一周后，"工人妇女协会"（WWA）成立，致力于帮助工人妇女实现同工同酬和创造更好的工作环境。斯坦顿和安东尼为协会提供场地、介绍经验，还在报纸上发表专栏文章倡议合理薪酬和 8 小时工作制，揭发工业领袖和金融人士剥削致富的丑闻等。然而，由于协会成员与斯坦顿的出身不同、诉求不同，双方有着不可调和的矛盾。斯坦顿和安东尼认为，只有选票才能拯救工人妇女，工人妇女却不认为选举权是"纠正所有现存之恶的灵丹妙药"。斯坦顿和安东尼的生活距离底层的工人妇女太过遥远，在听工人讲述自己的遭遇、控诉无情的资本家时，她们除了反复谈论性别歧视之外，再也给不出更加具体合理的解决办法。1869 年，工人妇女协会因毫无建树而宣布解散。

恰在此时，以露西·斯通为首的几位女权主义者在波士顿成立了"新英格兰妇女参政权协会"（NEWSA），这是第一个以实现妇女选举权为唯一目标的政治团体。为了获得更广泛的支持，协会成员与一些共和党大佬达成妥协：协会将暂停妇女选举权活动直至黑人男性获得合法的选举权。州内的活动虽然必须停止，新建领地却是可以一展身手的地方，等领地成为州时，就可以参与订立宪法修正案。

斯坦顿对这一迂回策略嗤之以鼻，认为用这种方法永远别想获得选举权。她和安东尼始终坚持在宪法修正案中加入妇女选举权，为此她们在 1869 年 2 月前往中西部地区巡回演讲两个月，希望得到当地妇女对第十五条宪法修正案的支持，结果未能如愿。斯坦顿很失望，但并不气馁，决定继续向第十六条宪法修正案发起进攻。

斯坦顿意志坚定、勇气可嘉，但她偶尔流露出的种族主义倾向令人恼火。她眼睁睁看着曾经低贱的奴隶和没受过什么教育的移民都被赋予了选举权，而作为有知识、有文化、有财产的白人妇女似乎就要连这些人都不如，心里难免有些不平衡。当这种微妙的情绪发作时，她就会说出一些不合时宜的言论。为了刺激妇女积极参与选举权活动，她在 1869 年 4 月的《革命》上发出警告：

> 有财产、有知识、有道德、有教养的美国女士们，如果你们不希望身份低微的中国人、非洲人、德国人和爱尔兰人带着对女性的偏见为你和你的女儿们制定法律……强行决定你们必须遵守的民事法律和道德准则，那就睁开眼睛看看吧，你们正处于危险的境地，你们需要在政府中有代表为你们发声。

斯坦顿的出格言论不仅惹了众怒，也断送了她团结美国平等权利协会共同支持第十六条修正案的计划。但即便如此，她既不愿道歉，也不愿收敛自己的言行，还在平权协会 5 月 12 日的会议上公开谴责第十五条修正案，称其为"男性普选权"的胜利：

> 这片大陆上将出现一个性别贵族政权……想想帕特里克们，想想桑波们，还有汉斯们、杨唐们，他们连君主制和共和制都分不清，连《独立宣言》和韦伯拼读手册都不会读，居然为有财产、有知识的女性制定法律……美国的政治家们这样修改宪法难道就是为了让自己的妻子和母亲在政治地位上还不如这些字都不识、澡也不洗的挖渠工、擦鞋匠、屠夫、理发师，以及刚从南方种植园里解放出来的奴隶？

弗雷德里克·道格拉斯在斯坦顿发言结束之后从椅子上缓缓地站了起来，现场鸦雀无声。他笔直地站在讲台边，默默地注视着众人，竭力控制着怒气，片刻之后，低沉迟缓的嗓音开始在大厅里回响。他首先回忆了与斯坦顿多年来的深厚友谊，并给予了她极高的评价，"在妇女权利和平权问题上没有哪个名字比伊丽莎白·卡迪·斯坦顿更伟大"，但称呼黑人"桑波"，把他们说成擦鞋的、挖沟的，这绝对让人无法忍受。接着，道格拉斯满怀感情地解释了为什么他认为黑人比妇女更加需要选举权：

> 当女人，仅仅因为她们是女人，就被在纽约州各个城市和新奥尔良的街头追捕的时候；当她们被人从房子里拖出来，挂在路灯上的时候；当她们的孩子被人从臂弯中夺走，她们头上的鲜血撒在路面的时候；当她们总是遭受侮辱和暴行的时候；当她们的家被烧毁，她们身处险境的时候……那时她们就跟我们一样迫切地需要选票了。

道格拉斯的发言并没有给这个话题画上句号，相反，以斯坦顿和安东尼为代表的一方与以露西·斯通为代表的另一方开始互相攻讦指责，会议陷入了前所未有的混乱。曾经的战友彻底反目，女权运动的同盟开始瓦解。

外部的矛盾与内部的分裂并没有打击斯坦顿的士气，她决心另起炉灶，以自己的理念和目标为核心建立新的女权组织。三天后，"全国妇女参政权协会"（NWSA）成立，斯坦顿任主席，同时定下奋斗目标：在第十六条宪法修正案中确立妇女的选举权，同时继续争取其他妇女权益。斯坦顿雄心勃勃地宣布："我们已经就位！我们准备好了！"

同年11月24日，在全国妇女参政协会成立六个月之后，露西·斯通等人在俄亥俄的克利夫兰组建了"美国妇女参政权协会"（AWSA），鼓励男士参加，并选举颇有名望的牧师亨利·沃德·比彻担任主席。

全国妇女参政权协会和美国妇女参政权协会是当时规模最大、影响力最强的两个妇女权利组织，双方的目的都是为了争取妇女选举权，但二者在斗争策略、总体目标和女性形象上有所不同。首先，美国妇女参政权协会采用了自下而上的改良措施，即先在各州争取到妇女选举权，逐一击破，最终实现全国性胜利；全国妇女参政权协会恰恰相反，主张自上而下的改革，直接从国家的宪法修正案入手，从根源上解决问题。其次，美国妇女参政权协会目标单一，即锁定选举权；而全国妇女参政权协会的目标内容更加广泛，如妇女在工作和婚姻中的平等权利。最后，美国妇女参政权协会关注的对象是中产阶级已婚职业女性，它赞同有关婚姻家庭的社会传统思想，鼓励女性结婚生子；全国妇女参政权协会致力于培养女性独立意识，塑造女性新形象，即有知识、有文化、追求自由、敢于摆脱不幸婚姻的职业女性，它同时也为工人阶级女性发声。总的来说，美国妇女参政权协会较为保守温和，而全国妇女参政权协会则更加自由激进。

两大妇女参政权协会的建立，标志着女权运动进入了一个新时期，它的组织性更强，斗争策略更加完善，逐渐从组织集会、呼吁立法向更高的政治诉求转变。

斯坦顿的斗争方式也在发生变化。她意识到，要想普及自己的女权思想，获得更多更广泛的支持，只靠组织会议和发表文章是远远不够的，她需要更多的听众。从1870年开始，已经55岁的斯坦顿告别家人，踏上了艰辛的巡回演讲之路。她外出一次往往长达数月，不停地奔波于各个村庄，不厌其烦与普通妇女谈婚姻、谈育儿、谈工作、谈健康，就是为了把"激进的思想"植入她们脑中。她在信中告诉女儿玛格丽特："我感觉自己在做一件很大的善事，唤醒女性们去思考，激发她们的希望和自尊，我在为你和海蒂以及所有可爱的姑娘铺平通往未来的道路。"就这样，在整个 19 世纪 70 年代，斯坦顿每年有将近一半的日子在外巡回演讲，剩下的一半则忙于处理协会事务以及陪伴家人。

1876 年夏发生了一件充满戏剧性的事件。当时正值美国建国一百周年，斯坦顿等协会领袖计划借机为女权活动做一次宣传，要求以代表的身份参加在费城举办的官方庆祝活动，同时她们提出协会中的每个州也可以派一名代表参加庆典，结果她们只收到了六张请柬。愤怒的斯坦顿决定放弃参加庆典，然而安东尼却坚持前往。7 月 4 日早，庆典活动一切就绪，主持人开始致辞，这时，安东尼和其他四位妇女突然站了起来，给主持人和围观群众分发传单，紧接着安东尼在独立钟前大声宣读了由斯坦顿撰写的《权利宣言》(*Declaration of Rights*)，她高呼："我们要求正义，我们要求平等，我们要求我们和我们的女儿能够永远享有一切属于美国公民的民事和政治权利。"在一片欢呼中，她指控政府违背了基本法则，提出了弹劾政府的诉求。

胆大妄为的言论加上无所畏惧的行动立刻引起了巨大的社会反响，斯坦顿和安东尼这对最佳搭档决定趁热打铁，立刻开始第十六条宪法修正案的院外游说活动。

1878 年 1 月 11 日，斯坦顿前往参议院参加修正案的听证会。面对议员，她回顾了宪法的历史，阐明了它的法理基础，引用了开国元勋的动人话语，分析了近期的政治事件，最后重申了一个她多次表达过的结论：宪法第十四条修正案已经赋予女性选举权。在整个发言过程中，听证委员会主席本杰明·沃德利故意做出各种举动——看报、翻文件、剪指甲、削铅笔、打哈欠、盯着天花板——来羞辱斯坦顿。几个月后，沃德利毫无意外地否决了提案，称其是个"过于新颖的尝试"。

斯坦顿早已预料到这个结局，尽管有些许沮丧，但很快就重新振作起来。7 月，她同安东尼在罗切斯特组织了一次集会，庆祝塞尼卡福尔斯大会召开三十周年。在三十年前的塞尼卡福尔斯，斯坦顿首次提出了妇女选举权的问题，三十年后，斯坦顿已步入花甲，莫特也老态龙钟，但选举权似乎仍是那么遥不可及。斯坦顿振奋精神，用她无所畏惧的话语鼓励大家继续战斗："我们的努力并没有白费。确实，我们还没有获得选举权，但我们唤起了公众对妇女种种遭遇的思考，我们女性更加自尊自爱，有了更加远大的志向。在这场正义之战中，我们深化和拓宽了生活，开阔了视野。"

1879 年，斯坦顿已经 64 岁，长期的巡回演讲令她疲惫不堪。3 月 26 日，她写信向好友抱怨自己的工作："从每年的演讲季开始到结束一点休息的时间都没有……我吃下的糟糕饭菜得超过 183 顿……保持微笑，努力让自己看上去聪明智慧，还得对每个靠近身边的人表现出兴趣，那时我就是块脱了水的海绵。"不久，她外出时从马车上摔了下来，疼了几个月，又在秋天感染了肺炎，巡回演讲自然就此结束。现在，她可以将目光投向新的方向，寻找新的解放妇女的方法。

晚年生活："我年龄越大越激进"

1880 年 11 月 12 日，斯坦顿度过了她 65 岁的生日。那天，她在日记中写道："我的人生哲学是过好每一天，既不浪费力气担心坏事到来，也不对过去犯的错误耿耿于怀。"她也的确是个敢作敢为的人。

几天前她曾去投票站尝试投下她人生中第一张选票，然而当监督员得知她的打算时，立刻惊呼出声："啊，不，夫人！只有男人才可以投票。"斯坦顿表示自己"作为美国公民"，有权投下这张票，但仍遭到了拒绝。于是，她将选票放到监督员手中，对他说："我与每个在场的男士一样都有权投票，你的责任是否定我的公民身份。"她对自己引起的骚动非常满意，写信向孩子们"吹嘘"说："全城的人都被我惊呆了。"她就像个做了恶作剧的老太太，用这种充满象征意义的方式来引起人们对妇女选举权问题的关注。

11月还发生了一件大事，卢克丽霞·莫特过世了。莫特的离世令斯坦顿十分伤心，她和安东尼决定完成莫特生前的遗愿，编写一部女权运动史。这将是一个浩大的工程。安东尼给斯坦顿寄去了几大箱的资料，里面包括三十多年来有关的文件和手稿，紧接着，她在11月底也搬到斯坦顿的家里与她一起投入编写工作。六个月昼夜不停的努力得到了回报，《妇女参政史》（*History of Woman Suffrage*）的第一卷顺利完成。稍事休整之后，她们再次陷入"如荒野一般的工作"，淹没在"信件和文件的沼泽"中，感觉糟糕透顶。1881年底，第二卷完工。

两年的埋头苦干令斯坦顿心力交瘁，她急于摆脱这种生活，于是在女儿哈利奥特的劝说下前往法国散心，这也是她42年前伦敦之行后首次重返欧洲。国外的旅居生活悠闲而平静，斯坦顿的身心得到了休养和放松。两年后，她重返故乡，并在1884年5月与安东尼一起重新投入到第三卷的编撰工作中。

这是斯坦顿度过的一段美好时光，工作之余她与安东尼"偶尔在月光下散步，累了的话就坐在山路边的长凳上，一起看月亮"。随着孩子们长大成人，她和丈夫亨利·斯坦顿相聚的时间也日渐增多。亨利经常从纽约来乡下探望她，有时两人会在暮色中愉快地漫步回家。

1887年1月，亨利因肺炎突然离世。噩耗传来，远在伦敦的斯坦顿伤心不已，她在日记中写道："我们原本以为听到有老人离世再正常不过。但当消息传来，我的心脏和脉搏似乎都停止了跳动。"斯坦顿的生活在丈夫离开后没有发生大的变化。多年来，她已经习惯独立地生活，而且72岁的她身体虽然有些肥胖但还算硬朗，还有许多工作等待着她。

　　1888 年 3 月，在斯坦顿和安东尼的努力下，第一届世界妇女理事会在华盛顿召开，来自法国、英国、爱尔兰、意大利、挪威、芬兰、加拿大和印度的女权代表，以及美国国内五十多个妇女组织的代表参加了本届大会，讨论世界妇女的生存状况以及基本权利等问题。斯坦顿在会上做了主旨发言。虽然与会代表仍然以中上层阶级的白人妇女为主，但也出现了一些下层阶级的女性。最令人意外的是，露西·斯通和美国妇女参政权协会的一些成员也出席了会议，要知道，露西·斯通已经几乎二十年没有同斯坦顿和安东尼出现在同一个讲台前了。

　　露西·斯通的出席传递出和解的信号，再者安东尼也越来越表现出将争取妇女选举权作为唯一目标的倾向，1890 年 2 月，全国妇女参政权协会和美国妇女参政权协会决定冰释前嫌，合二为一，新组织命名为"全美妇女参政权协会"（NAWSA，简称"全美协会"），选举斯坦顿为协会主席，安东尼为副主席，露西·斯通任执行委员会主席。全美协会将修正案的通过作为共同一致的目标，它的成立开启了美国历史上妇女组织大联合的时代。

　　在全美协会主要领导人的倡议下，妇女运动在斗争方式和政治主张上都剔除了不少激进的成分，以较温和的姿态吸引普通妇女的加入。这也是斯坦顿的不满之处。此外，安东尼的转变令她颇为失望，她在日记中写道："我年纪越大越激进，她却似乎越来越保守。"

　　1892 年 1 月 18 日，斯坦顿在全美协会的年会上做了名为"孤独的自我"（The Solitude of Self）的演讲，被誉为她一生中最出色、最成功的作品。这篇演讲以天赋人权的哲学理论为基础，以男女平权为中心，要求男女在各个方面，尤其是教育权和选举权上实现性别平等。斯坦顿指出，每个人都是平等的，无论男女，"都拥有独立存在的灵魂"，面对的是同样孤独的人生旅程，因此必须为自己的行为负责。在这段旅程中，"孤独的水手是男是女并不重要；既然自然之神已然赐予他们平等的地位，他们就得用自己的技术和判断应对危险；即便他们应对危险的能力不同，死亡的结局总是一样的"。既然如此，女性需要同样的机会和政府的保护，使她们能够顺利走完自己的人生：

> 给予女人所有获得高等教育、充分发展各种才能的机会……给予女人一切机会，使她们从所有束缚、习俗、依赖、迷信，以及所有虚假的恐怖影响中彻底解放出来。这么做最充分的理由在于她自己的生命所具有的独立性和个人的职责。
>
> 我们要求妇女在她生存的政体中，在她被要求信仰的宗教中，在平等的社会生活……以及各行各业中……都拥有发言权，其最充分的理由是，她拥有与生俱来的自主权，作为独立的个体，她必须依靠自己……

斯坦顿坚信，女性必须摆脱对男性的依靠，自力更生，"没有什么比认同个人自主更能增添人的尊严感"。最后，斯坦顿用一段颇具现代特色的语言结束了这篇动人的演讲："我们可以拥有朋友、爱情、友情、同情和仁爱，以此消除生活道路上的障碍，但每个人都独立地体验着苦难与成功。"可以说，这篇演讲传达的精神已经超越了时代和性别的界限，对后世仍有积极的影响。

这次大会之后，斯坦顿卸任主席职务。尽管此时她已77岁高龄，但她仍然笔耕不辍，为女权运动护航。

1895年11月，《妇女圣经》（上卷）出版，立刻引发了强烈的抵制。因其对基督教激进的批评态度，教会谴责它是"撒旦的作品"。日趋保守的全美协会也以53比41的投票通过了谴责她的决议。斯坦顿在她生命最后的几年里，与全美协会渐行渐远，与妇女选举权运动也日渐疏离。

斯坦顿认为，《圣经》中关于女人低劣的理论完全是一派胡言，盲目相信这套说辞是一种愚钝的行为，是导致压迫妇女的思想观念长期存在的主要原因。因此，争取政治权利不足以改变妇女的社会地位，必须在社会和宗教上引发一场革命。为此，斯坦顿的《女性圣经》围绕两个目的展开：第一，使《圣经》中贬低女性的内容丧失权威性；第二，所谓的宗教权威故意误读了《圣经》中对于女性的赞美。例如，在流行版本的上帝造人故事里，上帝先创造了亚当，而后才以亚当的一根肋骨创造了夏娃，因此女性必须屈从于男性。然而，斯坦顿提出了一个更为中性的版本：上帝以自己的形象同时创造了亚当和夏娃。再如，对于夏娃用禁果毁掉亚当的故事，斯坦顿认为，夏娃是厌倦了每日摘花、聊天的生活，希望实现更有价值的人生。斯坦顿指出，中立的读者一定会对"女性的勇气、尊严和高远的志向"印象深刻，"引诱者没有用闪闪发光的钻石、华丽的衣裙或世俗的享受和愉悦来诱惑她，而是许诺以知识和众神的智慧"。

尽管充满争议，《妇女圣经》的上卷在六个月内印刷七次，还被翻译成多种语言出版。1898 年，《妇女圣经》的下卷出版，她的观点丝毫没有因为外界的批评而改变。同年问世的还有她的自传《八十多年》（*Eighty Years and More*）。

随着时间的流逝，斯坦顿的身体每况愈下。她的眼睛日渐模糊，有失明的可能，但她仍然不愿停笔。她说："我承认自己还不想死，生活一直以来都很甜蜜。在我离开之前，我还有许多事情想做。"是啊，她一生的奋斗目标妇女选举权还没有实现。但如果她曾在 1902 年回顾这五十年来妇女权利运动取得的成果，她会发现，女性在高等教育和职业选择上有了巨大的进步，已婚妇女享有了更多的财产处置权和个人自由，在一些西部州，妇女甚至可以投票。虽然她与全美协会的政治理念不尽相同，但那已是她自己发起的世界女权运动的一部分。而她自己也从一个立志讨好父亲的倔强少女，一路成长为女权运动的领袖、理论家、活动家和演说家。

1902 年 10 月 25 日，斯坦顿生命的烛火即将熄灭。她先是致信西奥多·罗斯福总统，恳请他为妇女选举权修正案做些什么，然后就静静地躺在床上。她的呼吸渐渐短促，痛苦令她不停地催促医生给她点什么好让她早点上天堂。第二天一早，她吩咐仆人给她穿衣梳头，但在女儿哈利奥特的劝阻和搀扶下，她只是穿着睡袍在房间里走了走。接着，她在桌边坐了下来，很快就进入了梦乡。两个小时后，哈利奥特和仆人合力将她移到了床上，从此，她再也没有醒来。

遵照斯坦顿的遗愿，葬礼极其简单。在简短的告别之后，她被送往纽约绿树成荫的伍德朗公墓，《女性圣经》的资助者、牧师菲比·哈纳福德主持了仪式。伊丽莎白·卡迪·斯坦顿，这位美国女性解放运动的先锋，长眠于此。

1920 年，美国妇女终于获得了她们期盼已久的选举权，这时距斯坦顿离世已过去 18 年。尽管第十九条修正案是以安东尼的名字命名，但她也没能亲眼看到修正案的通过，她在斯坦顿离开四年后也随她而去。

新一代的女权主义者已经成长起来。与前辈相比，她们的思想更加自由，斗争形式更加大胆，打出"要公开不要体面"的口号，鼓励支持者走上街头，组织户外集会，吸引更多的皈依者。

爱丽丝·斯·保罗是年轻一代的佼佼者。她领导的会议同盟和妇女党在选举权斗争中起到了非常重要的作用。保罗曾于 1914 年 1 月在华盛顿组织了一次万名妇女大游行，选定在威尔逊总统的就职典礼日举行，一时大为轰动。在第一次世界大战后期，妇女党又组织了一些妇女从 1917 年 1 月 10 日起连续数月站在白宫门外，手中的标语牌上写着："妇女的自由何时来临？""总统先生，你打算为妇女选举做些什么？"

美国参加"一战"对于妇女的选举权事业是一种催化剂。"一战"

中，由于大量男性青年被抽调到前线，造成国内劳动力缺乏，大量妇女走出家门，在各行各业任职。这些新兴的职场女性形成了一股不可小觑的政治力量。等到战争结束时，全美已有 16 个州的妇女获得了选举权，但仍有 32 个州禁止妇女在州和全国选举中投票。

1919 年 5 月 21 日，第十九条宪法修正案在众议院投票通过，仅两周后，参议院也顺利通过该修正案，随后交由各州批准。1920 年 8 月 26 日凌晨，随着田纳西州州长在第 36 份修正案批准书上签下名字，这场"世纪的斗争"终于尘埃落定。该修正案虽寥寥数语，却明确规定了禁止以性别作为限制选举权的借口："合众国公民的选举权，不得因性别缘故而被合众国或任何一州加以否定或剥夺。"这令人不禁回想起 72 年前，那时伊丽莎白·卡迪·斯坦顿还是位三十出头的少妇，她既紧张又坚定地站在参加塞尼卡福尔斯大会的众人面前，为女性提出了这项人类最基本的公民权利。

伊丽莎白·卡迪·斯坦顿年表

1815　11月12日，伊丽莎白·卡迪出生于纽约州约翰斯城。

1832　从纽约州爱玛·威拉德神学院毕业。

1840　与亨利·斯坦顿结婚。参加在伦敦举办的世界废奴大会。

1846　定居塞尼卡福尔斯。

1848　塞尼卡福尔斯大会召开，执笔《情感宣言》。

1851　结识苏珊·布·安东尼。

1852　组建纽约州妇女禁酒协会。

1863　组建全国妇女忠诚联盟。

1868—1870　创办《革命》周报，担任编辑。

1869　组建全国妇女参政权协会，担任主席。

1881—1886　与安东尼合著的《妇女参政史》（三卷本）出版。

1888　组织在华盛顿举办的第一届世界妇女理事会。

1890　担任全美妇女参政权协会主席。

1895　出版《妇女圣经》（上卷）。

1898　出版《妇女圣经》（下卷）。

1898　出版自传《八十多年》。

1902　10月26日，在纽约去世。

延伸阅读

1. ［美］约瑟芬·多诺万. 女权主义的知识分子传统 [M]. 赵育春译. 南京：江苏人民出版社，2003.
2. ［美］盖尔·柯林斯. 美国女人 [M]. 暴永宁等译. 北京：东方出版社，2006.
3. ［美］萨拉·M. 埃文斯. 为自由而生：美国妇女历史 [M]. 杨俊峰译. 沈阳：辽宁人民出版社，1995.
4. Eleanor Flexner, *Century of Struggle: The Woman's Rights Movement in the United States*, Atheneum: New York, 1972.
5. Elisabeth Griffith, *In Her Own Right: The Life of Elizabeth Cady Stanton*, New York: Oxford University Press, 1984.

本章作者

　　王萍，文学博士，南京师范大学外国语学院讲师，主要从事美国文明与文学方面的研究，出版专著《从清教神坛到福利国家：美国工作伦理的演变》以及发表论文数篇。

简·亚当斯

Jane Addams

（1860—1935）

"修补世界"的社工之母

当今美国物欲横流，而她宛若一股清流，以实际行动诠释了何谓人类文明中的利他主义。

——威廉·艾伦·怀特（William Allen White）
普利策奖得主，记者，作家，出版商

1931 年感恩节次日，年过七旬的简·亚当斯收到一封电报，被告知她与卡耐基国际和平捐赠委员会主席尼古拉斯·莫雷联袂获得诺贝尔和平奖。12 月 10 日，该年度诺贝尔和平奖官方宣布，在巴尔的摩住院的亚当斯顷刻间收到了雪片般的祝福和满病房的鲜花。经历过人生高光时刻和晚年声名沉浮后，历史给了她一个令人欣慰又毫不悖理的回应。此前在 1916 年及 1928 年后的每一年，她都获诺奖提名，这一次，她终摘桂枝，且实至名归。

老年亚当斯一定记得，幼时随父出游惊见贫困人群悲惨生活时的心境。童年的她就立下宏愿，要"修补这个世界"。这位外表安定平静、内在强大勇敢的女子，放弃自身享受，冲破社会成见，秉持帮助弱者的热诚，为了公平公正的社会，将自己的青壮年奉献给赫尔会馆，并成为进步运动代表人物和富有影响力的"社工之母"。她不仅坚持做成了在同时代多数人看来不可能的事，还号召同道之人，走在时代风口浪尖，将民主精神和人道主义理想力所能及地付诸实践。"一战"期间，她因坚定的和平主义信念遭致国内媒体和政界的冷遇甚至攻击。去世前三年，她成了美国第一位诺贝尔和平奖女性得主。

亚当斯家有女初长成

简·亚当斯两岁多就失去了母亲。乐于助人的母亲去世，不但家人痛不欲生，整个镇子都悲恸不已，因为他们失去了爱他们也被他们爱着的人。其后她又经历了姐姐和家中仆人的亡故。20岁时，父亲突发疾病离世。死亡带给亚当斯与众不同的思考：如果说人的一生一半是命运使然，那么还有一半就是自我选择；对于无奈也具有能动性的人而言，一半是承受后果难避悲剧，还有一半就是抓住机会创造条件。

由于父亲挣钱有道，亚当斯在经济上自小无忧，但母亲早逝和脊背有疾一直是她心里的隐痛。小姑娘甚至担心气宇轩昂的父亲嫌弃自己因病而显得有些佝偻的后背。但父亲在公开场合绅士般与女儿并肩而行的举动打消了她的顾虑，增强了她的自信，使她抛掉了孩童隐秘而又可笑的痴念。不过，这也折射了少女内心的渴望：成为令父亲自豪的女儿，成为像父母那样受人尊敬的人。

后母安娜受过教育也见过世面，有一定的生活品味，时常倡议一家外出旅行。亚当斯由此见识了威斯康星州首府麦迪逊的雄奇建筑，16岁时还在费城亲历了庆祝建国100周年的首次万国博览会，她不仅看到了当时最新发明的电话，还收获了社会变革的新理念以及"幼儿园"这一来自德国的新成果。

有了玩伴，见了世面，并不意味着她能与后母和谐相处。事实上，两人个性犹如水油不融。安娜也热爱读书，在社交场合谈吐举止得当，但骨子里个性张扬，情绪起伏大，有时脾气相当暴躁；而亚当斯个性淡然，平和沉静，几年来受着姐姐无微不至照顾的亚当斯自然无法适应后母的严厉与强势。平日里倒是相安无事，但外表温和的小姑娘一旦被激怒，也是当仁不让，流露出内心强悍的一面。加之她早就形成了自己的信念，讲求公正、公平和对事物的精准判断与坚守。不过，这种经历也让她在成年后下决心远离动怒这种情绪上的消耗。

父亲约翰平日和颜悦色，遇事慢条斯理，尽管骨子里并没有完全摒弃因个人身份和生活环境所产生的阶层感，但他对邻人都是彬彬有礼。而他的女儿不但传承了父亲的个性、宗教感、伦理观，而且学会了遵从自己的良心和思想，更比父亲懂得并做到了充分考虑弱势群体的境地和需求。

亚当斯打小聪慧，喜爱读书。家中图书室藏书丰富，镇上的第一家公共图书馆也来自她父亲的私人馈赠。能在书海里巡弋，是她童年生活的一大幸事。阅读助推了她的成长。那个时代的女孩读书甚少，但父亲倒是坚持女孩也要接受教育。小女儿果然不负父望，学业一向名列前茅。

阅读与入学拓展了亚当斯的思维和眼界，让她能够在很年轻的岁月就畅想自己与世界的连接。她倾慕当过伊利诺伊州参议员（1854—1879）的父亲，也好奇投身政治是何种光景。她还缠着父亲让她读他与林肯总统的通信。可以想象的是，倘若亚当斯是个男孩，父亲的耳提面命会更多吧！

亚当斯一度想学医，尤其希望给穷人治病。她在狄更斯的小说里看到过对医生的描述，也在现实生活中看到了对贫富一视同仁的乡村医生。巧的是后母的长子、后来成了她姐夫的哈里也是医生。在亚当斯少女时代的 1870 年代中期，女性从医已不再是洪水猛兽般的禁忌。不过，女子受教育率仍然很低。亚当斯更为大胆地向往拿到学士学位，然而一贯开明的父亲却一反常态，不同意女儿远赴东部求学。

行医梦断，亚当斯既愤怒又无奈，只好就近入读女子学校。这所福音派学校宗教热情超乎一般，强行要求学生信教。而彼时的亚当斯与她最喜爱的作者爱默生一样坚持自然神论。她不相信神是以基督耶稣的身份降临，为人类的原罪而死、又死而复生。她认为神随处可在。况且，她很小就接受了父亲的教导：心里不信的东西，不能随意说信。这已成了她个性的一部分。18 岁的女子在学校顶住各种外米压力，坚守了内心信念。这段经历进一步锤炼了她的意志和心智，她将其视为最好也是最有效的道德训练。这也预示着她终其一生都会顽强地依据自己的良心而活，且一旦打定主意，便坚如磐石，毫不含糊地付诸行动。

这所学校是她不情不愿被父亲指派就读的，也让她感受到难以言说的窘迫，但幸运的是，她遇到了一位引领她进入风光旖旎的文学、历史、辩论园地的好老师卡罗琳·波特，还结识了好友爱伦·斯塔——两人后来一起创建了赫尔会馆。老师指导她学习修辞，鼓励她参与辩论，这些无疑为她日后的公共演讲打下了基础。她在学校各项成绩优异，辩论比赛屡屡出彩，还为杂志写稿、筹募资金，并将杂志的收支经营得相当平衡，显示出她运营资金、管理机构的能力。

完成了精彩的毕业演讲后，亚当斯坐上了父亲接她回家的马车，一路思绪万千。曾经模糊未定的梦想之路似乎豁然开朗起来。她已经在心里计划先去心仪的史密斯学院，再赴爱丁堡大学深造药学。然而她也知道，现实阻力依然存在——想做独立女性的渴望与传统赋予女性的责任，加之对未来诸多不确定因素的犹疑，她心有戚戚。

果然不出亚当斯所料，她的优异成绩并没有打动父亲，即便后母都同情支持亚当斯，父亲仍拒绝了女儿继续求学的请求。她毕业的1881年也是个多事之夏，加菲尔德总统遇刺，刺客是亚当斯家的朋友，实际是个罹患心理疾病的人；亚当斯的哥哥卫伯也有精神方面的问题。父亲诸般加压力，期待她放弃个人追求，承担家庭责任。从小受到"自我牺牲"教导的亚当斯觉得应该体谅并遵从父亲，只能将内心渴望连同受到的误解和伤害深埋于心。后母建议一家北上旅行，父亲却在这次途中猝亡。事发突然，对亚当斯的打击可想而知。

亚当斯脊柱弯曲的旧疾原本时有发作——她在学校太拼也是原因之一；家庭的变故和理想的幻灭，终于击倒了她。而医生诊断的病因和开具的药方竟是：如果女人缺乏自我否定和自我牺牲，太过沉溺于自我意识和自身目标，就会陷入自怜自艾，疾病和失败就会接二连三来访。1880年代的美国，习俗惯性之大，是会让现代人咂舌的。纵然亚当斯内心强大，也有独立思考的头脑，也只能病愈后回到家中帮助后母打理家务，一度进入自我约束和自我闭塞。

天生的直觉和后天逻辑、理性的习得，加之事实依据使她反复在目前的生活和内心的追求之间权衡。父亲的遗产让史密斯求学之梦又变得触手可及——一个从父亲那里继承了财富和高尚气息的人完全有理由让自己的生命更有价值、更有智性，待在家里只会一事无成，而且对社会和公众而言，也是一种自私。只是她旧疾加剧，继兄兼姐夫建议她先做背部手术然后去欧洲休养。这时，卫伯的精神疾患又犯，所幸可以住进当地的养护所。亚当斯从小就注意并体会到，周边有这样的医院对于病人和家属而言是很大的帮助。

前往欧洲高尚文化之所，也与父亲生前愿望相合。比之史密斯学院，或许欧洲更能让她重拾信心。在伦敦，她看到了贫民窟的惨状，震惊也沮丧，不由得回想起6岁时家乡类似的景况和当时内心的触动。在欧洲其他地方，也都有因阶层及受教育不均而导致的贫困，由此她更联想到整个人类世界的悲惨。

反思自己与后母在一起的生活方式，她产生了新的想法：或许住到穷人中间去帮助他们，比学习医科更与自己奉献世人的真情实感和实现抱负的宏大野心相契合。如果囿于家庭，不但无所事事，还要忍耐后母的坏脾气，而有共同语言的人少之又少，这点最让她苦恼。她渴望能找到可发挥一己之愿的一方天地。后来她又重返伦敦，参观并学习济贫院的模式，那里不仅限于提供汤和食物，而是富人与贫民一起居住，一起读书，并帮助他们学习各项技能、举行与正常社区生活相仿的活动。

伦敦归来的亚当斯决定也办这样的济贫院，这个想法像蓄力已久的脱缰赛马，一旦撒开马蹄就无可阻挡地向前奔腾。父亲留给她的遗产提供了资金支持，而另有几股力量支撑了她的决心和行动：一是她的天性和洞见；二是生活给予她的滋养和促动，还有就是阅读——当自我充实的灵魂遇见身边或远隔时空的伟大灵魂，便会更加充实而又坚定；再就是有斯塔这样的同道之人。力量之源可谓内外兼备。

精神成长与独立

　　简·亚当斯之成为对世界充满善意的高贵之人，系先天禀赋，也得益于家人和环境的影响以及所读之书的滋养。相比同时代的其他人，亚当斯更有释放自我的空间。她在福音派基督教家庭中长大，父亲拒绝正式加入镇上的任何新教教会，因为他无法完全接纳任何一个教派强制要求的那些信条。当然，一家人每周仍会去做礼拜，一般是去长老会教堂。亚当斯入学就读的就是父亲资助并亲自任教的非教派联合主日学校。

　　自小敏感善思的亚当斯一直与预定论进行头脑中的交锋：一个人无论在人世间如何，都无法决定自己是否可以上天堂？仅仅是因为神早就把这些预定好了？人不是因善得报吗？她觉得不可思议，便向父亲求助。父亲的一番话让她茅塞顿开：不要佯装理解自己并不理解的东西，不要太在意外在的干扰和评议，只要"诚实地面对自己的内心"就好。这是亚当斯从父亲那里得到的无价精神遗产。

　　不过，镇上关于预定论的争论，着实令人害怕。不相信预定论的一派发出警告：如果不好好赎清身上的原罪，就会受到地狱烈火的灼烧。六七岁的亚当斯显示出天生的同情心，她替邻人担心，但又别无他法，只好朗读《圣经》，希望藉此拯救他们。亚当斯就是这样，从小就想救他人于水火：从上帝的惩戒到人世间的苦难。

　　亚当斯父母思想开明，并没有在她婴儿时期就让她受洗，而是像对待其他子女一样，让他们长大后自己选择。父亲为人仁慈，也赢得了正直诚实的口碑。他之所以成为一个对错行毫不妥协以及有乌托邦热诚的人，与贵格派背景有关。其影响主要体现在他对女儿所说的遵从"内心之光"。

幼童亚当斯看到父亲因林肯总统去世而流下眼泪，理解了父亲为国担忧的心；数年后，当父亲为远在意大利的朱赛佩·马兹尼之死哭泣时，已初具思考力的十来岁少女，仍不太理解父亲为什么要为一个素未谋面的人而悲伤。他则温和地告诉她，即便来自不同国度，说着不同的语言，所持守的信条也不完全相同，人和人之间也会拥有共同的希望和追求，这是超越血缘和国籍的真正的心性相通。

亚当斯成长于一个多重价值交织的时代：传统的福音派强调赎罪靠自身，社会上弥漫着强烈的自立、勇气和道德追求，父母则言传身教了何谓基督徒的自我牺牲。比之父亲，亚当斯在平等正义的理念和行动上走得更远。她对罗伯特·欧文在印第安纳州创立的乌托邦新和谐社区也充满了兴趣。欧文认为人很大程度上会受到环境影响，因此要创造一个良好的、无阶级差别、互相合作的社会。少女亚当斯被欧文的思想和实践深深感染。

随着年龄渐长，爱书成痴的亚当斯进一步从书中得到心灵滋养。她所选择的那些书与作者成了她的终身导师，也是她一生的朋友。她在文学、历史、宗教各类书海中徜徉。爱默生是她中学时期最喜爱的作者之一，他所倡导的改革者正是她想成为的人：勇敢、正直，投身社会，还原真理的样态，搬开阻碍人类进步与繁荣的绊脚石。到高中时期，亚当斯对社会改革这项事业已心生向往，对女权运动先驱露西·斯通倾慕有加，美国大选也进入了她的视野和评论范围。

波特老师引导的文学与历史交叉阅读，使亚当斯如享珍馐。她为英雄故事着迷，继而进入了《小妇人》《老古玩店》里的女英雄世界。玛格丽特·富勒的《十九世纪的妇女》对她影响尤甚——波特堪称富勒不折不扣的门徒。进入富勒的文字和思想世界后，亚当斯发现妇女可以与此前在书里读到的女英雄截然不同，她父亲也没给过她这方面的启发。她开始想象自己成为新型女英雄，同时开始了缓慢的、有些痛苦但更有渴盼的自我重生。

富勒在书里指出，男女有别的严苛划分不但伤害了男人，更伤害了女人。倘若女性不被强加不该有的束缚和重压，得到与男人同等的成长和受教育机会，那么在能力、智性、道德、责任、社会价值等方面将绝不输于男性。富勒相信，女性还具有男性相对缺乏的对爱、美以及对和谐的天赋能力。男人和女人应当并驾齐驱，如同撑住屋顶的柱子，真正实现"人生而平等"这一由美国民族生命力喷发出的原则。与其恳求男性撤去一直以来强加的壁垒，还不如女人用其天然的尊严表达并实现自我。富勒认为，女人一旦有了机会发展自己，去从事自己喜爱又适合的事业，一定能散发出生命中的光辉和宁静。

富勒进一步强调："女人首先应为上帝活着，这样她就不会把一个不完美的男人当作她的上帝，从而沉溺于偶像崇拜。这样她就不会由于一种虚弱和贫乏的感觉而选择并不适合她的东西。这样，假如她发现了她对男人的具体需要，她就会懂得如何去爱，并值得被爱。"在富勒看来，女人也应该为普遍的真理和爱而生，"通过更多地充实灵魂，她的女人味儿将不会减少，因为本质是通过精神完善的""优雅成为力量天然的装束，而情感由于深厚则表现为平静""她必须能独处"。这些有力的话语都引起亚当斯强烈的共鸣。

波特很看重亚当斯，鼓励她给学校杂志写文章、组织社团，并参加诸如女性英雄潜力的辩论赛。亚当斯在准备材料的时候，援引了法国女作家乔治·桑之例。这位通过写小说抨击法国婚姻制度、宣称女性独立与平等的法国女作家因过早开始婚姻生活、后来又受法律之限想离婚而不得，只能以自己的事实行为放弃了婚姻。亚当斯为她的勇气、聪慧、自信、决断以及个人主义和女权主义思想所深深吸引，并认可其诉诸于内心和头脑、遵从自己婚姻律法的人生抉择。1848 年欧洲革命爆发之后，这位性格彪悍而又前卫的法国妇女转而成为诉求和平以及为人类辩护的知名人物。亚当斯反观自己所处的时代，在辩论稿中发出了"女性应当拥有独立思考和行动的权利"的呼吁。辩论时，她一反一贯的平稳宁静，不再压抑自己，释放了内心的激情。

通过演讲与辩论，亚当斯进一步廓清了女性的自立意识，也预示了她不会成为传统的、她父亲所期待的家庭妇女角色。当然，读了达尔文《物种起源》和《进化论》的亚当斯对医学仍情有独钟，她倾向于将科学看成是一种仅需投入脑力的探险历程，而她其实更向往那种富有自我牺牲精神的事业。

女校毕业后的那个夏天，亚当斯并未停止阅读。她神交了英国散文家马修·阿诺德，再次被"相信自己的判断，听从自己的良心"这样的声音击中内心。读了英国女作家乔治·艾略特的《罗莫拉》后，她甚至质疑"神为什么不能是个女人"。在古埃及神话中，伊西斯女神不就拥有无法超越的神圣智慧吗？她甚至将造物主想象成是能哺育、照拂万事万物的神圣母亲。在给好友斯塔的信中，她大胆言说了自己的心迹，并流露出和平主义理念。随着"女性也可以很伟大"这个构想日渐明晰，她渴望的精神生活呼之欲出。

不同于几年前在女校的抵触，亚当斯对宗教的兴趣渐趋浓厚。好友斯塔宗教感强烈，两人常通信交流。在罗马基督教地下墓群参观的时候，她被鲜花和牧羊人的画面深深感染。联想到自己的伤痛、失望、犹疑、挣扎，她不由得与那些悲惨远超于她的人深有共鸣。经历了更多的阅读和更深的思考后，二十多岁的亚当斯对宗教获得了全新的理解。

1880 年代中期，亚当斯接触到托尔斯泰的作品——她后来称之为"改变自己的书"。托尔斯泰在《我的宗教》中提到自己 50 岁才成为基督徒，获得自我救赎。亚当斯深受触动，接纳了这样的思想：即便自己并非完人，但还是要做正确的事，从而完善自己。对托尔斯泰的非暴力抵抗思想，她大为赞许："永远不做与爱相悖的事"，也就是永不施展暴力。

亚当斯年轻时头脑中注入的非暴力抵抗与和平主义思想，成为她人生哲学的重中之重。1923 年，她在印度想与另一个非暴力抵抗思想的伟大践行者甘地见面，怎奈他当时在狱中。无论是有幸会晤的托尔斯泰，还是无从得见的甘地，都是她的精神榜样和力量源泉。如果说三位有共同之处的话，那就是：相信人类的道德力量和精神价值，一生致力于提升自己。而且三人都以实际行动表明，人类应当也可以在生命过程中践行积极的道德原则。

13 岁时父亲曾为之流泪的意大利民主先驱朱赛佩·马兹尼，在她 26 岁时通过文字给了她精神营养。马兹尼在《人之职责》中强调，相比仅仅为家庭或国家尽责，我们更要替整个人类尽责，这种责任包含着更高的道德水准。这是基督徒的责任，因为主耶稣爱整个人类。马兹尼还颇为诗意地向往一种跨阶级的社会关系。亚当斯深以为然：道德源于爱，而且是超越血缘、家庭、国别关系的更高层次的爱。

1887 年的春天，亚当斯理解了民主与博爱的真正含义。她虽然尚未皈依任何教派，但已水到渠成地接受了一些基督教理念。这是对基督教"天下皆兄弟"的深度认同，是她独立自主的选择，与她孜孜以求的人类精神息息相关。她不再被自我怀疑和挫败感折磨，内心充满喜悦和活力。这是亚当斯人生的又一次独立，是精神上的独立。生而为人，既有神赐的福气，也有必然的负累，有所得必有所失，这些她都可以举重若轻，甚至甘之如饴，从而获得了属于自己的平衡。

再读托尔斯泰，进一步了解到他放弃优渥生活，拒绝使用仆人，甚至离开了不肯放弃荣华富贵的家人，与农人一样衣食住行、田间劳作。尽管不会照搬托尔斯泰的做法，亚当斯也完善了自己的信条：舍弃特权，改变原有的生活方式。如果说托尔斯泰的书帮助她扫清了观念上的障碍，那么约翰·穆勒的《论自由》则彻底打破了她头脑中尚存的锁链。她下决定与她称之为麻木的生活决裂。

一本杂志正当其时，点亮了她未来的路。该杂志介绍了伦敦东区的汤恩比会馆，由 15 个牛津大学的年轻人开办，以安置穷人。伦敦归来后，亚当斯迎来了她的第三次精神独立。相较于"方圆几里的绅士之王"父亲，女儿成了与穷人平起平坐的赫尔会馆创始人。

赫尔会馆四十年

1889 年 9 月，亚当斯搬进了芝加哥西 19 区。这里的主要人群是移民、工人，大街上游荡着无所事事甚至成天捣蛋的年轻人。海伦·赫尔受赠于堂兄拥有了一幢大厦，得知亚当斯的计划后，赫尔决定四年内不收租金，还添置了新火炉。为表谢意，亚当斯将这个以社区生活为基础的济贫院命名为"赫尔会馆"。

亚当斯早就观察到，在她所在的这个美国第二大城市，大批欧洲来的移民原本靠务农为生，他们和下一代普遍工业技能差，收入低，居住条件恶劣，一边要过语言关，一边得适应新生活。而进入工业化时代的美国，不可避免产生了贫富分化，平等的社会基础遭到破坏。亚当斯喜爱的诸多英国作家都呼吁过要公平对待穷人，这也是她开办济贫院的动因。

会馆接纳了产业工人、贫困移民、低薪妇女、穷苦邻人。亚当斯一方面用自己的财产维持这个纯慈善、非营利性会馆的运营，一方面号召有钱人士捐款助力。她在会所建公共浴室，人们蜂拥而至。她便推动市政府建了更多的公共浴室。一个富翁捐出了附近一块地，建成孩童游乐场，这也是城市首创。会所里的父母要外出打工，她就创办早间幼儿园及托儿所延长班。她还给大龄务工孩子开午间学校，让他们在下工之余读书学习。后来更多慷慨人士纷纷加入，开设课堂，讲授文学、艺术、语言、数学、自然科学以及烹饪等课程。

慕名而来的人越来越多。维持会馆需要不断贴钱，没几年，亚当斯就把继承自父亲的遗产花光了，只剩一个小农场。即便入不敷出，会馆对居住者仍分文不取。亚当斯也开始靠演讲和写作赚钱。好在她不是一个人在战斗，会馆一直由亚当斯和她的朋友以及一些捐资者共同管理。

作为会馆的创办者和主要负责人，亚当斯从不凌驾于任何人之上，而是尽量淡化自己的领导痕迹。她对领导者当何为的所有认知尽数落实在会馆的管理上：倾心关注每个人，帮他们寻找出路，同时实施自主自治。她曾就领导力鲜明表达过自己的观点：一等能力是让其他人自由发挥，末等能力是处处指手画脚。从这里走出去的很多人后来成为各个领域的杰出领导人。此外，亚当斯虽声称会馆是基督教性质，但从不要求居客成为基督徒——女校经历尚历历在目。亚当斯对宗教的复杂多元有自己的理解与接纳，她一度被描绘成"没有皈依任何宗教的基督徒"。

会馆生活帮助亚当斯赶走了自己人生中的悲伤和曾经的徘徊。毕竟，物质的富裕无法弥补内心的伤痛以及心灵的缺失。当然，她也承认贫穷会使灵魂枯萎。她看到的事实告诉她，很多人并不是因为懒惰而贫穷，乃是社会不公的牺牲品。她看到了国家存在的问题，并切实体会到，人类首先要解决温饱，而移民、劳工、妇女、儿童等弱势群体，都要有接受教育和技能培训的机会，才能在维持基本生活的基础上获得体面和尊严。她年轻时曾为无法实现自己的目标而苦恼，会馆生活让她进一步了解到人有可能遭遇的苦难，能够在那里听到孩子们的欢笑声，对她而言是抚慰，也是促动。

于亚当斯而言，会馆就是家，是她居住的小区。而在外界看来，这里很新奇。众多知名人士前往参观。在著名新闻记者和政治批评家李普曼笔下，会馆充满了友善、美好的气氛，给人们提供了开放的社交空间。亚当斯的另一个好友也是知名经济学家称赞会馆是芝加哥最好的俱乐部。随着赫尔会馆声名愈显，全美及欧洲各界人士蜂拥而至。其间，更多的济贫院纷纷建成。到 1907 年，已增至 13 个，都配有健身房、咖啡屋、影剧院、音乐学校、社区食堂以及美术馆。到1920 年代，平均每周有九千多人来参观。

会馆的最初诉求是社会救助：中产阶层出自良心和道义，为追求社会公正和进步理想，自愿奉献。像亚当斯这样的女子，要在那个时代做点事，有钱有闲有理想是有利条件，但不利之处更多——没有选举权是最大的限制。亚当斯和同伴们只好回避意识形态和政治诉求，只着重于社会改良。这也是其时亚当斯民主观的一部分。后来受走在前列、更为激进的其他女性活动家的影响，她开始寻求将改革愿景与政治融合在一起。她从一开始的犹疑，转而参与、发表演讲，乃至进行她原本不喜的政治游说，到逐渐看到成效，得到鼓舞，更了解到女性参政的潜能。她还发现，参与政治会更有力量帮助他人。

赫尔会馆也伴随着亚当斯的成长：她在会馆服务，也用文字记录心路历程。其《赫尔会馆二十年》以散文式笔法记录了会馆从成立到发展为相当规模，再到发挥当地社会服务机构作用的历程，还有相当篇幅涉及社会改革和女权主义运动。事实上这本书也是亚当斯投入进步运动的记载。前几章是自传式文字，其余部分主要探讨了移民贫困问题、劳工立法、社会俱乐部以及艺术等。19 号街区的人们是主角。她常用的人称是"我们"，而不是"我"。作为作者，"我"只是引领读者，帮人们打开窗户，而"你"则是见证者。

这本书旨在唤起上层人士的良知，思考人与人之间的关系。创立会馆之初，她认为关心弱势群体最好的方法就是跟他们生活在一起。写书则是她实现关心人的新途径：通过文字，赋予人们头脑以力量。她认为教育与政治的目标就是人的发展，不但包括生存能力，也包含享受生活的能力。而文明开化不仅在于博览群书、游遍天下、尽赏文化，更是理解人，理解富人、中产、穷人，理解老弱病残的疾苦，所谓"老吾老以及人之老，幼吾幼以及人之幼"，然后尽自己所能去想他人所想、帮他人所需。

历史见证了赫尔会馆及其创始人亚当斯一生的风风雨雨。会馆生活于亚当斯而言，也是艰苦卓绝的自我发展；于居住者而言，不但是住所，更是精神滋养之地。成千上万的人在这里参加俱乐部、进课堂听课、享受音乐会和各种演出。他们在这里挖掘了潜能，学到技能，交到朋友，还有的遇见了真爱。劳工们在这里组织工会和罢工；来自显赫家庭的志愿者、居住者、参观者在这里畅谈并实现人生抱负，了解他人困苦并实施帮助；也有男人在这里发现了女人的领导才干。劳工和底层移民对上层人士有了新的认识：他们并不贪得无厌，并不骄纵傲慢，并不奸诈邪恶；上层人士也发现，工人和贫民有时候比自己所在阶层的人更大方、好客、热心助人。

亚当斯把人生最好的时光奉献给了赫尔会馆。她还言传身教，让身居其间的人们学会了自由表达、相互尊重、彼此宽容、自信自立。会馆让有才干的人有了用武之地，让原本无甚沟通的人群之间增进了解和情谊，更教会他们民主的意识和生活方式。正如她曾对1930年代芝加哥大学的一位大学生居客所言，民主的实质在于信赖民主社会的人民，而不是政府官员。那些没入住过的年轻人也深受感染。后来的民权运动先驱也都从她这里汲取了精神财富和行动力量。

1922年，六十多岁的亚当斯在终身密友玛丽·史密斯的陪同下参加了巴黎的国际济贫院大会。济贫运动自1880年代在欧洲开启，三十多年来发展势头迅猛，仅美国就已有五百多家。其他国家，如埃及、印度、日本、委内瑞拉，也纷纷开设。亚当斯的道德伦理观以及对社会公正的认知也一直在现实与书本的双重教导下不断更新：公众和政府有责任帮助弱者，这是对立国理念的维护，也是进步运动的思想基础。而1890年代进步运动之翼也只是在诸如芝加哥这样的城市和少数几个州振动，短短几年，就成了全国性改革力量。

简·亚当斯与进步运动

简·亚当斯年轻时从爱默生那里得到的思想养分一直鼓舞着她："进步终将到来"。在赫尔会馆，她看到了一个终日劳苦却收入低微的群体。他们没有书读，没有时间娱乐，更不会有闲暇做梦，他们与创造力没有交汇点。而在她所属的圈子中，太多人只是虔诚地读着《圣经》，体会着良知，却对周围人的苦难视而不见，更无心变革。

20世纪初，滥用童工已是触目惊心。南方尤甚，竟有家长为了让5岁的孩子入工而谎报年龄。亚当斯坚信孩童就该在大街上撒欢而不是在工厂劳作。她诉诸行动，从社区到市、州再到联邦，联合各进步团体，发表演讲，组织游说。1906年，她针对童工问题直接与罗斯福总统商谈，最终以她乐见的民主方式取得了成效。

早在1893年，就有不少有识之士关注到，已婚妇女外出求职会遭遇各种苛刻条件。她们专业技能欠缺，工种又受诸多限制。不过，妇女就业既是权利，也是趋势。在争取妇女权益过程中，亚当斯加入了妇女工会联盟。这是她参与的第一个全国性组织。如果说此前的全国童工委员会还相对精英化的话，那么妇女工会联盟成员则更多来自草根阶层。正如她在《民主与社会伦理》中所主张的，各个阶层应当联合起来，谋求共同福利和幸福。

《民主与社会伦理》于1902年出版。这是亚当斯的第一本书，讨论了父权、家长制、等级、阶层以及压迫与被压迫等主题，主张每个人都应该获得机会，追求属于自己的利益；每个人也都有权利发挥才能，表达立场。书中还提到，任何人都不应以高高在上的态度随意评判他人，不含尊重的同情要不得。

《民主与社会伦理》融入了亚当斯对改革的热情，重点阐述民主国家的公民如何通过民主生活方式习得社会伦理。她告诫读者打破狭隘的阶层圈子，去了解更多的人，同时颇有意味地建议读者放下书本，在生活中学习，以消弭阶层分化。该书因见地深刻和对劳工阶层的刻画获得了最高法院大法官霍尔姆斯的赞誉。实用主义哲学家威廉·詹姆斯称赞它为这个时代最好的书之一。一位女性能写出这么立场坚定、观点把控力强的书，让不少男性读者和作家震撼而汗颜。

书中所论正是她开创赫尔会馆的目的，也是她参与进步运动的动因。会馆开办第二年，她就开始关注劳资纠纷。会馆给了她接触其他社会改革家以及与劳联合作的机会，她一步步进入劳工运动领域。普尔曼大罢工使她认识到贫富剧烈分化引发的社会危机以及对国家根基的重创，这是对民主的背离和戕害。她的思想武器和行动原则是非暴力抵抗，希望邻里之间和睦相亲的她自然也寄望用和平来解决对抗。她提出对立双方都要竭尽耐心，提升辨识力，走出狭隘和自私。

她读过马克思，也接触过身边的马克思信徒，但不赞同以暴力变革社会，她认为暴力只会让彼此的仇视更甚。约翰·杜威则认为对抗可以推进社会进程，但她温和而坚定地反对朋友的这个观点。她坚持以自己的方式改进劳工政策，参与仲裁机构，呼吁资本家、中产阶层以及济贫院同仁们帮助劳工。她向州议会请愿，要求改善劳工立法。她向市政府施压，要求给 19 街区建新小学，并改善整个城区的垃圾搬运和处理。

亚当斯不再执着于个人力量，而是放眼不同阶层，体察其间复杂而紧张的政治经济关系。她开始以新的眼光看待政治——一个关于重新分配公共资源的问题。政府该如何作为，进入了她的思考视野。她将所持的人道主义观念融入政治行动。她走出会馆，加入芝加哥公民联盟，致力于清除腐败，提升市政管理。富有道德领袖风范的她擅长深思熟路后再付诸实施；作为亲身参与社会改良的实践家与行动派，她又擅长于将自己超脱其外。

在积极介入地方政治的过程中，亚当斯越发确信，妇女被剥夺公民权这种状况该结束了。此前，她就对"顺从、温柔、只凭直觉行事"这些传统描述或定位相当不以为然，但从未公开挑战过这些陈词滥调，而是以实际行动无声反驳。现在，她不再担心自己显得激进，坐言与起行并举，提笔直面挑战："女性直觉是可以改变社会的独门技巧和特殊力量。"1895 年苏珊·安东尼曾力邀亚当斯参加全美妇女参政权协会，未果。现在，亚当斯已从抽象的概念落实到急迫的行动中了——选举权本来就是公民自我发展的权利，也是应尽的义务。

到 1906 年，亚当斯的政治眼光已投向全国——必须将立法扩展到联邦，才能引起全国性重视，包括儿童保护、移民以及劳工的相关法案。发端于 1870 年代的劳工运动帮助她进一步理解了民主的内涵，而她也一直初心不改地支持着这项运动，并将其视为民主与进步的试金石，而 1880 年代的劳工运动已经是农民和工人的平民运动。进步主义者寄望政府助力改善劳工状况。不过，在联邦层面立法保护劳工阻力重重，涉及州权与联邦的角力以及种族敏感。而且，8 小时工作制、禁用 14 岁以下童工、每周工作 6 天、劳工成立自己的组织的权利、最低工资标准（尤其针对妇女劳工）以及妇女选举权——这些主张在世纪初不可谓不激进。

好在西奥多·罗斯福任上大刀阔斧出台了各种反托拉斯、反腐败措施，对进步运动是一大助推之力。进步运动的发展也缘于自身组织结构与效率的完备。然而阶层、种族、性别共同行动谈何容易：上层中的进步人士愿意支持工人谋求经济公正；但仍有很多白人对黑人的平等诉求不以为然；男人以及为数不少的妇女本身也对妇女争取政治权利不冷不热，此外，不少盎格鲁－撒克逊群体对移民尤其是文化程度偏低的移民非议较大。还有别的源自宗教、城乡和地区差异的分歧。亚当斯为此黯然神伤。直到美国卷入"一战"，进步运动才告一段落。

亚当斯成为进步运动之中坚，始于开设济贫院，继而介入地方改革，其后在全国性组织中发挥力量。当她接过女权运动领袖苏珊·布·安东尼奥手中的火把时，后者已86岁高龄，仍意志坚定地相信她们的努力一定会成功。此后7年，亚当斯以更大的热情投身女权运动。面对不遗余力反对进步主张的抱残守缺言论，亚当斯撰文、演讲，说理、批驳。学生时代练就的辩论技巧以及后来的政治经验，造就了她重在激发受众责任感和良知的格局。通过诉诸生活的意义，亚当斯提醒她的听众和读者：有责任感的公民不但要追求个人和家庭幸福，也要考虑多数人的权益与梦想，而受教育权和选举权是共和国公民的基本权。

亚当斯巧妙地设问：如果妇女总埋头家务，又怎么去了解外部世界，从而对孩子负教养之责？她提醒人们，旧观念是一种陷阱，导致一种错误认知，以为妇女不想行使公民权。时代在发展，妇女应从家庭杂务和老旧束缚中解放出来。她也从正面引导：妇女获得选举权可以革新政府；如果一个国家的另一半人口也有选举权，就更能发挥民主的效用；只有所有意见汇聚在一起得到重视，一个群体才能理智而平衡地进步。

从儿童、劳工、移民，到妇女选举权和种族平等，亚当斯拼尽全力通过一个又一个议题，投入了对公平公正、弱势权益和世界和平的思考和行动。在其《和平的新理想》中，她指出，种族与阶级平等是美国政治的根基，破坏这种平等有违共和原则。事实上，她参与的全国有色人种协进会，因涉及种族难题引发了更大的争议。

作为赫尔会馆创立者，她受命担当全国慈善大会主席，这给历史添了光彩，但在当时却引起了一些男人的不适。亚当斯以诙谐的风格，缓和了保守派的不安——一介女性艰难投身政治，幽默或许是一层保护色。当然，社会进步的洪流无法阻挡。亚当斯接二连三加入各种全国性进步运动组织，并当仁不让地与赫赫有名的男人们共担领导之职。

这期间，她又出版了《青年精神与城市街道》，以讲故事的笔调描述了城市年轻人的困难和渴望。如果说在写《民主与社会伦理》的时候，她是个道德哲学家；在写《和平的新理想》的时候，她是一个政治伦理学家；那么现在，她小说家的身份亦呼之欲出。会馆生活使她感受到孩子们身上的天性和感染力。她还在书中谈到了妇女灵魂的解放，并强调每一代人都需要生活的魅力与价值。同时指出，终结不合理的童工制度已迫在眉睫。该书内容虽关乎年轻人的悲伤故事和惨淡结局，但更多的笔触集中于一个主题：年轻人具有强烈的探索精神和蓬勃的生命活力，城市治理者应该激发而不是压制他们的良善和潜力。

与此同时，亚当斯频繁就妇女选举权发表演讲，痛陈妇女无选举权的弊端。她引用恩格斯等人的思想，详细分析了社会变革下女人与男人、家庭和政府关系的重塑。她指出，家是宗教、法律和政治生发的第一场所，而男权已严重限制了女性的自由和潜能。从1894年的隐晦表述到当下的直截了当，亚当斯公开宣称自己是女权主义者。

作为共和党一员的女儿，亚当斯比父亲走得更远。一开始她也曾回避政党政治，但她意识到她需要这个平台在联邦层面推动宪法修正案，争取妇女选举权。她的实用主义人生观决定了她会在坚韧和妥协之间平衡，耐心等到水到渠成的一天。面对有人指责她利用赫尔会馆的影响力运作党派政治，甚至迫她辞职，她不亢不卑、有理有力给予回应：赫尔会馆一直致力于社会公正，而进步党的纲领与之不谋而合；一个机构倘若只为了独善其身，而放弃为之努力的目标，其弱点岂非不攻自破？此后，她更是深度进入了一个九人行动委员会，成为全美第一个担此职务的女性。

参与进步党，是亚当斯投入政治最深、也最接近权力顶峰的一次。甚至有人呼吁她竞选参议员和总统之职。1912年的大选，促成西部三个州通过了妇女选举权。1913年，就在亚当斯游历中东、坎及等地归来的前几周，伊利诺伊州州长签署了州妇女选举权法案。亚当斯和该州女性生平第一次可以投票选举总统，也可以选举市长和其他市政官员，但不能参加本州的选举——尽管步履艰难、进程缓慢，争取妇女选举权这股力量在逐步由西向东推进。

亚当斯的影响力与日俱增，成了广受爱戴之人。后来的第一夫人埃莉诺·罗斯福也说过，她视亚当斯为师长，从她身上得到过启发、汲取过力量。1904年，亚当斯成为首位获得威斯康星大学名誉学位的女性。1906年，民意投票选她为芝加哥最佳妇女——一个单身妇女，在已婚女性要以丈夫为中心的年代，能获此殊荣，实属不易。1908年，一家妇女杂志宣布她是"最厉害的美国女人"。1910年，她获得了耶鲁大学名誉学位——正如威斯康星大学一样，此前这类荣誉从未青睐过女性。

"一战"爆发之前，亚当斯已是闻名遐迩、备受推崇的公共人物。一位英国女权主义者发现，她在美演讲每提到亚当斯，必会赢得经久不衰的掌声。"一战"后，亚当斯因反战而饱受贬抑。对于本性谦卑低调的亚当斯而言，因建树显赫而得到尊荣，非她本意，亦非她所喜；因坚守和平信念而导致声望下降，却源自本性，也无悔抉择。

和平主义者的悲歌与赞歌

1914年7月，与玛丽在缅因州度假的亚当斯听闻"一战"爆发，顿时陷入绝望。她一直认定，战争是"政府发起的谋杀"。她的精神导师托尔斯泰也说过，"战争是人类的自杀行为"。于亚当斯而言，和平不仅仅是没有战火，而且意味着民主制度的健康发展。在她看来，民主的本质在于保护自己的公民，而战争不仅要让自己的国民去杀人、也被杀，还要将国民经济收入用于各种军事扩张而非建设性项目，更会限制言论自由。作为坚定的反战人士，亚当斯指责把民众推向战争的政府是戕害国家的罪人。

她一心寻求新的机制阻止战争，敦促召开和平大会，紧急制定纲领，包括国际联盟、国际武器协定、国际法庭等。这些条款基本脱胎于战前的和平运动纲领，也有新增内容，如严格遵照民主程序制定对外政策、禁止秘密协定等。她提醒人们不要信任关起门来闷声订立条约的政客。正如在和平时期一样，她仍相信公众的力量，因此竭力推进非官方会议。她也曾希望官方参与，但两次约见威尔逊总统均未成。她召集由全世界和平主义者组成的请愿活动——这是诉诸世界公民的努力。大会还联络了更多的美国妇女，重在呼吁珍惜生命。此番联合的团体之多，诉求之强烈，堪当民主社会之前所未有。

1915 年 1 月，妇女和平党成立，亚当斯被选为主席。大会制定出美国有史以来规模最大、最完整、也最激进的和平纲领，与芝加哥紧急联盟基本一致，其中包括妇女选举权条款，这个纲领注定会成为国际间商讨和平的重要文献。从 1895 年到 1905 年，其后再历经 10 年，妇女争取平等政治权力的组织与运动越挫越勇，自信大增。如果说 1912 年她参加进步党大会是妇女参政时代来临的象征性符号，那么组建妇女和平党则是将象征变成了实举。

妇女和平党大会以独立宣言的名义动员"合众国的女性"发动妇女罢工，反对战争。亚当斯表示，女性完全有资格参与公共政治辩论。既然妇女被委以培养孩子、维护家庭的重任，那么没有理由不让妇女参与国家和国民生死存亡的讨论，也没有理由剥夺妇女们就此事该享有的决定权。她一方面摒弃了生物决定论，另一方面更强调多数女性由于生育和抚养孩子，更懂得生命之可贵。女性的特质不仅仅在于社会要求的温柔有爱，更在于对人类生命价值更强的感受力。

在其后的海牙国际妇女争取永久和平大会上，亚当斯担任了第一任主席。对能否停止屠杀，大会并不抱太高期望，只是表明女性完全可以、也应当为结束战争负起责任，付出努力。很多代表是冒天下之大不韪，为父辈、丈夫、兄弟、男友所不喜而艰难成行的。她们多数尚未获得公民投票权，更无缘在政府就职，却义无反顾——她们也不是毫无犹疑，但绝非头脑发热。亚当斯娴熟地应对公开的反对和暗地的破坏。她安静、幽默，妙语连珠、掷地有声，无需刻意引人注目，气场却是浑然天成。

亚当斯还竭力帮助尚存犹疑的妇女打气，鼓励她们用自己的力量保护家庭生活和国家未来，从而改变世界。她号召男女都要努力将道德力量付诸实施，以良知为基础，团结起来发扬国际主义精神，推进世界进步。她还积极会晤官员，看望伤残士兵，慰问丧子的母亲和丧夫的妻子。

一开始，尽管有鹰派跃跃欲试，孤立主义仍占上风。随着爱国热情高涨，亚当斯开始显得不合时宜。她从欧洲回到国内的第一个演讲没能打动听众，反而遭到了意想不到的冷遇。其后的媒体或断章取义，或过度渲染，开了抨击她的口子。一些之前反对妇女选举权的人也趁势对她横加指责，好战狂徒们更是谩骂有加。

卡纳基大厅演讲遇挫，亚当斯意识到，她触动了一些人的"逆鳞"，也扯疼了一些群体的英雄主义情结。最令她痛心的是，公众的情绪被煽动起来。她的信箱塞满责骂和羞辱信件。一开始她还打算保持沉默——一触即怒不是她的一贯风格，但也有忍无可忍之时。不喜与人对抗是天性，但绝不听任无理与无礼甚嚣尘上，这是能力，也是责任。

1916 年 8 月，因为生病，她未能乘坐福特资金提供的和平之舟前往欧洲。住院期间，她反复回味卡耐基大厅的演讲，追寻被攻击的前前后后，勇气不减反增。尽管尚未痊愈，她仍忙于妇女和平党事务，并针对男人的成见反唇相讥。次年 2 月，亚当斯得以与威尔逊会晤，结果大失所望。总统的目标在于树立自己战后和平重塑者的角色和威望，而非避免将国家拖入战争。这样以牺牲数千万年轻人性命来换取他所谓和平事业的人何以自称"道德型领导者"？此间，公众情绪、媒体渲染、好战言论以及总统心思，汇成巨大的战争狂热。4月2日晚，总统在"正确的事远比和平更重要"的呐喊声中宣布进入战争。

不出所料，反战人士的言论自由被压制。一时间，不容置疑的亢奋充斥全美的大街小巷与媒体的字里行间。好战派不失时机对美国人民实施了爱国主义绑架。亚当斯的声音越来越与主流话语和政府诱导格格不入。而她昔日的同道，她付出几乎全部身家和心血的赫尔会馆，她的侄子们也纷纷转向支持这场"正义的战争"，还有人因各种原因缄默不语明哲保身，也有和平主义者选择相信自称和平主义者的总统。亚当斯内心深处笃信思想和言论自由，对强人所难一向深恶痛绝，她选择尊重亲友们保有自身立场的权利。

亚当斯并不直接抨击政府，也不强调正义压倒邪恶，只是指出，和平主义者的爱国之心更为深沉，他们不会一味颂扬政府，而是在必要的时候发挥批评的功能。然而，她的坚持换来的却是冷遇和敌视。和平主义者已无法直抒胸臆，公众也听不进中肯之声。最让她心寒的是会馆也被卷入。有人离开，有人参军，更多的捐赠者停止了捐款。当会馆被要求、也获得会馆多数人表决同意成为征兵之所时，亚当斯彻夜难眠，但还是无奈接受。毕竟，她并未将会所当成自己私人观点的延伸和试验场所，更不会将自己的想法强加于居住者头上。事实上，会所里关于战与不战、爱国与否时有激辩；也有被巡查的迹象，所幸无人因反战被捕。随着声望锐减，亚当斯几乎失去了演讲收入和出版稿费，捐赠亦越来越少，会馆陷入了难以为继的困境。

妇女和平党中有很多人转而支持威尔逊总统和战争。也有人虽然还留在党内，但因为爱国压力而保持沉默。尽管反战力量急剧缩水，亚当斯仍以坚韧平静的心性和对个人自由的尊重，审慎地将这个组织停泊在宽容的港湾。她耐心等着大家无需选择站队的那一天到来。这个过程苦涩难熬。过分的是，政府竟鼓励公民成为间谍，举报他们认为对国家不忠的人——很多美国人一时失去了对国家和政府的清醒区分。亚当斯遭遇的怀疑和诋毁愈盛。芝加哥有位赫赫有名的女士曾在一次晚宴上说，应当就近找个烛台，将亚当斯吊死在上面。还有一个旧友宣称，如果现在亚当斯被关进集中营，他不会有反对意见。

亚当斯被孤立，但仍倔强。她并不怪罪某一个具体的人或群体，而是将受到的责难归结于整个人类之痛。她与多数人产生精神上的疏离，只能在人群的荒漠中、从人类经验的深井中汲取甘泉。她为了坚守公平与正义，不惜逆汹涌民意，遭遇声誉危机也不退缩。形势越来越紧迫，一旦政府宣布战争，宣传机器便开始疯狂煽动，坚持和平主张竟变成叛国。更有甚者，联邦法律竟将异见定为非法，不同意见被噤声，而没有了不同意见，民主必僵化至死。

后来回忆起这个低谷期，亚当斯对何谓英雄作出了新解：英雄能看到常人所未见的真理之光，哪怕不计个人得失与后果，都坚持自己所见、所知、所认定的东西。即便已四面楚歌，她也不违拗本心，并参加全国公民自由委员会。她还欣然接受威尔逊任上的粮食部长赫伯特·胡佛（后来的第 31 任总统）的邀请，从 1917 年秋开始，直到"一战"结束，只要身体许可，就巡回全国演讲，呼吁国民节约粮食。须知，彼时彼景，她的听众有可能友好，更有可能对她充满敌意，但她并不退缩。她将和平时期的进步主义旧酒装新瓶，重设框架，阐释给新形势下的听众，尤其是女性。她以她们能够感同身受的记忆，分享了她的战时工作。事实上，后来威尔逊所提出的十四点计划，有六条取自亚当斯的构思。

枪炮声停了，亚当斯也已经 58 岁。体味了悲歌的亚当斯正如其他游走在刀尖上的改革者一样，前路仍然艰难。她被划进一个激进分子和颠覆者的 62 人名单，还名列前茅。不过，她毫不动摇，"我在若干年前就是和平主义者，我不会背弃自己的初心"。亚当斯担忧过，也看到了：战争会释放人性之恶。早在 1899 年，她曾发表过反对美菲战争的演讲——当时的七个演讲者中，她是唯一的女性。本来就看重人与人之间相互尊重的亚当斯，必然也重视国与国之间的相互尊重。

在《和平的新理想》一书中，她痛陈军国主义对民主的败坏，称其应该被时代抛弃，而人道主义才是新的爱国主义。当然，亚当斯并非不切实际的梦想家，她毕竟在会馆看到了太多的人心莫测。有时候，她就像一位先知，呼吁人们培养道德感，并将之化为人类生活的新养分，如此，"世界各族人种有望融合成一种全新的——换言之——最高等的公民类型"。她更以现实主义者的清醒指出，如果任由种族间和其他类型的敌视恣意生长，到处树立假想敌，再由政府将不信任固化成法律，寻求征服与压迫，就会破坏人类的和谐以及世界的和平。

《和平的新理想》的逻辑体系和思想深度都更进一层，无论就内容、质量、修辞、策略而言，都是集大学教科书与大众读物于一体的作品。亚当斯喜欢的作者爱默生和威廉·詹姆斯也都从道德和人类大爱的角度谈及和平，并希望人们的内心能闪耀和平之光，而这种光芒并不逊色于战场上的英雄主义。

"一战"后，仍有很多美国人陷于战时思维，恐惧成了仇恨的助燃器。对亚当斯是否爱国的怀疑尚未终结。短短数年，很多进步运动时期深受大众追捧的纲领，都被贴上了危险、非美的标签。这种敌视乃至诋毁和平主义者的狂热行为即便在战后也持续了十几年之久。

1919 年，国际妇女大会在苏黎世召开。参会人数因战祸从 1100人锐减到 150 人。令人欣慰的新气象是，更多国家派出了代表，更多妇女获得了选举权。大会主要商讨新的国家法，成立国家联盟以及妇女选举权。接着，亚当斯和另外几个代表前往紧随其后的巴黎和会，呈上了她们的主张。此举象征性意义大于现实效果，不过，女士们即便不能劝服战胜国改变业已定下的条款，也决心发出自己的声音。

巴黎和会固然令人失望，但苏黎世的女士们在原有基础上建立了一个更为强大的国际妇女和平与自由联盟。其信念是：只有确保自由，才能保障永久性和平；只有女性获得政治自由权，才能为和平事业奋斗。一些因和平主张而声望和事业受损的女性也加入到这次的领导工作中。亚当斯毫无争议地担当主席。在大会闭幕式上，她一如既往地呼吁友谊与理解，并号召无论是战胜国还是战败国，人类要团结起来，以精神力量和道德热情治愈这个受伤的世界。

亚当斯也是说给自己听的——苏黎世会议让她重拾信心、重展活力。而战时她几乎成了国家的"罪人"。在亚当斯看来，和平主义者从未对公众造成危害，却毫无根据地遭遇仇恨相向，更被限制了作为民主国家安全阀的言论自由。她指责政府草木皆兵、随意抓捕的行为会压迫人的精神，禁锢人的思想，最终把美国变成独裁者的极权社会。

1920 年最好的消息是合众国宪法终于给予全美妇女选举权。已花甲之年的亚当斯也可以重拾被战争迫停的事业了，而此时的她已更具世界眼光。1922 年底，她得到玛丽的贴身陪同和资金资助，游历了欧洲，包括曾经的敌国德国。作为世界知名的赫尔会馆创始人，亚当斯在巴黎国际济贫院大会上收获了友爱和赞誉。接下来的九个月，她又去了亚洲的缅甸、印度、菲律宾、朝鲜、中国、日本。她被境外媒体赞誉为"美国最杰出的女性"。

回国后的亚当斯在赫尔会馆受到热烈欢迎，但国内的赤化恐惧仍未消停，甚至传出了苏联要吞并美国的谣言。亚当斯担任主席的国际妇女和平与自由联盟被怀疑与苏联有染，大会以及成员的活动被设防、破坏。亚当斯发表公开演讲，开宗明义强调了自己对爱国的理解：爱国是一种勇气，一种坦诚，一种社会道德，一种要竭尽所能让国家变得更好的信念；爱国不等于爱某届政府引导的以国家为名的行动；爱国主义必须突破狭隘的专制壁垒才能变成人类通用的字眼。针对"为国际主义事业奉献会影响爱国"这一说法，亚当斯直指其荒谬。她打了个比方，如果一个人在社会上愿意做一名好公民，谁会说这将影响其热爱自己的家庭呢？

1929 年，亚当斯迎来了赫尔会馆的 40 周年纪念日以及自己的 70 岁生日。要人纷沓而来，媒体也转而表示庆贺。接着，更多大学授予她荣誉学位。1931 年，两家杂志给她授奖，另有一家杂志选出 12 名健在的最伟大的美国人，她名列榜首；还有要人将她归入与他们同等的"伟大"行列。1932 年的诺贝尔和平奖是亚当斯声望的顶峰。

曾得亚当斯助力的富兰克林·罗斯福总统私下称她是"全美最了解美国人民与美国民情的人"。不过，了解她的人又有多少？她既是政治家，也是道德学家——这是一种奇妙也相当稀有的结合，她也因此注定饱受声名沉浮之悲喜。

独身的人生不孤独

1929 年，亚当斯已然古稀，但仍关注弱势群体权益与和平事业。她出版了新书《赫尔会馆又一个二十年：1909 年 9 月至 1929 年 9 月》，除了记录会馆生活、当前事务点滴，更多是回顾其政治生涯：参加进步党、妇女运动、和平运动以及近十年所受到的压制和打击。这不仅仅是二十年的历史叙事，也是带给读者思想火花的文字。

1935 年 4 月，年迈的亚当斯前往华盛顿参加国际妇女自由与和平联盟二十周年纪念大会。当第一夫人埃莉诺·罗斯福接下亚当斯手中自由与和平的接力棒时，就预告了她个人与历史的某种未来。二人皆是她们所在时代的杰出女性。作为社会工作者之母，亚当斯在国内外的影响力堪与第一夫人比肩。

尽管亚当斯不像罗斯福夫人那样子孙满堂，但独身的她也并没有多少闲暇感受孤独：她是赫尔会馆创始人并坚持四十年之久，是进步运动代表人物、谙熟立法政治的社会改革家、致力于民主建设的公共知识分子；她将童工制送进历史垃圾堆，支持劳工和移民权利，参与组建全国有色人种协进会和美国公民自由联盟；她争取妇女选举权，创建并主持国际妇女和平与自由联盟；她给从麦金莱到罗斯福的七位总统建言，进行数以千计的演讲，是十本书的作者，同时，她关注国际和平和真正的爱国主义，捍卫言论自由和公民权利，尊重其他文化，为开发人类潜能创造各种条件。

从 1889 年到 1935 年，美国社会状况与亚当斯的个人传奇交融在一起。她在人生旅途中，做出了超越时代的创举。她一直有原则一致、心性相通的人同行——虽然不同的生命阶段有不同的伙伴。好友斯塔与她一起开创济贫院，两人 18 岁就认识了彼此，很多方面都能相互促进、取长补短。虽然后来因个性及处理事务的理念和风格不同而产生分歧，但仍是终生好友。她们都有要提升自己和帮助他人的愿望，这是重要的友谊基石。

玛丽·史密斯的加入让她备感充实与快乐。亚当斯外表亲切热情，心境平和，内敛自守，实质上与人始终保持某种距离。玛丽热爱读书，为人幽默，性情沉稳，散发出一股淡定的气质，具有亚当斯所言的"内心的安宁"。重要的是，她富裕又慷慨，不但在情感上给予亚当斯慰藉，在财政上也提供极大的支持。当亚当斯因和平主义立场在"一战"期间陷入人生低谷之际，玛丽坚持和她站在一起。

她们俩互为家人，也与对方的家人相处融洽。但玛丽并非滥好人，她有自己的立场和态度。二人在中国游历时，玛丽看到裹小脚这种残害人身体和心理的习俗，表示非常厌弃。尽管她礼貌地接受了主办方的接待，事后，她对亚当斯直言不讳地表达了反感。玛丽的不离不弃、坦诚批评，对于自小丧母、终身未婚的亚当斯而言，弥足珍贵。能被玛丽批评，于她而言，体现了亲密关系和存在感，也能促进她的自我提升。

亚当斯爱好读书，去世当天，床头还放着她在看的书。书本满足了她的好奇心，给予她知识和智识。对于一个渴求美与意义的灵魂而言，在悲伤、沮丧、无聊时，书本都会与她作伴。能与不同时空的伟大作者对话，使心灵和头脑充盈，又怎会感到孤独？天性和书本使亚当斯成为鲜有的实用主义预言家。她相信自由的灵魂和活跃的思维能够释放人的潜能，也就能在人所渴慕之物和客观可能性之间搭起桥梁。

亚当斯曾对人能否开怀大笑做过哲学性阐释，她赋予笑的能力以道德意义："生活需要幽默感，富有幽默感的人显然具备头脑成熟、心胸开阔、阅历广泛、宽容善恕这些特质。"即便内心伤痕累累，她也对世界保持温和笑意。她不但通过演讲，也通过写作与公众交流。她的声音具有很强的穿透力，沟通方式也颇有独到之处，从第一个字到最后一个字，她注重的是心与心的交流、精神上的关联与追求。她还时常在演讲结束之际富有策略地引人深思。喜爱她的美国人觉得她的观点有吸引力、直入人心，且普遍认为她代表了胸怀宽广、包容普世、民主公正的美国。

亚当斯心里装着他人的苦难、时代的悲伤，没有时间自怜自艾。她出身上层，却能与穷人共处一室。她个人生活纯洁，却有着高瞻远瞩和言必行、行必果的政治家魄力。她将自己的思想、话语、行动馈赠给了所在的时代，赫尔会馆更是她给予国家和国民的慷慨奉献，她送给时代和世人最棒的礼物是她自己。她以行动践行了人类文明社会中的利他主义。

她在所处的时代是一个异类，却奏响了那个时代的强音。历史证明，她曾主张的妇女选举权、废除童工制、老年退休金、最低工资标准、失业险等并未像其时的保守主义者所担心的那样扰乱工业化、商业化、现代化进程，妇女参与社会政治也不是家庭不幸的诱因，联合国也并未妨碍国家主权。而她所壮志未酬的事业，被证明迄今仍是人类社会面临的难题：男女平等、贫富差距、种族歧视、世界和平。她的理想并不能完全实现，但作为一个理想主义者，她已经做得相当出色。

1935 年 5 月 21 日，亚当斯离世。她的墓碑如此简单："简·亚当斯：曾效力赫尔会馆和国际妇女自由与和平联盟。"各大媒体则竭尽盛赞之辞，而其中有些人的笔也曾尖锐地批评过她。她被誉为"典型的美国人""美国妇女的最佳典范""人类之母""玛利亚，神的母亲""夜空中的星星"。她的朋友、英国劳工领袖约翰·彭斯盛赞她为"美国本土的第一个圣人"。也曾有一家报纸将她与圣女贞德相提并论。一位大学教授感慨地称她为"理解人间疾苦的女神"。或许最耐人寻味的是"杰出的爱国者"这一身后赞誉。而了解她的约翰·杜威对她的评价则实实在在——"最富有人情味的人"。

简·亚当斯年表

1860 9 月 6 日，简·亚当斯出生于伊利诺伊州的塞达维尔。

1863 母亲去世。

1881 女校毕业；父亲去世。

1887 参观伦敦的汤恩比会馆；次年再度前往观摩学习。

1889 开设赫尔会馆并入住。

1893 开始参加政治游说等活动。

1897 在波士顿就普尔曼罢工发表演讲；受全美妇女选举协会麻省分会邀请，
      就妇女选举权发表第一次公开讲话。

1899 在芝加哥推动成立第一个少年法庭；发表反对美菲战争的演讲。

1901 发起成立青少年保护协会。

1902 出版《民主与社会伦理》。

1903 担任该年成立的妇女工会联盟副主席。

1906 出席全美妇女选举联盟大会。

1907 出版《和平的新理想》；在纽约第一届全国和平大会上发表讲话。

1909 参与起草全国有色人种协进会大纲；担当全国慈善大会主席；出版《青
      年精神与城市街道》；坐镇芝加哥和平协会，主办第二届全国和平大会。

1910 出版《赫尔会馆二十年》；担任全美社会工作者协会第一任妇女主席。

1911 加入全美妇女选举联盟委员会，并当选副主席。

1912 参加进步党大会；公开亮明女权主义立场。

1913 伊利诺伊州州长签署该州妇女选举权法案。

1914 第一次世界大战爆发；亚当斯敦促召开和平大会，当选芝加哥紧急联
      盟主席。

1915 妇女和平党成立；参加海牙国际妇女大会，被选为大会主席，10 年后
      任名誉主席。回国后在卡耐基大厅演讲遇挫。

1917 美国加入"一战"；亚当斯因坚持和平主义主张而跌入低谷；应其时粮
      食部长胡佛所邀就节约粮食在全美进行巡回演讲。

1919 参加苏黎世国际妇女大会，成立国际妇女和平与自由联盟，担当主席，
      并前往巴黎和会呈交妇女大会的相关主张。

1920 宪法第十九条修正案通过，赋予全美妇女选举权。

1922 参加巴黎国际济贫院大会；游历欧洲和亚洲。

1929 赫尔会馆 40 周年庆。

1930 出版新书《赫尔会馆又一个二十年》。

1931 获诺贝尔和平奖。

1935 参加华盛顿国际妇女自由与和平联盟二十周年纪念大会; 5 月 21 日，平静离世。

延伸阅读

1. Louise W. Knight, *Citizen Jane Adams and the Struggle for Democracy* [M]. Chicago: The University of Chicago Press and London, 2005.
2. David Schaafsma, *Jane Adams in the Classroom* [C]. Urbana, Chicago, and Springfield: University of Illinois Press, 2014.
3. Allen F. Davis, *American Heroine: The Life and Legend of Jane Adams* [M]. London, Oxford, New York: Oxford University Press, 1973.
4. Jane Adams, *Democracy and Social Ethics* [M]. New York: Macmillan, 1902.
5. Jane Adams, *Newer Ideals of Peace* [M]. New York: Macmillan, 1907.

本章作者

秦文华，翻译学博士，美国文明史博士后。就职于南京师范大学外国语学院，主要从事翻译教学与实践、美国文明以及西方文化教学与研究。出版翻译学专著一部和译著数部，近期专著《美利坚文明——图片里的故事》系"十三五"国家重点出版物出版规划项目、青少年世界文明教育文库系列作品。参与撰写《自由的刻度：缔造美国文明的 40 篇经典文献》《绅士谋国：美国缔造者》。

格特鲁德·斯泰因

Gertrude Stein

（1874—1946）

美国教母

玫瑰就是玫瑰就是玫瑰就是玫瑰

——格特鲁德·斯泰因

天才就是任性

　　格特鲁德·斯泰因一生都自大傲慢，任性妄为，主要是因为她不缺钱。斯泰因出生于一个富裕的犹太人家庭，这说明了很多问题。总之，在她19岁的时候，进入了哈佛大学附属女子学院学习心理学，该学院次年（1894年）更名为拉德克里夫学院，而她的导师是大名鼎鼎的威廉·詹姆斯。斯泰因在《艾丽斯自传》中回忆她在哈佛的求学经历，在某次期末考试的时候，她在考卷的最上端写道：亲爱的詹姆斯教授，我十分抱歉，但确实不想做今天的哲学考卷。于是她翩然离场。第二天她收到威廉·詹姆斯的明信片，上面写道：亲爱的斯泰因小姐，我完全理解你的感受，我自己也常有此感受。并且补充说他给了她这门课的最高分。

　　从哈佛毕业以后，斯泰因考入约翰斯·霍普金斯医学院继续学业。她老老实实地学了好几年，在刚开始的实验课和研究工作中表现出色，但她不喜欢医学实践，厌倦了医学院的工作，并对此毫不掩饰，不愿意向教授们道歉，不愿"向他们解释她确实过于厌烦而连最笨的医科学生都肯定不会忘记的那些东西她也记不住"。终于有一位教授给了她不及格，"医学院里掀起轩然大波"。有女性朋友尝试阻止她自毁前程："格特鲁德·斯泰因，记住妇女的事业啊！"但斯泰因不以为意，回答说："你根本不知道厌烦是什么滋味。"给她不及格的教授很想再给她一次机会，"斯泰因小姐，"他说，"你只需今夏修一门课，到秋季自然就能拿到学位。"但格特鲁德·斯泰因说："用不着，你不知道我多么感激你呢。我的惰性强主动性差，要不是你不让我拿学位我很可能，唔，很可能不会参加医疗实习。"可怜的教授吓了一跳，但谁也不能阻止斯泰因结束她的医学学业。她说，我对病理心理学不感兴趣，医科使我厌烦至极。她常说她不喜欢变态的人，因为他们的变态简直一看便知，而正常的人就显得复杂有趣多了。斯泰因注定会成为优秀的观察者和先锋的表达者——作家。

花园街 27 号

　　1907 年，艾丽斯初识斯泰因的时候，花园街 27 号已经挂满了斯泰因兄妹从各处淘来的画作。《艾丽斯自传》中的花园街 27 号是这样的：一幢两层楼的小楼阁，有小房四间，带厨房和浴室，与一间宽敞的画室相毗连……四面墙上，一直到天花板，都是画……那些画都很怪，起初都本能地看别的东西不去看画。多年以后，艾丽斯回忆说："如今人们事事都习以为常了，这头一回看见满墙这么多画而产生的不自在心情用三言两语是很难说清楚的。那时，各式各样的画都有，只挂塞尚、雷诺阿、马蒂斯和毕加索的画的时候还没到，也不像后来只挂塞尚和毕加索的画。那时候，马蒂斯、毕加索、雷诺阿和塞尚的画是很多，但别人的也多。有两幅高更的，几幅芒甘的，有瓦洛东画的大幅裸体画，看上去反正不像马奈画的《婢妾》，还有一幅图鲁兹 - 洛特里克的画……有一幅莫里斯·德尼的画，一幅杜米埃的小画，塞尚的水彩画多幅，总之应有尽有，甚至还有一小幅德拉克罗瓦的画和一幅格雷科的画。毕加索五花八门时期的画作很多，马蒂斯的画有两排，有塞尚的一幅巨幅女人画以及某些小幅画。"

　　花园街的日常就是高朋满座，有名和无名的艺术家、年轻人来来往往，相互交换对新鲜事物、新锐思想的看法，"时时听到毕加索那高昂的西班牙式的嘶嘶大笑声和格特鲁德·斯泰因那浑厚女低音的阵阵笑声，人来人往，进进出出"。

其中一些人很快获得了声名。时常在 27 号帮佣的埃莱娜在结婚之后离开了几年，当她再次回到花园街工作的时候，不禁感叹："真了不起啊，当年认识的无名小卒如今经常上报，前不久的晚上广播里还播了毕加索先生的大名。布拉克先生力气最大，所以过去总是由他抬着画往墙上挂，让勤杂工钉钉子，就连他也上了报呢，人们还准备把胆小得连门都不敢敲的可怜巴巴的卢梭先生的画放进卢浮宫，想想吧，那是卢浮宫啊！"

花园街 27 号就像一个现代艺术培训中心。满墙的现代绘画，无论作者是冉冉升起的画坛新星，还是籍籍无名的潦倒画家，但其创作风格都一致：夸张、唐突，与人们熟悉的传统画作毫无相似之处。人们步入其间，受到的冲击可想而知，从一开始的瞠目结舌，随后的判断失能，到最后的审美认同。从花园街离开的时候，有的人自觉醍醐灌顶，有的人茫然若失，但毫无例外，他们的审美习惯受到了挑战，他们对现代艺术再也不是一无所知。不论他们接受与否，20 世纪就在那里，花园街 27 号的客厅就像是国王十字车站的 9¾ 站台，引导他们进入了一个新的次元。

1937 年底，花园街 27 号的主人通知斯泰因，房子要收回，请她们搬家。斯泰因清点了她的收藏，共 131 幅画作，包括一直放在橱柜里的 5 幅毕加索的画。

艾丽斯

1932 年，斯泰因突发奇想，决定用艾丽斯的名义写一本自传，她说，"你知道我会怎么干。我替你写。我要把这自传写得跟笛福的

《鲁宾逊·克鲁索》一样明白易懂。"公众喜欢明白易懂。1933年8月22日，在正式发行前9天，《艾丽斯自传》（以下简称《自传》）第一版5400册全部售罄，其后两年内4次重印。卡尔·凡·维奇坦称这一年为"斯泰因年"，埃德蒙·威尔逊在《新共和》上赞扬《自传》有"智慧、特性和魅力"，显示了"作者在文学与艺术的本源方面的影响"。美国记者珍妮特·弗兰纳这样评价《自传》："我们现在吐露的一切在那个时期早已流传，但只有极少嗅觉敏锐的人能嗅到——正是在托克拉斯－斯泰因的家里充满着发现的气息。"[1] 斯泰因现代先知的声名此时已获公认。斯泰因对自己的先知属性从不动摇："请记住，我现在受到这种不同一般的欢迎，并非因为人们看得懂的诸如我的《自传》之类的书，而是因为人们没看懂的我的那些书。"[2]

《自传》从1907年艾丽斯·托克拉斯初到巴黎，与格特鲁德·斯泰因相遇开始，穿插记叙了两个人相遇前后的经历。从上文可以明明白白地看出斯泰因对艾丽斯的轻视，虽然这显然是一种很亲昵的轻视。艾丽斯对此乐意接受，毕竟，斯泰因轻视所有人，但只有对她，是真的亲昵。

艾丽斯本人是不错的作家，在斯泰因去世以后发表了《托克拉斯食谱大全》和《铭记在心》等书和文章。在《自传》中，斯泰因笔下的艾丽斯是这样的："福特·麦多克斯·福特在编辑《大西洋彼岸》评论时曾对格特鲁德·斯泰因说过，我是个很不错的作家很不错的编辑很不错的商人但我发现很难做到同时是三者。我是个很不错的女管家很不错的园丁很不错的女裁缝很不错的秘书很不错的编辑很不错的照料狗的医生而且这些事我得同时一起干所以我发现实在难以再加上

1　Janet Flanner, *Paris Was Yesterday, 1925—1939*, Mariner Books, 1988: 88.

2　William Garland Rogers, *When this you see remember me; Gertrude Stein in person*, Rinehart & Company, 1948: 234.

当个很不错的作家了。"不知道斯泰因在写这些句子的时候是否发现，艾丽斯的所有能力都是为了配合她的需求，当然，能为斯泰因服务是艾丽斯的荣幸，这是二人的共识。

艾丽斯本人忌讳谈论与性有关的话题。在斯泰因去世以后，但凡有人提出给斯泰因写传记，艾丽斯总是提出两点要求：一、必须出于对斯泰因著作的真诚钦佩；二、不写涉及个人隐私的内容。曾经有一个名叫朱利安·索耶的作家曾经尝试引证斯泰因作品中关于性的问题，艾丽斯写信告诉他，斯泰因若在世，"一定会予以否认——她认为性在所有个性表现中是最不具特色的"。《自传》全书没有一处提及或暗示二人有性关系，但毋庸置疑，大家都知道，她们是伴侣。

里奥

里奥·斯泰因是格特鲁德·斯泰因的三哥，斯泰因家七个孩子，里奥排行第四，格特鲁德最小，中间有兄妹两个夭折。

1891 年，里奥也曾在哈佛学哲学，后来又在霍普金斯学生物，后改学历史，不知道有没有毕业。总之，他先是去佛罗伦萨学习意大利艺术，后来又到巴黎学习绘画，在卢浮宫为一些雕像作画。1903 年，格特鲁德正式迁入里奥在花园街 27 号租住的寓所。

格特鲁德认为"巴黎是 20 世纪所在"，它"适合于我们这些要创造 20 世纪艺术和文学的人是再自然不过的事了"。很快，她开始创作《三个女人》，后来她说其中梅兰克莎的故事是她"毅然摆脱 19 世纪文学而进入 20 世纪文学的第一步"。"我想怎么写就怎么写。找不告诉我哥哥我写的什么，他看看我写的，什么也不说。"这一时期，兄妹相处愉快，他们都喜欢绘画，品味稍有不同，但并没有产生多大的分歧。格特鲁德在《自传》中详细记叙了他们一起发掘和购买塞尚作

235

品的趣事，笔调轻快，充满感情。

斯泰因兄妹的分歧可能开始于毕加索为格特鲁德所作的肖像画，起码从那时开始矛盾变得表面化了。和大部分人一样，里奥对于 20 世纪的审美带有一种本能的推拒。平衡、对称、和谐之美对他们来说是高雅的必备品质，在他们眼中，立体主义作品"毫无价值""荒唐无稽"。"里奥对格特鲁德的著作从无好评，大概是因为格特鲁德的任何成功或自信都突出了他的失败与自疑。他越挑眼，她就越置之不理；她越置之不理，他就越挑眼。"

格特鲁德和里奥的决裂，除了艺术观念有分歧，和艾丽斯的关系也是一个决定性的因素。在《自传》中，斯泰因采用了艾丽斯的视角，多多少少也采用了艾丽斯式的内敛风格，对二人的性关系不置一词，对兄妹之间的决裂也一笔带过。实际上，里奥嫉恨格特鲁德和艾丽斯的亲密关系，对她们不合规范的关系更是痛恨鄙薄，他憎恨艾丽斯，说她是"变态的吸血鬼"。

里奥一直不能理解格特鲁德，两个相同家庭背景，相似教育背景的人却走向了两个不同的方向，一个向前进入 20 世纪，一个向后留恋 19 世纪。这主要是一种价值和审美取向，多半是基于天性。里奥沉闷、保守，而格特鲁德则大胆、热烈。1913 年，里奥搬离花园街，二人正式决裂，格特鲁德和 19 世纪最后的一点联系也不愿保留了。

毕加索

毕加索和斯泰因是毕生挚友，虽然中间也有一些磕磕碰碰，但是性格如此张扬的两个人居然保持如此浓烈的友情这么长时间，的确罕见。

毕加索为斯泰因所作的肖像画现存美国大都会博物馆，这是一幅画得"不像"本人的画像。在没有看过斯泰因照片的读者的想象中，她应该是一派波西米亚风情，穿着前后有洞、左右不对称的大花裙子，但实际上，在所有照片中，斯泰因都穿着 20 世纪初中产阶级妇女中规中矩的大黑裙子。毕加索在这个穿着一本正经黑裙子的姑娘身上一眼看出了她的不和谐不对称。1905 年冬天至 1906 年春天，几个月的时间里，斯泰因一直为毕加索做模特，突然有一天，"毕加索涂去了整个头部。他急躁地说，我现在望着你却看不到你。画就此搁下了"。毕加索回到了西班牙，斯泰因去意大利度夏，回来的时候，发现她的肖像画已经完成了。毕加索从西班牙回来的当天，没有见到斯泰因，凭着自己的印象和想象完成了绘画。画像的头部明显和其他部分的风格不同，斯泰因的脸宛如戴着面具，"两只眼睛似乎满含无限的原始模型的深厚感情看着世界"。这种类似原始雕塑的质感迥异于画面的其他部分，却凸显出斯泰因尖锐而深沉的气质，被认为是毕加索从"玫瑰时期"跃入"立体主义"的跳板。艾丽斯在初见毕加索的时候，对毕加索说她喜欢他给格特鲁德·斯泰因画的像。"他说，是啊，人人都说画得不像她，但这不要紧，会像的。"

斯泰因也为毕加索"画"了一幅像，是她笔下众多人物画像中最为著名的一篇。第一段是这样的："一个一些人肯定在追随的人是一个有十足魅力的人。一个一些人肯定在追随的人是一个有魅力的人。一个一些人在追随的人是一个有十足魅力的人。一个一些人在追随的人肯定是一个有十足魅力的人。"[1]

可以说，这两幅画像在当时同样出人意料，同样难以理解，但斯泰因知道自己在做什么，谈到对毕加索创作的看法，她说："这时（1909 年）只有我理解他，或许是因为我在文学上表现的是同一种东

1　Gertrude Stein, *Picasso*, Dover Publications, 1984: P9.

西。"斯泰因知道她和毕加索在做同一件事：为 20 世纪找寻适合的表达方式。"我在这一时期深有感受，立体主义在这个时期略有发展，是因为毕加索能把种种对象合并起来并逼真地描绘它们……将种种对象合并起来便已将它们变成了别的东西，是毕加索领悟的东西。"

斯泰因也非常清楚毕加索和她遇到的阻力是相同性质的，是整个旧世纪对新现实的推拒。"人们切不可忘记 20 世纪的现实不是 19 世纪的现实，绝不是，而在绘画方面唯有毕加索意识到了这一点，唯有他。他予以表现的努力越来越强烈。马蒂斯及其他一些人以他们的眼光看 20 世纪，但他们看到的是 19 世纪的现实。在绘画方面唯有毕加索以他的眼光看 20 世纪而且看到的是它的现实，继而他的努力是令人惊吓的，令他本人惊吓，也令别人惊吓，因为没有什么能帮助他，过去帮不了他，现在也帮不了他，他只好孤军作战。"

斯泰因和毕加索能够一辈子做朋友，一个最基本的原因是他们都是罕见的元气充沛的天才，在特立独行的创作之路上，他们都没有掉队，没有懈怠，也没有退缩。斯泰因说，她喜欢她拥有的也喜欢冒险去获得新的，她谈到年轻的画家谈到无论何事时总是这么说："一旦人人都知道他们高明，冒险也就结束了。"毕加索叹息一声补上一句："甚至在人人知道他们高明之后，真正喜欢他们的人也不比当初只有很少人知道他们高明时更多。"

毕加索天赋过人，他的作品总是超出大众的想象力，他和斯泰因友谊的基础便是这种天才的寂寞。斯泰因对艾丽斯说："你只看出毕加索的画很吓人而别人的画不吓人，的确，有一次巴勃罗说过，当你制作一件东西，制作起来非常复杂，这件东西必定难看，可是模仿你的人制作起来就不必担心了，能把它制作得好看，所以只要是他人所作，则人人喜爱。"这可能是关于原创最恳切的体验了。

马蒂斯

19世纪末20世纪初，"摩登"（modern）一词让美国青年趋之若鹜，而巴黎无疑是时尚现代之都。1906年，斯泰因的大哥和大嫂从巴黎带回旧金山的"三幅马蒂斯的小画，是头一批横渡大西洋来到美国的现代玩意儿"。

不是每个人都能在第一时间接受现代主义作品。艾丽斯的朋友哈瑞特的经历很具有代表性。长久以来，马蒂斯的一幅画像挂在花园街的墙上，"画的是一个女人，乳房硕大，其妖淫状令人反感"，哈瑞特从不肯正眼看它。但某一天，她和另一位朋友萨利坐在这幅油画底下，萨利开始朗诵一首泰戈尔的诗，哈瑞特若有所感，她为精神的力量所鼓舞，抬头看马蒂斯的这幅画。画不一样了。"我看到的不再是硕大的乳房，夸张，粗俗。相反，我发觉了一种赋予物，非常丰富，包罗万象……使我产生从未有过的激情。"乳房从来不是问题，偏见一旦被剔除，艺术品的价值才开始被正视。

显然，20世纪的新一代接受新的审美毫无障碍。斯泰因尤其喜欢用来打脸审美卫道士的是花园街勤杂工5岁小儿子的故事。马蒂斯有一幅很大的油画，画的是一个横卧在几棵仙人掌中间的女人。有一天她正在观看这幅画的时候，小家伙冲到她的怀里，兴高采烈地高声说："啊呀，好美的女人的身体啊！"

19世纪难道就没有好的艺术作品吗？当然不是，恰恰相反，正因为人类在19世纪成就非凡，所以在19世纪形成的审美习惯被认为是神圣不可侵犯的，而19世纪对均衡对称之美的追求也是人类长久以来审美教育的结果。现代主义受到的阻力比以前的艺术思潮都大，是因为它别扭，它挑战了人类一直以来的审美舒适区。硕大的乳房、夸张的色彩、变形的人体、不和谐的音律、晦涩难懂的文字、不雅的内容……它挑战了"美"的标准。但生活在温良文雅、教养得体的中产阶级圈子里的里奥们选择性地忽视了这一点：20世纪的现实并不和谐、对称、优雅适中。工业革命的成功使得美国和欧洲全面进入了工业时代，农业社会慢吞吞的节奏、人类和自然和谐相处的田园牧歌，甚至上帝的存在本身都受到了质疑，高尚优雅的宏大叙事已经不再契合渺小、琐屑却真实的新现实，19世纪已经一去不返。取而代之的是在大机器压迫之下挣扎度日的个人，对螺丝钉式按部就班的生活无限抗拒却无力反抗的个人，在宏大叙事与和谐音律中找不到丝毫共鸣的个人。19世纪为他们提供了卡尔·马克思、西格蒙德·弗洛伊德和弗里德里希·威廉·尼采，不论是社会经济地位、心理状态和信仰选择都已经赤裸裸地被揭示暴露在他们眼前，避无可避。

而19世纪的艺术家们也将平衡对称之美做到了极致，新世纪的艺术家们一方面受到全新生活体验的刺激，另一方面要突破旧世纪的条条框框，两相碰撞，产生的作品不可谓不惊悚、出格。斯泰因购买的第一幅马蒂斯的画是在1905年巴黎举办的首届秋季沙龙上。马蒂斯的这幅画"激怒了观众，观众要求取消它的参赛资格"。但斯泰因很喜欢这幅画，"画的是个长脸盘的女人手拿一把扇子。色彩和人体解剖都非常奇特"。"人们在画前哄然大笑，伸手去抓。格特鲁德·斯泰因不明白这是为什么，她觉得这画非常自然……她不明白它何以惹怒了众人……后来她再去看这幅画，见大家都嘲笑它时心里非常不安。这使她心烦也使她生气，只因她不明白是何缘由，也因为她认为这幅画没啥不好，正像后来她不明白人们何以嘲笑她的作品人们也被她的作品所激怒一样，因为她认为她的作品写得非常清楚非常自然。"这幅画就是著名的《戴帽子的女人》。往往如此，生活在相同空间的人其实生活在不同的时间，斯泰因所认为的非常清楚和自然起码要在20年后才能得到专业人士的认同。

一位名为迪雷的绅士为斯泰因解惑，他说："年轻的朋友，切不可忘记艺术有两种，一种叫艺术，另一种叫官方艺术。我年轻的穷朋友，你的艺术怎么能指望成为官方艺术呢。你不妨看看你自己……不行，他们需要的有代表性的画家必须是中等身材，微微有点发胖，衣着不过分讲究可穿得要合乎他那个阶层的时尚，不能秃顶并且头发要梳得溜光，还要打个蝴蝶领结以示恭敬……不，我亲爱的年轻朋友，有艺术也有官方艺术，历来如此而且永远如此。"

　　虽然官方和民众同样迟钝而蛮横，新世纪的脚步却不可阻挡。马蒂斯卖出了他的第一幅画，并着手创作他的巨幅装饰画《生活之幸福》。"在这幅画里他第一次明确地实现了扭曲人体的意图以协调并加强仅与白色混合的所有原色的色调的重要性。他用扭曲的画法犹如乐曲里用不和谐音犹如烹调时用醋或柠檬犹如煮咖啡时放蛋壳，是为了明晰易懂。"毕加索通过给斯泰因画肖像也完成了从五花八门时期到立体主义的转变，而斯泰因本人也完成了《三个女人》中的第二个故事，斯泰因多次强调说："它确实是文学走出 19 世纪进入 20 世纪的第一步。"20 世纪在花园街 27 号正式到来了。

海明威

　　著名的女人往往只是某个著名男人的注脚，富勒是爱默生的密友，斯泰因是"海明威的导师"。虽然这句话在各种意义上都是正确的，但它传达出的最准确的含义却是"没有海明威的名声，斯泰因本人不值一提"。海明威知道事实并非如此，但语言却只能在文化中发挥其作用。斯泰因对语言进行了毫不客气的人单命，追随她的作家不计其数，也因此我们才能读到以及读懂像《女性的奥秘》和《性政治》这样的作品，但 100 年过去了，当我们读到这个句子——"斯泰因是海明威的导师"，我们还是准确无误地接受了其文化信息：海明

241

威是大作家，斯泰因只不过是在海明威青年时期对他稍加引导，为他提供灵感的人。

海明威多次表示，他所知道的关于写作的一切都得益于斯泰因。这也许不是一种夸张的说法。海明威并不是一个天赋很高的作家，他的个性和经历也许比他的作品更有趣。在1920年海明威初次拜访斯泰因的时候，这位23岁的记者刚刚开始他的写作生涯，而斯泰因对他作品的评价是"觉得那小说很差"，描述很多，却不是特别好的描述。她的建议是，从头再来，浓缩一下。她询问他的经济状况，建议他放弃新闻工作，专心写作："如果继续搞新闻工作，你就只会见字不见物，这可不行。"在写作中，首先要领悟的是本质——物，而不是文字——字，这是斯泰因教给海明威的第一条创作原则。多年以后，当海明威侃侃而谈他的"冰山理论"的时候，不知道他在多大程度上能意识到，在某种意义上，这仍然是对斯泰因创作理论的一种阐发。

艾丽斯对此非常清楚，她说："格特鲁德·斯泰因从不改动任何人的任何作品的细枝末节，她坚持的原则是作者愿作何种观察以及这种观察与按此观察而产生的写法之间的关系都由作者决定。观察不全面语言便单调，这很简单，错不了。她就坚持这样的主张。"

斯泰因喜欢和安德森谈论海明威，"海明威是他们两人塑造的，他们两人为他们的这件心智之作既感到有几分得意又觉得有些惭愧……他们都认为，什么样的作品是真正的海明威故事呢，不是他写的那些而是真正的海明威自白。这种自白的读者将是另一类人而不是海明威现有的读者，但它一定非常精彩"。海明威还没有写出他最好的作品，海明威的读者也还没有出现。斯泰因不仅在指导海明威的创作，实际上，她甚至还在为他创造一批读者，一批将通过海明威的作品重新认识美国及其文化价值的读者，他们将通过阅读海明威成为20世纪自觉而自信的美国人。这批读者先是追慕现代时尚，随后

女士接力 美国变革者

反思美国身份，最后因确认美国文化的价值而自信，这一段心路历程是海明威本人，以及许多 20 世纪美国青年都曾经历过的，这也是为什么海明威的作品后来收获了大批读者的根本原因。海明威的幸运在于他是和他的读者同时成长起来的，他的故事在还没有写出来的时候已经获得了读者的认同。而斯泰因作为先行者，自然早早地看穿了这其中缘由。她在文学方面的改革不仅改变了读者的阅读习惯，确立了现代审美的标准，更为海明威作品中即将出现的对传统价值和生活方式进行的冲击和挑战提前做了铺垫和缓冲。在经历了毕加索和斯泰因"吓人"的作品暴击之后，海明威式的直率简直可以说是温和的。

海明威从斯泰因的作品中直接学习写作则是一次偶然的机缘。1924 年，海明威在福特·麦多克斯·福特主编的杂志《大西洋两岸》任特派编辑。他说服福特，在《大西洋两岸》上连载斯泰因的《美国人的成长》。但当时除了已经装订的书稿之外并没有手稿抄本，于是海明威说，那没关系，我来抄。"改清样就像掸尘土，你从中得到的教益是任何阅读所无法给你的。海明威改清样使他受益匪浅，并欣赏他学到的一切。"这是斯泰因在《艾丽斯自传》中的说法。

斯泰因对待海明威一向如此，在《艾丽斯自传》中，海明威出现很晚，所占篇幅并不多。《艾丽斯自传》中充满了各界名人，从威廉·詹姆斯开始，美术界有大名鼎鼎的巴勃罗·毕加索、亨利·马蒂斯、胡安·格里斯、亨利·卢梭和玛丽·洛朗森；音乐舞蹈界有伊莎多拉·邓肯、巴勃罗·卡萨尔斯、埃里克·萨蒂、安东妮亚·玛塞、瓦斯拉夫·尼津斯基和维吉尔·汤姆森；学术界有伯纳德·贝伦森、贝特兰·罗素和阿弗雷德·怀特海；出版界有密尔德里德·阿德里奇、安布罗德·沃拉德、卡尔·凡·维奇坦和福特·麦多克斯·福特；文学界有纪尧姆·阿波利奈尔、T. S. 艾略特、舍伍德·安德森和弗·斯科特·菲茨杰拉德。这些人都比海明威有成就，有名望，在斯泰因的眼中，海明威不过是一个可教孺子罢了。比起来，菲茨杰拉德因为天赋甚高，多少获得了类似平辈论交的待遇。

不过海明威很不喜欢斯泰因在《艾丽斯自传》中提到他时的轻慢态度，说斯泰因"存心不良，自我吹嘘"。海明威一直没有原谅斯泰因，甚至1934年斯泰因回美国讲学的时候，只是从广播中听到斯泰因的声音也使他不快，说那是"从已无生命的友谊墓穴里传来的疏远的回声"。他甚至还写了一本回忆录来还击斯泰因，这本《流动的盛宴》在1964年出版。彼时，海明威与斯泰因都已去世。是非恩怨，对她来说从未萦怀，对他来说，却并不能消却胸中块垒。

海明威并不是忘恩负义，他其实是恼羞成怒。比起斯泰因的自信张扬、福克纳的深沉内敛，海明威其实是个羞怯敏感的人。但不知道为什么，他一生致力于把自己塑造成一个无所畏惧的硬汉，甚至于多次毫无必要地将自己的生命置于危险的境地。他对别人的看法十分敏感，福克纳曾经评论他在文学上缺乏冒险精神，他为之跳脚，甚至将他在战争中获得的英勇勋章拿出来证明他的"勇气"。如果他知道，在100年后，他的文学声名仍然紧密地和斯泰因联系在一起，不知道又要做何反应了。

福克纳

舍伍德·安德森1921年6月经朋友介绍，拜访了花园街27号。他对斯泰因的兴趣主要在于她对英语词汇的改造和用词的创新。"斯泰因的用词本领和对语言的洞察力扩大了安德森的视野"，他发现英语变得陌生了，"我不遗余力地想弄清楚什么是句子，什么不是句子"。斯泰因对安德森的评价颇高，她认为"舍伍德·安德森有用一个句子来表达直接情感的天赋，这符合伟大的美国传统，认为在美国谁也写不出一个清楚而有激情的句子，唯独舍伍德写得出来"。

安德森年纪较长，天赋有限，他虽然欣赏斯泰因，但他的文学创作受斯泰因的影响其实并不多，但这不多的影响也使他的作品与众不同。他尝试在叙事中创造出一个中立的"叙事人"的角色，使用"画外音"的手法，这些都将发展为后来各种"陌生化"的文学手法。但他的实验也仅止于此。真正天赋过人，富于实验精神的是他来自美国南部的朋友，年轻作家威廉·福克纳。

福克纳和斯泰因没有私交。这件事情也很奇怪，"一战"结束以后，福克纳和许多年轻的美国作家一样，滞留在巴黎，但却从来没有出现在花园街27号。很可能他与舍伍德·安德森的友谊开始较晚，错过了他与斯泰因可能产生交集的时间。但两个人在创作风格上有许多令人瞩目的相似之处，也许安德森毕竟还是介绍了他这两位天才朋友相互认识，或至少让福克纳了解了斯泰因的文学实验。

人们津津乐道于斯泰因的"文学立体主义"，强调她放弃传统的标点符号，执着于使用"延续的现在时态"，层层叠叠的重复和韵律，"玫瑰就是玫瑰就是玫瑰就是玫瑰"。但是这些都只是因为她在尝试表达自我时发现当时的英语规范妨碍了她思想的表现，才对语言表述进行的一些改动。虽然这些改动在时人看来已经深具革命性，但语言毕竟是载体，真正具有革命性的是她的思想，是她对文学本身的理解和表达。斯泰因本人的作品试验性太强，甚至影响了其阅读体验，实际上，除了研究她的学者，只有野心勃勃的新锐作家才会去耐心阅读她的作品。

但福克纳却实实在在地将斯泰因对文学的理解真正付诸创作，并且将其做到极致。他曾多次说，《喧哗与骚动》是一次实验，他尝试从相互无法沟通、不能理解的多个不同角度去讲述同一个故事，而这种方法，毫无疑问，正是斯泰因开创的"文学立体主义"。实际上，所有福克纳的作品都秉承了这一创作宗旨。《押沙龙，押沙龙！》是福克纳最成熟、最完善的作品，故事的讲述者、故事中的角色和听故事的人穿插交互，如油画笔触一般相互挤压重叠，却绝无融合；更是通过南方的神话和《圣经》故事的重构使得萨特本的悲剧色彩丰富、内蕴厚重。这样的整体建构方式，寓言一般的洞察力，和斯泰因最具野心的长文《美国人的成长》何其相似！一本又一本立体绘制的小说，一个又一个老南方的故事，扎扎实实地筑起了"约克纳帕塔法"世系，这绝对是文学史上最为"立体主义"的作品了。这大概就是敏感多思的福克纳献给斯泰因小姐的一朵奇葩玫瑰吧。

斯泰因

斯泰因一生都活在当下，这使她显得格外超前，她拒绝被历史束缚，倒显得她是先知。

斯泰因是天生的作家。但这并不是说她不需要学习和模仿，相反，她的文学天赋得益于广泛的阅读。《艾丽斯自传》中曾提及："她年轻时读过很多书，从伊丽莎白时代的作者到现代的作者都读过，因而不安，唯恐有朝一日会无书可读。这种忧虑萦回她的脑际多年，可她照样读了又读，似乎总是有书可读。"斯泰因并不刻意钻研经典，各种文学作品在她眼中似乎众生平等。在佛罗伦萨有一家很好的公共图书馆，可以借到不少英文书，斯泰因在其中发现了一批奇奇怪怪的传记，于是，有一段时间，这批名不见经传的奇特传记就成为了"格特鲁德·斯泰因无尽欢乐的来源"。

阅读如此，写作也一样。对于斯泰因来说，拿笔写作跟吃饭穿衣一样，既是日常必需，也是生活的乐趣所在。与艾丽斯在一起之后，斯泰因开始尝试她的第一批"立体派"人物画像，其中有一篇《阿达》，写的就是艾丽斯。有评论说："它在语法和句法上都做了变革性的尝试，深蕴着极富感情的爱的体验""用重复、头韵、协音或半谐音以及格律等手段表达了情感，可说是一首立体派情诗。"在艾丽斯本人看来，这是斯泰因的即兴之作，甚至带有一些戏谑的成分："我刚读时以为她是在取笑我……我提出异议……最后我读了，感到非常高兴。"确是如此，这篇被后来的研究者们反反复复仔细研读的作品，只是斯泰因为了博爱人一粲的实验之作，虽然轻快，但爱情是切实的，而实验也是认认真真的。斯泰因的日常，就是拥趸们奉为传奇的时尚。

斯泰因不仅是一个不倦的读者，也是一个勤勉的作者。她给几乎每一个她认识的人写人物画像，以此实验不同的文学手法。其中最为著名的除了《阿达》，还有马蒂斯和毕加索的画像。斯泰因不喜欢给人贴标签，毕加索的画像正好适合他本人，性格强烈，色彩突出，至于他作为画家的身份，斯泰因反而甚少提及。

20 世纪初，在业内人士的眼中，这位先锋作家的作品品质堪忧，甚至怀疑她根本不懂英语。1908 年，《三个女人》由斯泰因出资 660 美元刊印了 1500 册。出版前，格拉夫顿出版社派一位小编辑去和斯泰因见面：

"您瞧，"编辑有些迟疑地说，"我们社长的印象也许是关于您的英语知识……"

"可我是美国人。"斯泰因愤慨地说。

"是，是。我现在知道了。"编辑说，"不过您或许没有多少写作经验。"

"我猜，"斯泰因笑着说，"你们的印象是我没受过良好的教育？"

"哦，不，"编辑脸红了，"或许您没有多少写作经验。"

"哦，是的，"斯泰因说，"哦，是的。这没什么。我给社长写信，而你也可以转告他，稿中所写都是照写作意图写的，他只须付印就行，责任由我承担。"

《三个女人》出版后反响不一，《波士顿先驱晨报》称该书为卓绝之作，《堪萨斯城星报》称斯泰因为"极有创见的文学的艺术家"。H. G. 威尔斯致信斯泰因说，起初该书的奇怪文体使他颇为不快，但越读越有"钦佩和愉快之感"。斯泰因将他引为知己，这封信她保存了多年。

斯泰因似乎没有天真无知的时候，她的天赋、阅历和阅读、写作的体验使得她似乎经历了更多的人生，艾丽斯在初见她的时候就感觉她"饱经沧桑，过去的阅历都丰富了每一种新的视界——这便是天才的一部分"。

斯泰因对写作非常自信，她写作时"毫不迟疑，下笔成章，十分迅速，手稿不做修改"。但在传统的审美标准中，她的写作不值一提。她的哥哥里奥认为斯泰因的语言极不规范，她写不出明白易懂的英语。夏虫不可语冰，他始终难以理解，斯泰因所追求的，就是避免明白易懂的英语。不仅仅是因为她复杂难辨的思想难以用当时已有的明白易懂的英语来表述，更因为她要实验新的英语表述方式，扩展表述的边界，拓展思维范式，冲击传统英语语言及其思维习惯。哗众取宠的言行只能带来拙劣的模仿，而特立独行的思想却能启发真正的灵感和创新的精神。

如果说福克纳的叙事最好地诠释了"文学立体主义"，那么弗拉基米尔·纳博科夫的《洛丽塔》则在整个文学理解上契合斯泰因对现代文学的想象。早在哈佛求学的时代，斯泰因在写她的心理学报告时未尝没有发现所谓"变态"其实是人生常态，她最早发表的不是文学作品，而是心理学学术论文。一篇是刊登在《哈佛心理学评论》上的《正常的原动无意识行为》，另一篇是《培植的原动无意识行为》。多年以后，斯泰因对人性有了更深的认识，对文字和句子也有了更多经验和自信。1941 年，她尝试了新的领域，在小说中对现代人的精神状态做病理学式的描绘。《艾达》中的主人公艾达有精神分裂的症状，她和自己分裂，让自己的"替身"承担自己不愿承担的负面情绪和现实挫折。有人认为，"斯泰因似乎从未像在《艾达》里这样敞开自己的心扉，或许可以把艾达看作纳博科夫笔下那位机智卑劣的'进入青春期的姑娘'洛丽塔的先驱吧"。[1]

不同的眼睛看向同样的人物、事物、景物，产生了完全不同的画面，而呈现这些画面的方式同样多元。斯泰因选择了一种她认为更直接有效、合理真实的方式，在那一段时期，她称之为"图解式性格描写"，这和纳博科夫精确的病理学报告在实践原理和文学审美上极为契合。19世纪过时了，对称、和谐、高尚的叙事遥不可及，那些罗曼·罗兰式的感伤情怀和宏大叙事被彻底地抛弃了。《洛丽塔》式的病理报告是20世纪文学创作的创新，也将为20世纪文学经典确立典范和标准。

由于对廉价抒情的鄙弃，对性格真实性的执拗追求，有一段时间，斯泰因甚至发现她的词汇量都缩小了，因为她坚决拒绝使用其中"滥情"的一部分。《美国人的成长》是一个很好的例证，斯泰因也因此被贴上"语言艰涩"的标签。艾丽斯初次看到《美国人的成长》手稿时，"感觉比毕加索的绘画更加激动人心"。手稿写在许多练习本上，"如能成书，可能有千余页，不分章节，有些句子长达二十行""避免不可避免的叙述……没有开头没有当中没有结尾"。斯泰因对自己的实验非常自信，她说"此书将美国文学和英国文学划分开来，英国文学创造了19世纪，美国文学创造了20世纪，而她则创造了20世纪的美国文学"。

斯泰因的作品为什么没人读，《美国人的成长》是一个经典的例子。1926年底，《美国人的成长》终于卖出去103册，评价十分具有代表性。坶丽安·穆迪在《日晷》上发表文章，说该书酷似《大路历程》，这句话是什么意思见仁见智，而埃德蒙·威尔逊在《新共和》

1　张禹九. 空谷足音——格特鲁德·斯泰因传 [M]. 中国文联出版社，2002·171

上的文章更直言不讳，他说他没有看完全书，"我不知能否看完……句子匀整和谐，冗长得没有必要，重复过多，总是以现在分词结尾，读者很快就产生焦躁情绪……干脆睡着了"。《星期六文学评论》称作者"显示了人头脑里最全面的使人迷惑的能力"，把排字工人害苦了，并说照此难度，排字工人的日工资应为 16 美元才说得过去。评论文章也许是出于嘲讽，但却说出了实情。艾丽斯回忆说："《美国人的成长》长 1000 页，大版面，印得很密……书里的句子越写越长，有时长达几页，而排字工人都是法国人，一出错漏掉一行要把它再补上，是非常费力的。我们常在早晨带着折椅、午餐和清样离开旅馆，整天跟法国排字工人的差错周旋。清样大多要校四遍，我的眼镜摔坏了，眼睛也累了，最后由格特鲁德·斯泰因一人完成。"

斯泰因野心极大，她要独创一种文学，而她的思想深微难辨，语言这种载体与色彩、画笔不同，受传统束缚更深。要改变语言，必然挑战传统思维范式，而人的惯性极大，大部分人懒得思考。斯泰因声名极盛而作品却少有人读，正是因为精英们慑服于她卓越的天才和惊人的首创能力，而普通人则附庸风雅，唯恐在审美时尚中落后于人。她的作品无论内容还是形式都力求新奇，读起来需要费尽脑力，才能勉强跟上。大部分人慕名而读，能够勉强读完一页的人尚且不多，能真正了解其追求的人，其实只有寥寥几位专业人士和作家。这些人就像是强力的斯泰因辐射机，他们要么在各种场合大加鼓吹斯泰因的实验，要么在自己的创作中将斯泰因的实验加以改变，融入自己的创新和理解，制作出更完善、更精美，也更能为普通读者接受的作品来。同时，斯泰因的沙龙也为这些新的作品培育了新的时尚品味、新的审美标准和新一代受众。如斯泰因所愿，在她的引领下，20 世纪成为美国的世纪，而斯泰因的文学为 20 世纪的美国文学指引了方向，制定了标准。

关于逗号，斯泰因是认真的

斯泰因的朋友们是她的首批读者。和许多现代主义作家一样，斯泰因不喜欢使用逗号，她的句子很长，富于韵律感，但没有逗号。霍威斯和妻子敏纳·洛伊都是斯泰因作品的爱好者。霍威斯阅读了《美国人的成长》手稿，甚为激赏，但是想为逗号们辩护。斯泰因说用不着逗号，文字的含义应该是不变的，不必用逗号来说明，否则逗号就成了人们停顿和喘气的符号，而人们自己是知道何时停顿，何时喘气的。为了争取在文中看到他熟悉的逗号，霍威斯送给斯泰因一幅好看的画，表明他是她作品的忠实爱好者。斯泰因便用了两个逗号以示答谢。但在后来重读原稿的时候，她又删去了这两个逗号，并且赞赏敏纳·洛伊说，没有逗号她也能看懂——"她一向看得懂。"

斯泰因对英语句子的创作有执念，也有天赋。法国评论家马塞尔·布里翁说她的句子"精确、简洁……获得了两种匀称美，跟巴赫的赋格曲的匀称美有异曲同工之妙"[1]。斯泰因最著名的诗句"玫瑰就是玫瑰就是玫瑰就是玫瑰"就是一个很好的例子。英语原文"Rose is a rose is a rose is a rose"是一个简单的主表结构的句子的叠加，主语是 Rose，系动词 is，后面是表语。显然，这个句子可以从左到右产生涟漪式扩散：

（Rose）is（a rose is a rose is a rose）

（Rose is a rose）is（a rose is a rose）

（Rose is a rose is a rose）is（a rose）

1　格特鲁德·斯泰因. 艾丽斯自传 [M]. 张禹九译. 四川文艺出版社, 2019:46.

也可以从右到左荡漾开来：

（Rose is a rose is a rose）is（a rose）

（Rose is a rose）is（a rose is a rose）

（Rose）is（a rose is a rose is a rose）

实际上，从视觉上，它就像一朵正在绽放的玫瑰：

{Rose is〔a rose（is）a rose〕is a rose}

视觉的对称加上音韵的优美使读者对熟悉的"玫瑰"再一次产生了新奇之感，至于每一种排列和组合在语法、语义和语用功能上有何不同，会给读者带来多少不同的联想和审美效果，恐怕需要用一个公式来计算才行。但显然，按照斯泰因的话说，"100年来第一次，在英语诗歌中，玫瑰在这个诗句中重现了它的鲜红"。

20世纪初，整个美国文化界都在极力自贬，在真正的文化自查前夕，自嘲和自贬是一种不乏时尚的调调。出版《软纽扣》的克莱亚－玛丽出版社以"出版新书以应异乎寻常的爱好之需"标榜，声称"在美国只有700个有教养的人，而克莱亚－玛丽只为有教养的人服务"。至于"软纽扣"究竟意旨为何，众说纷纭，莫衷一是。《芝加哥论坛报》评论说，不知道"软纽扣"是"指一只划艇、挂在火车头后的燃料车，还是指人的感情的表现"。比较不靠谱的猜测有——腌过的泡菜，比较靠谱的猜测有——阴蒂，当然还有天真的读者认为斯泰因喜欢纽扣——毕竟，她就是那么任性。但毫无疑问，这是一本前所未有的作品。《商业广告报》的评论很有代表性："斯泰因的这种新写法……是在半夜和天明之前的寂静而神秘的时间，信手拈来。"说了等于没说，朦胧美妙，但不知所云，这是爱好新奇的读者对斯泰因的整体接受状态——意义并不重要，重要的是她带给读者的感受：新世纪的黎明。

斯泰因做的最基本的一件事情就是与旧世纪斩断联系。语言是思想的载体，新思想要有新载体；否则，人们很难用心去思考和接受新事物和新思维。人的惰性和思维惯性非常强大，斯泰因和她的朋友们采用的手法必然是很极端的、割裂性的。塞尚和毕加索把画面变成一个个的几何体，而斯泰因则把句子分裂成一个个具有独立性的"词"。这些词被斯泰因从传统语境中生生地拽出来，通过孤立它、重建它的语义，甚至扭曲它的用法来凸显它的"本质"，而这个本质就是它将在新世纪的新用法。

《软纽扣》中随处可见这样的例证。《软纽扣》一共三篇，实物篇、食物篇和房间篇。从题目来看，就很分明，物即物也，斯泰因把实物的传统象征含义统统切割干净。其中最短的一首诗是这样的：

Potatoes

Real potatoes cut in between.

《土豆》

真正的土豆中间切开。

简单直接，真实而有画面感，没有任何其他的解释和联想。但正因为如此，给了评论家们极大的发挥空间。

"斯泰因这首诗写的是土豆，圆圆的、球茎状的根生长在大地之中，体现了生长和创造的意思。土豆在法语中是 pomme de terre 或人间的苹果之意，是挂在知识之树上的天国禁果的人间对应物……土豆跟那导致违禁的神果不同，它产生另一种知识；它摄取地上的和日常的物质而使身心结出果实。从存在经验看，土豆象征今世——现在——而不是基督教徒心目中的未来天国。"[1]

这段发表于 1990 年的评论显然已经深谙斯泰因的创新之道，但在 1914 年《软纽扣》刚出版的时候，这样生涩的句子居然也可以称为"诗"，对普通读者的冲击不可谓不大，而对同样在寻求创新和突破的作家的启发也是冲击性的。

"战后之初那不安的几年里，格特鲁德·斯泰因写作勤奋。不像早年连夜地写，而是不论何处都写，在客人来访的间歇写，我去办事她等在街上的车里时写，充当模特时写。那时她特别喜欢在停在挤满人的街上的车里写。……街上的响声和汽车的开动使她受到极大的感化。当时她也喜欢给自己出个句子作为音叉和节拍器，然后按其节奏和调子来写。"进入中年的斯泰因已经熟练掌握了她首创的写作方法，她享受写作的过程并且是一个高产作家，和人们想象中的沙龙女主人组织酒会、喝喝咖啡是很不一样的，她是一个认真的创作者。她对待英语句子如同对待情人："在你驱散人群之际，你便有了句子""我打破句与节奏与文学的泛音以及一切无意义的话，直接触及直觉沟通的问题。沟通完满，词语便有了生命力……写在纸上的词语便舞蹈便叹息便做爱便创造奇迹。"

人们接受一件事情可能很快，但意识到这一点却很慢。1926 年，斯泰因应邀在剑桥和牛津大学讲演，讲演结束之后的讨论进行了一个多小时，"他们问了各式各样的问题，他们大多想知道格特鲁德·斯泰因为什么认为她写的这类东西是正确的。她回答说这不是哪一个人怎么认为的问题，毕竟她已这样写了 20 年左右而且现在他们想听她的讲演了"。

成名以后，斯泰因的名字也成为一种符号，被赋予各种理想和过

1　贝蒂娜·L.·纳普. 格特鲁德·斯泰因 [M]. 纽约，1990:127.

度阐释，这类评价最为常见："她在语言革新、技巧突破以及创作意识等方面甚至做出了超越现代主义而且在今天看来都超前的尝试，她比 20 世纪其他任何用英语（或许任何一种语言）写作的作家都走得更远。她创立了自己特有的文学语言和形式，抛弃了传统的、霸权的、含义容易理解的模式，即重视所指超过能指的模式、被视为父权制的模式；她开创了一种丰富的、复杂的、开放式结尾的、反父权制的句法和语义模式。她写作的最突出的特点是重复、持续现在时和语言文字游戏，这使得她的写作超越了现代主义风格，而带有明显的后现代主义色彩。"如果斯泰因能够读到这样的评论，自然会哈哈大笑，无论人们为她创造出多少奇怪的术语都不会让她吃惊，但百年之后，语言仍然如此贫瘠、无力，倒要让斯泰因失望了，她必定会自己拿起笔来，写下一段"清楚自然"的颂词来表扬自己对英语文学的贡献。

现代主义

现代主义不是由斯泰因一个人领导的，活跃其中的人们甚至也没有主动、自觉地确立一些明确的标准和规范，但斯泰因居住的巴黎寓所的确在事实上成为现代主义先锋艺术家们的沙龙所在地，而斯泰因本人，则因为她对艺术品味的敏感、对艺术形式的创新追求，尤其是对艺术家们本身的兴趣，成为一个天然的纽带，将这些为 20 世纪设立审美标准的人联系起来，最终形成一阵时尚、一股风潮、一场运动、一个主义，成就了一个时代，引领了一个世纪。

围绕在斯泰因身边的艺术家包括：马蒂斯、毕加索、卡尔·凡·维奇坦、纪尧姆·阿波利奈尔、马克斯·雅可布、玛丽·洛朗森、埃兹拉·庞德……这个名单很长，也很杂，几乎包括了当时艺术界方方面面的代表人物。花园街 27 号在某个圈子里是日常聊天、交换观点、结识朋友的地方；在另一些人眼中，则是网红打卡地，是有教养的人到巴黎之后必须要去拜访的地方；而在更多的年轻人眼中，那是一个产生传奇的地方，从那里传出的只言片语都被他们奉为圭臬："现代主义""立体主义""原始主义""达达主义"……他们对此津津乐道，似懂非懂，但他们以此为武器，对抗所有他们不喜欢的"旧"的一切。新世纪的一代是追星一族，而花园街 27 号是他们的梦工厂。

《艾丽斯自传》中记录了斯泰因在巴黎观看《春之祭》的情形："表演一开始就全场哗然。大家都已司空见惯的这种布景和现在显得毫不奇特的色彩鲜艳的这种背景，惹怒了巴黎的观众。刚奏起音乐跳起舞，观众就发出嘘声喝倒彩，而支持的人在那里鼓掌。我们什么也听不到，这芭蕾舞的音乐我确实一点也没听到……舞蹈相当好，这我们能看到，尽管旁边包厢里有一个人挥动手杖不断地分散我们的注意力。那人终因跟他旁边包厢里的一位狂热者发生激烈争吵，手杖掉下，砸在另外那位为防不测而刚戴到头上那顶去歌剧院戴的帽子上。可谓狂热之极。"现代主义在 20 世纪初就是这样一种让人难以置身事外的存在，宽容和多元化是在无数次的争斗之后才产生的结果，而现代主义的一切吁求和特质，也在一次次的冲突中渐渐为人们所熟知和接受。

文学界几部现代主义的重要作品都发表于 1920 年代，T. S. 艾略特的《荒原》（1922）、詹姆斯·乔伊斯的《尤利西斯》（1922）、格特鲁德·斯泰因的《美国人的成长》（1925）都属此类。其中斯泰因最为年长，而《美国人的成长》的成书更是远远早于前两者。

斯泰因的作品更像是一种时尚。她的读者更多的是作家、大学生、图书馆员以及没什么钱的年轻人，但她的作品却常常作为收藏品被各种收藏家购买。读的人买不起，买的人却不读。但这也导致她的影响以两种方式在不同的文化圈子里传播，文人、艺术家和年轻人团体以及上流社会、附庸风雅的有钱人团体都以能引用斯泰因为潮流。

"迷惘的一代"

"你们都是迷惘的一代"，海明威把这句话题在《太阳照样升起》的扉页上。

关于"迷惘的一代"说法的出处，海明威的说法是这样：当时格特鲁德·斯泰因小姐使用的福特车的点火装置出了故障，车行里那位在战争最后一年当过兵的小伙子修理斯泰因小姐的旧车时，技术不熟练，而且工作态度也不够认真，斯泰因小姐提出抗议后，车行老板狠狠地批评了他。这位老板对他说："你们都是迷惘的一代。"于是斯泰因小姐回去之后就对海明威说："你们就是这样的人。你们全是这样的人，你们所有在战争中当过兵的人。你们都是迷惘的一代……你们不尊重一切，你们醉生梦死……别和我争辩，你们就是迷惘的一代，与车行老板说得一模一样。"

而在斯泰因《人人的自传》中原文如此："旅店老板说……我说过战时的一代是迷惘的一代。他是这么说的。他说人在 18 岁到 25 岁就开化了。如果在此时期没有经历过开化的体验就成不了开化的人。18 岁时去参军的人便错过了开化期……"也就是说他们失去（lost）了开化的机会，因而"迷惘"。

两相比较，可以发现两个人的风格差异，海明威的文风简单易懂，斯泰因则一如既往地充满了言外之意。海明威话里话外把斯泰因塑造成一个唠唠叨叨、吹毛求疵的单身中年妇女，而斯泰因却是单纯地对"迷惘的一代"的表述方式感兴趣。

马尔科姆·考利在《流放者归来》中谈到"迷惘的一代"是一种方便的表述，它明确地把年轻一代和战前的一代人分割开来：

对年纪大一些的人来说，这个词很有用，因为他们一直在寻找适当的词来表达他们的不安之感，他们感到战后的年轻人的人生观与他们不同。现在他们用不着不安了：当年轻人阅读冒犯社会道德准则或文学传统习俗的最新言论时，只要说一声"那是迷惘的一代"就行了。然而这个词对年轻人也很有用。他们是在迅速变化的时期里长大并进入大学的，在这样一个时期里，时间本身似乎比阶级或地域的影响更为重要。现在他们终于有了一个口号能宣告他们与老一辈作家的隔绝之感，以及与同辈作家的亲切之情。这个口号中的名词比形容词更为重要。他们可能惘然不知所终，可是他们已经有了共同的冒险经历，形成了共同的观点，从而有可能把他们说成是一代人。[1]

所以，"迷惘的一代"这个标签迅速被人们广泛接受和使用。海明威在《永别了，武器》中为"迷惘的一代"塑造了代言人亨利，他说：

> 我每逢听见人家提起神圣、光荣、牺牲这些字眼，总觉得不好意思。这些字眼我们早已经听过，有时还是站在雨中听的，站在听觉达不到的地方听，只听到一些大声喊出来的字眼；况且我们也读过这些字眼，从贴在层层旧布告上的新布告上读到过。但到了现在，我观察了好久，可没有看到什么神圣；所谓光荣的事物，并没有什么光荣；所谓牺牲，那就像芝加哥的屠宰场，只不过这些屠宰好的肉不是装进罐头，而是掩埋掉罢了，有许多字眼我现在再也听不下去⋯⋯

———————————

1　Malcolm Cowley, *Exile's Return: A Literary Odyssey of the 1920s*, Penguin Classics, 1994: 123.

海明威之所以能够为"迷惘的一代"代言，正是因为他实实在在经历了导致这一代人迷惘和幻灭的一切。"一战"开始的时候，19 岁的海明威对光荣充满了向往，他上了战场，并获得了两枚勋章。他本人身负重伤，但他感觉到了光荣，"这是为一桩大事业而受伤。这场战争没有英雄人物，我们都愿意献出我们的身躯……我的身躯被选中，我觉得骄傲和高兴……"然而战后一切都变了，人们对战争的看法彻底改变了。海明威诚实地记录了个人以及他这一代人的挣扎。他的作品如此真实，引起了一个时代的共鸣。《太阳照样升起》发表后，"青年男子试着像小说中的男主角那样沉着冷静地喝醉酒，大家闺秀则像小说中的女主角那样伤心欲绝地一个接一个地谈情说爱，他们都像海明威的人物那样讲话"。

但在人已中年、通透睿智的斯泰因眼中，这一切的撕心裂肺不免有些"中二病"的特性，她的冷静和直白还真是有些伤人。她说，战后的时代"变成了 26 岁的时代"，亦即开化期之后的年代，"在随后的两三年里，所有的年轻人都是 26 岁"，都错过了开化期，他们不仅 lost，也被 trapped，被困在开化期后期。而当时斯泰因的年龄是 46 岁，和这些年轻人一起，斯泰因又经历了一次文化迷惘和人生开化的过程，只不过这次，她是他们的导师。

多年以后，海明威的叛逆期仍没有结束，他在《流动的盛宴》中咬牙切齿地说："让她（斯泰因）说的什么迷惘的一代那一套跟所有那些肮脏的随便贴上的标签都见鬼去吧！"

美国教母

斯泰因喜欢美国不是因为她是美国人，而是因为美国骨子里就是一个"现代"的国家。她常说："美国现在是世上最老的国家，因为美国以内战方式和随之而来的商业概念创造了20世纪，所有别的国家现在不是正经历就是刚开始经历一种20世纪的生活，而在19世纪60年代就已经开始创造20世纪的美国如今是世上最老的国家。"

斯泰因虽然长年生活在法国，但她对美国价值和美国方式深信不疑。"一战"期间，斯泰因和艾丽斯购买汽车，为美国援法伤员基金会服务，战后，两人都得到法国政府的嘉奖，荣获"法兰西侦察勋章"。斯泰因常说，对于法国人来说，"有这次战争比只是去美国要强得多。如果你只是去美国就不能有在这里跟美国人在一起的这种方式"。她本人也是美国方式的践行者。当时和她们一起开车为基金会服务的人还有好几个，但他们就没办法像斯泰因那样让别人心甘情愿地替她干活。"不仅是士兵，在旺多姆的司机也会从自己的车里出来用摇手柄发动格特鲁德·斯泰因的旧福特车。……她本人不能干，但她和善，她民主……她说如果你像这样，什么事都有人愿意替你干了。重要的是，她强调说，你心里应当有平等意识，要把它看作最深刻的东西。这样，什么事都有人愿意替你干了。"

相比之下，斯泰因对德国评价不高。"一战"期间，斯泰因借住在英国怀特海博士家中。"英国人一说起德国人的组织，格特鲁德·斯泰因就很气愤。她坚信德国人没有组织，他们有方法但没有组织。你们不懂得其中的区别，她常生气地说，有两个美国人，有20个美国人，有几百万美国人，都能组织起来干点什么但是德国人无法组织起来干任何事，他们能陈述一种方法也可以把这种方法用在他们身上，但这不是组织。她坚信德国人不现代，是落后民族……他们不可能打赢这场战争因为他们不现代。"斯泰因斩钉截铁地将世界分为现代和落后两个部分，而美国，是现代的。

"使我们很心烦的另一件事是，英国人说在美国的德国人会使美国转而与盟国为敌。别傻了，格特鲁德·斯泰因常对某个人或我们所有人说，如果你们认识不到从根本上说美国是同情法国和英国的，而决不会同情像德国这样的中世纪国家，那你们就没法了解美国。我们拥护共和政体，她精神抖擞地说，深刻激烈彻底的共和国，而既然是共和国，就跟法国在一切方面都是共同的，就会跟英国有许多共同之处，但跟德国毫无共同之处，不论其政府是何种形式。我时常听她说美国人拥护共和政体，他们生活在一个非常地道且永远不会是别的什么玩意的共和国里。"

斯泰因在中年时经历了"一战"，她在欧洲广泛旅行，接触各个国家、各个阶层的人，帮助战争中的难民和士兵。她不仅在战争中，在文化对抗的前线肯定美国文化的现代性，坚定地支持共和主义，她本人就是美国文化的大使，她所到之处，代表了美国的文化，代表了现代精神；同时从文学上讲，她变得更坚定，更成熟，她已经摒弃传统的创作方式，完整地建立起新的英语写作范式。对美国在新世纪的地位，美国文化在"一战"后在全球可能扮演的领导角色，斯泰因有着非常自觉、明确的认识，正如她对自己首创的新的英语范式有着充分的自信一样。文化和语言相辅相成，在战后，斯泰因的成熟不仅体现在她的文学创作上，她也对整个美国文化的性质有了更清醒的认识，这是"一战"给她的最大冲击，也是她的一次重要成长。因为她的全球视野、现代视角以及战时阅历，决定了她比其他人更早地认识到美国人、美国文化即将在 20 世纪承担的责任，也使她在其后与年轻的美国人的交往中，可以指导他们如何认识美国文化，如何做一个 20 世纪的美国人。尤其是在英美文化和德国的"中世纪文化"的对峙中，斯泰因更加明确了美国文化的现代性，美国文化是 20 世纪的文化。

而此时的美国，正在经历严肃的文化自查和价值自省。"对很多美国知识分子而言，20 世纪 20 年代是一个祛魅的时代，他们认为美国文化道德僵化、反智、为资本主义个人主义所主导。他们中的一部

261

分人离开了美国，到巴黎和伦敦等地去追寻在美国无法找到的自由。这个美国正是辛克莱尔·刘易斯在他的小说《大街》（1920）和《巴比特》（1922）中描绘的美国，也是 H. L. 门肯在他的文化批评中针砭的美国。也许的确有些自相矛盾，但正是这些艺术家和知识分子，他们中的一部分同时也希望能发现一种不同的文学和文化传统，一种'有用的过去'，一种可以滋养现代作家和艺术家的传统。到 20 世纪 30 年代初，这些期望已经产生了康斯坦斯·鲁尔克的《美国性格》（1931）、刘易斯·芒福德的《金色年华》（1926），以及其他研究成果。"[1]

所以，当斯泰因在巴黎声誉日隆之时，也是美国文化经过自我怀疑、自我反省而日益变得自信的时期。1934 年，斯泰因和艾丽斯在美国四处讲演，这是斯泰因时隔 30 年后第一次回国，但她很享受这个过程，她说："真想永远留在美国。"12 月 30 日晚，埃莉诺·罗斯福在白宫接见了斯泰因。

"二战"时期，法国沦陷。许多人很好奇，斯泰因作为一个同性恋、犹太人、美国人是怎么在纳粹统治下的法国活下来的。其实答案很简单，那就是，哪怕在纳粹德国人的眼里，她也更是一位文化领袖、时代先锋，而不仅仅是同性恋犹太人。她是否为了生存做出妥协？那肯定是有的，比如她最为人诟病的是翻译贝当的一本演讲集并为之作序。当时美国和德国尚未断交，这项她的朋友伯纳德·费为了保护她而为她找来的工作从未正式完成，而她的名字却出现在 1943 年维希政府颁布的禁书令中，"斯泰因小姐"被列为犹太人作家，禁止出售其作品，并将其作品从图书馆清除。在整个德国占领期间，斯泰因停止了一切沙龙聚会，搬离了巴黎，住在偏僻的库罗兹，当地官

1　David D. Hall, *Lived Religion in America: Toward A History of Practice*, Princeton University Press, 1997: 23.

员为了保护她，把她的名字悄悄地从记录中抹去。她战时唯一卖出的艺术品也是为了支付她的日常开销，并没有卖给德国人。斯泰因和许多法国的抵抗运动成员也有很深的私交，并在其出版物《清泉》上发表作品，1944 年的一期《清泉》被认为是法美友谊的象征，在 1945年再次印刷。

"二战"结束以后，斯泰因发表了《我见到的战争》。她如今已是传奇一般的存在，"对在巴黎的美军来说，她如同埃菲尔铁塔一样，是巴黎的一大'景观'"。但斯泰因并没有因为年迈而失去她先知一般敏锐的触角，她说：

> 我们要打一场精神上的先驱之战，否则就会像英国和其他一些工业国家已经衰败的那样衰败下去……你们得找一条新的出路，得弄清楚怎样才能前进而不消耗你们本身，得学会生产而不耗尽你们国家的财富，得学会有独特性而不只是从事大量生产的人……不要怕根源，如果你们找不出根源就会衰败……找出根源，面对事实，不依赖那些领导人所说而依赖你们每一个人，民治民享的政府便不会从地球上湮灭……

虽然斯泰因的影响主要在艺术界，尤其在文学界，但斯泰因影响他人和社会的主要方式并不是通过她的作品，而是通过她的存在——她的思想、思维方式和生活方式。斯泰因最为人熟知的作品《艾丽斯自传》与其说是一部创新型的自传体小说或借他人之名撰写的自传，不如说是一本现代生活方式教程。自传最主要的内容是斯泰因在巴黎的生活日常，那些很可以被贴上"离经叛道"标签的选择．空白的试卷、直接放弃的学位、与同性恋人终生厮守、没有固定收入的画家、吵吵闹闹的沙龙、各执一端的艺术见解……都因为斯泰因视之为理所当然的态度、直接简约的文风与层出不穷的名人轶事而变成了令人趋之若鹜的都市传奇。美国身份、现代文化、男人、女人，斯泰因自由地重新定义和阐释这些基本概念，而整个时代做了她的注脚，为她给出的术语补充内容。她教会了一代最骄傲也最自卑的美国人怎么做美国人。

女士接力　美国变革者

格特鲁德·斯泰因年表

1874　2 月 3 日，格特鲁德·斯泰因生于宾夕法尼亚的阿勒格尼。

1893　进入哈佛附属女子学院学习。

1897　考入约翰斯·霍普金斯医学院。

1903　迁居巴黎，与其三哥里奥住在花园街 27 号。写《证讫》并开始写《费恩赫斯特》。

1905　斯泰因兄妹买下马蒂斯的画《戴帽子的女人》。认识毕加索。

1906　毕加索为格特鲁德·斯泰因画像。

1909　艾丽斯·托克拉斯迁入花园街 27 号。《三个女人》出版。

1911　完成从 1902 年开始写作的《美国人的成长》。

1912　完成《格特鲁德·斯泰因和她的哥哥》。斯泰利茨在《摄影作品》刊登斯泰因写的人物画像《马蒂斯》和《毕加索》。

1914　《软纽扣》出版。

1915　和艾丽斯在西班牙生活一年。

1917　回到巴黎，为美国援法伤员基金会工作。

1925　《美国人的成长》出版。

1926　在牛津与剑桥讲学，讲题为"作为解释的写作"。

1931　自费出版《露西教堂真可爱》《如何写》。

1933　《艾丽斯自传》出版，极为畅销。《马蒂斯、毕加索和格特鲁德·斯泰因及两个短篇》出版。

1934　《四圣人》先在哈特福德首演，后在纽约公演。在美国各地讲学旅行。

1936　在牛津与剑桥讲学。《美国地理史，或人类本性与人类心智的关系》出版。

1938　与艾丽斯迁往克里斯廷街。完成《浮士德博士亮了灯》。

1939　"二战"期间，与艾丽斯住在比利宁和库罗兹。

1941　《艾达》出版。

1945　与艾丽斯回巴黎。《我见到的战争》出版。

1946　7 月 27 日，病逝。

延伸阅读

1. 张禹九. 空谷足音——格特鲁德·斯泰因传 [M]. 中国文联出版社，2002.
2. ［美］格特鲁德·斯泰因. 艾丽斯自传 [M]. 张禹九译. 四川文艺出版社，2019.
3. Janet Malcolm, *Two Lives : Gertrude and Alice*, Yale University Press, 2007.
4. Lucy Daniel, *Gertrude Stein*, Reaktion Books, Limited, 2012.

本章作者

　　张媛，女，南京师范大学外国语学院副教授，文学博士，专业为美国文明研究。2011 至 2012 年，从事美国哈佛大学神学院博士后研究；2017 至 2018 年，于英国牛津大学罗瑟米尔美国中心访学。出版专著《美国基因——新英格兰清教社会的世俗化》，主编教材《西方文明：思想、文化与人物》。译著有《新月集·园丁集》《勃朗宁夫人十四行诗集》《改革中的人民：新英格兰清教及公共生活转型》《政府为什么会失败》等。参与撰写《自由的刻度：缔造美国文明的 40 篇经典文献》《绅士谋国：美国缔造者》，并发表论文多篇。

埃莉诺·罗斯福

Eleanor Roosevelt

（1884—1962）

人类大家庭的亲人

被人尊重的感觉可能比被爱的感觉更好。爱容易误入歧途，爱在带来美好的同时也造成伤害，而尊重只有好的一面。

——埃莉诺·罗斯福

1895 年，寄居外祖母家的少女埃莉诺·罗斯福写了一篇寓言体作文：花房里，玫瑰、百合、兰花都宣称自己是最漂亮的花，并为此争论不休。紫罗兰说："我们都有美丽动人之处，也各有所长。花儿间是平等的，是可以和平相处的。"在认知有限之年，小作者就展现出如此观察力与洞见，也预示了她未来的价值观：人类大家庭是一个多样化存在，里面每个成员既有个性，又有共性；人与人之间是平等的。

这是埃莉诺思想轨迹中值得深思的注脚，既是她成人生活的序幕，也是其政治生涯的原动力。

大家族里的丑小鸭

埃莉诺·罗斯福的父母皆出身纽约名门。罗斯福家族到她曾祖父时期，已是大银行家，且祖父积极回馈社会，其长子后来成为美国第 26 任总统，另一个儿子就是埃莉诺的父亲艾利奥特。埃莉诺母亲祖上是殖民地望族，其先祖曾参与签署《独立宣言》和华盛顿总统的就职宣誓仪式。埃莉诺是父母的第一个孩子，她的教父是大伯西奥多·罗斯福。

在《我的一生》中，埃莉诺评述过父母的婚姻："我的父亲……娶了我的母亲，接着，正如生活中其他事一样，悲剧和幸福接踵而来。"当时，美国社会要求埃莉诺母亲那样的女性安守所谓真女人标准,"除了宗教,女人不应该对其他事务更加热爱",即便男人在外拈花惹草,女人也必须保守克己,甚至"不该有欲望"。可惜埃莉诺的父亲无法承受这种风尚下男人应该担当的社会和家庭职责,不但缺乏"顽强的个人主义"精神,还因内外压力患上了神经衰弱症。这位在社交场合受人欢迎的明星却很难适应职场的跌打滚爬——焦虑、酗酒、乃至与女仆通奸是他逃避现实的事由,也是结果。埃莉诺不甚了解这些,她深爱父亲,与母亲并不亲密。

母亲安娜·霍尔在宗教感强烈的沉闷家庭氛围中被培养成上层社交圈的优雅女性,她迫切地在礼仪和气质方面着重培养女儿——这种努力使埃莉诺对自己的相貌敏感而缺乏自信。她身上有一种与她年纪不相符合的严肃,会被母亲喊成"小祖母",年幼的埃莉诺对此不知所措。看到母亲对弟弟们各种爱抚亲昵,她觉得自己是个外人。听到家人数落父亲的不是,小埃莉诺非常反感。母亲一心想将孩子引向正确的人生方向,以远离父亲的不良影响。但身体、情感和现实最终压垮了安娜。

寄居教母家中的埃莉诺听闻母亲去世,显得异常平静——正如多年之后,不在场的第一夫人听到总统去世时,也相当平静——这种平静与生俱来,也因淬炼而更甚。

她与父亲有更多亲密互动。父亲称她为"来自天堂的奇迹",小埃莉诺才4岁就展现出对爱的渴望和感受力以及爱他人的禀赋。她会悄悄跟父亲说:"我爱每一个人,他们每一个人也都爱我。"看到父亲因腿伤受苦,她跟着难过,总希望能帮到父亲。失去妻子的艾利奥特不久又失去一个儿子,由此对女儿更加倚重。没多久父亲也去世了,当天还给埃莉诺留了封信:"记住,爸爸爱你!"

在上帝的引导下,埃莉诺有着某种常人不具备的定力和对待死亡的平静态度。伤感的她很快接受了事实,只是懊恼没能再去见父亲一次。她的排解方式是一遍遍美化父亲,把他想象成英雄。她自己则是女英雄——与母亲关系的尴尬、来自父亲的爱，强化了她自童年就植根于心中的这种特殊情结。或许，她对父亲的情感还包含了对弱者的同情。目睹父亲生前的病痛、脆弱和愁苦，她灵魂深处想关爱他人并有所作为的心弦被拨动了。

10岁的埃莉诺和弟弟霍尔遂寄居外祖母家。埃莉诺从小就希望能帮到别人，也期待得到关注和赞许，这个心性贯穿了她的早年生活。一次，为帮阿姨拿缓解嗓子疼的冰块，小女孩竟在夜间壮着胆子，双腿打颤，从三楼卧室摸黑走到后院地下室。尽管害怕，她还是为自己能帮上忙而高兴。

童年时期的埃莉诺有着强烈的好奇心，不过，对她提出的问题，外祖母常不予回答。大人的这种消极态度让本来就一无所知的孩子更为恐惧，但也强化了她探求世界之心，更练就了她从负面因素中寻求积极解决之道的能力。

小埃莉诺曾想过要当歌唱家，这个理想虽未实现，但日后她却站到了更为广阔的世界大舞台。小姑娘从不参与其他孩子的恶作剧，别人也不爱跟这个过于拘守礼仪的高个子女孩玩。她最开心的事是阅读，外婆家的藏书室是她的宝地——从神学到现代文学——丰富了她原本就格外敏感多思的心灵。读书越多，感知自身悲伤和他人痛苦的能力越强。她也学会了以自己的方式与弟弟、外婆和其他亲戚，包括仆人，保持复杂多样、亦不甚亲密的关系。她逐渐意识到她可以塑造身边的人。

随着年岁稍长，埃莉诺不得不遵从习俗进入社交圈，也因此得见远房堂兄富兰克林·罗斯福。他邀请她跳了一支舞，两人相谈甚欢。年轻英俊的富兰克林被埃莉诺的学识所吸引，对她的见解甚为折服。他写信告诉母亲："埃莉诺妹妹很有头脑。"在社交场上，她虽然不像母亲那么光彩照人，然而，正如她伯母所言，"这只丑小鸭会变成白天鹅的"。

英伦求学

1899 年秋，15 岁的埃莉诺入读英国阿伦斯伍德女子高中。初来乍到，免不了迷惘孤独。不过，在新环境里自我调整于她而言并非难事。她很快发现，比起她之前待过的任何地方，这里简朴有序，很多方面都更适合自己。她也不用穿外祖母硬派给她的令人尴尬的童装了，并学会留心选择自己喜欢的穿戴和妆容。

埃莉诺自小从保姆那里习得法语，且读过法语学校，这个优势使她很快出类拔萃，也交到了谈得来的朋友。校长玛丽·梭维斯特对传统赋予女性的角色不以为然，鼓励学生摆脱惯性束缚，追寻内在诉求，独立思考，争取机会发展自我。她提醒姑娘们，女人也应该关注社会事务和政治议题。这位脾性独特的老师善于启迪她们提出问题，挑战旧观念和旧秩序。埃莉诺接受了与此前不同的思维训练，接触到过去不常见的交流人群和内容。

严厉博学的老师对有潜能、善于思考的学生情有独钟。埃莉诺与梭维斯特成了忘年交。两人有诸多共性：都是自小失去父亲；天性中都具备某种严谨作风；求知欲都强，都具备旁人不见得拥有的悟性，也都向往成为有智性、有担当的人。梭维斯特见过她父母，还教过她阿姨。外祖母此前亦对这位老师说过自己的外孙女"有一颗纯洁的心"和"高贵的思想"。这些都拉近了师生距离，促进了精神沟通，彼此吸引就是自然而然的后续了。

梭维斯特老师在给姑娘们讲授历史和文学时，语调中充满热情，脸上洋溢着智慧的光芒，还散发出平时并不多见的和蔼神情。课余或晚间，她会邀约她器重的几个姑娘一起阅读法国小说、戏剧和诗歌。埃莉诺身心自在且收获丰盈。姑娘们还经常聆听老师对公共事务的见解：从大国与小国关系、普通人的生活空间，到年轻人的独立、女性的觉醒。这些此前不曾听过的主张与她的心性倒是天然契合。也有些话题和观念，初听或许震惊，但随之而来的是茅塞顿开后的激动。埃莉诺意识到，她也可以关注政治，评判周围发生的事，甚至可以身体力行影响公共事业的进展。她更意识到不能听任自己在历史长河和人生溪流中随波逐流。

放假期间，埃莉诺会去欧洲旅行。在纽约，她的生活是由家族长辈安排，出行须有人在旁陪伴，也只限于固有圈子。而在英国，有老师认可、鼓励，她自己确定行程、订购车票、打包行李，还可以独自去想去的地方：博物馆、市井小巷、当地小吃店、各种工艺品商店、夜色中的迷人沙滩、艺术家朋友的会客厅，还有罗马竞技场、法国和比利时的学校等，都留下了她的足迹。在一次二人同行的奇特旅途中，梭维斯特即兴发挥，决定提前下车。于是，她们行李都没来得及拿全，就中途下了车。当晚，她们欣赏到了小城阿拉西奥的夜晚风情，这里最能呈现出地中海最蓝最美的景色。

在英伦求学，埃莉诺幸运地遇见了良师益友，收获了见识和乐趣。这个纽约大家族的丑小鸭明白了一个道理，相比外表的美貌和繁琐的社交，内在的笃定和信心才更重要。一个更为广阔的世界即将向她敞开大门，尽管新的人生风景也并不总是风和日丽。

一个非典型美国妇女的蜕变

1903 年秋，19 岁的埃莉诺接受了富兰克林·罗斯福的求婚，过程和结果都自然而然且顺理成章。

两人从偶尔遇见到有心约见，交谈的内容越来越多，彼此的好感日渐加深。富兰克林知道了埃莉诺寄居生活的不易，而他虽得宠于父母，但与家中同父异母的兄长年龄差异大，也有过孤独；他也遇到过一位知己般的校长，常跟他谈起富人要关心穷人，要有社会责任感。两位年轻人自然惺惺相惜。埃莉诺还聊到了梭维斯特以及老师朋友在欧洲开创的济贫院，其时美国的芝加哥和纽约也都有了类似的会馆，埃莉诺后来的朋友也是人生导师简·亚当斯就在身体力行做这件事。比起无聊乏味的社交圈，埃莉诺更喜欢到那里做志愿者，帮助移民和穷人。家人虽不赞同，她仍坚持。她带富兰克林去济贫会馆，他则第一次亲见贫民的状态。她由此一直相信这次参观对他人生观的影响。

对富兰克林的求婚，埃莉诺早有心理准备。她从英国回来后就投身慈善活动和社会服务，深入移民群体，参与城市改革，在济贫院做志愿者，但也还是迫于各种压力，不时进入独立女性梭维斯特老师所反对的"足以将人拖入混乱泥沼而无法自拔"的社交派对。不过，她也发现并认可了社交的必要性和重要性——她日后的政治生涯也验证了这点。重逢富兰克林亦为她所喜。

埃莉诺渴望体验女人的那种"生命之流"，渴望拥有自己的家庭，也渴望成为母亲。1905年3月，埃莉诺放下了事业家庭孰轻孰重的纠结，抛开了爱情能否地久天长的疑虑，步入婚姻殿堂。虽然她的个性和头脑吸引了富有眼光和远见的富兰克林，但在外表俊朗、自信活跃、善于交际的丈夫面前，她缺乏安全感。彼此倾心、相互吸引是一回事，婚姻生活中会带给对方幸福还是痛苦，又是另一回事。事实上，两人关系中潜在的问题在蜜月期间就已经表现得相当明显。

婚后的埃莉诺一度想做个"传统而安静的家庭主妇"，但放弃服务社会工作后，她产生了自我怀疑，常常莫名忧惧自己无法驾驭对丈夫的爱。她本向往两人能成为生活与灵魂伴侣，但因生性敏感自卑，对丈夫的爱和内心的焦灼混在一起，所谓关心则乱。富兰克林则对妻子想要的体贴和安慰无甚回应。婆婆高高在上，对埃莉诺的温顺服从和各种爱的表达暗自得意。

世纪之交的美国，女人囿于家庭，角色比较单一。为共同处理家庭事务，婆媳需要和平共处。婆婆守着独子寡居多年，儿媳自幼失去双亲——个人原因加之环境所致，高贵自信的女家长和善解人意的新媳妇之间产生了互相需要和关爱的关系，这种关系始于实用、终于脆弱——这也是那个时代家庭女性关系的一大特点。埃莉诺非常思念懂她、欣赏她的梭维斯特老师。蜜月期间她特意去了一趟曾经的求学之地，但此行更添惆怅——她曾经获得的心灵力量已随着良师益友的逝去而飘远。

次年5月，他们的第一个孩了安娜出生。此后十年间，她又生了五个孩子。其间各种不适和难受，她都默默忍受。由于书生气浓厚，动手能力不够，她成了笨拙的主妇和母亲，连学车也几乎以失败告终。婆婆在旁，她得不到自主权，这加剧了她个性中原本就有的害羞内敛的一面，并且与富兰克林恋爱时的心意相通也消失了。

不过，埃莉诺还是渐渐学会了管理家事和孩子，并意外其实也是必然地发掘了自己的领导力。她也能兼顾公益慈善，还与朋友一起阅读《圣经》和各类文学作品、历史著作，接触音乐、艺术，自己编织刺绣，担任法语、德语和意大利语老师等。她愿意也更擅长的是去贫民窟帮助穷人。

这个时期的埃莉诺还不能通透地看待身边的人和事，也无法突破里外藩篱。她仍将"夫唱妇随"看作是为人妻之责。不过，在公共事务和政治见解方面，她的确远胜她所在时代的其他美国妇女，甚至超过不少男人。富兰克林政治生涯的开启也打开了她潜藏的能力密码。身为妻子，她对丈夫作为政治家的优势和欠缺都看得甚为清楚，能以自己的方式辅助他。

富兰克林入选纽约参议院后，埃莉诺开始打理奥尔巴尼的内务和外事。脱离了婆婆的主导，她感到身心自由。在照料陪伴孩子之余，她常在家招待政要聚会，并安静地听他们讨论。当32岁的富兰克林成为海军副部长后，她很快投入到华盛顿的事务中，有计划地电话问候或到访两会议员、白宫官员，以及法官和夫人们，或者举办晚宴和派对，还给海军将士们准备食品送到现场，并慰问年轻海军的妻子们。

埃莉诺渐渐成为受欢迎的政治家夫人。1911年，她在反击坦曼尼政党机器中表现出色，获得全国性关注。对于政治这样一个不见硝烟、有成有败的战场，埃莉诺心性上被其吸引，但也深知其险恶。她开始学习立法知识，并去国会听立法辩论。她还结识了一些有影响力的政界朋友，也更深刻地体认并接纳了社会关系的复杂性。她帮丈夫弥合与政敌的矛盾，让他们坐在一起聊天。她懂三门外语，更能在外交上展现能力，并认识了不少欧洲大使和夫人。华盛顿岁月磨练了她的谈话技巧，她构建了属于自己的社交圈。

有时她仍会用有色眼镜看待不同人群。见到一些政治人物的超前举动，她惊讶且不愿接纳；她甚至会被丈夫提出的争取妇女选举权吓一跳。起初，她或许只是热衷社会进步与平等，还不是个女权主义者，也未外出工作养活自己和家人。但在为丈夫的事业投入心力之际，她感受到内心的渴望：自我独立。然而，鉴于她成长的环境以及当时的岁数和经历，她还无法想明白何为自我独立，是远离家人孤身英伦求学？是离开外祖母建立自己的家庭？是摆脱对婆婆的依赖？是把孩子们交给保姆？是秉持自己的严肃端庄与活跃嬉闹的丈夫保持距离？独立，既是勇敢的，也是孤独的。

第一次世界大战是人类历史上的重要节点，也是埃莉诺思想和行动的转折点。弟弟霍尔要服兵役，外祖母认为可以像内战时那样雇人去参军，埃莉诺表示反对："花钱请别人替自己冒生命之险，对于一位美国绅士而言，是可耻的。"这是她第一次大胆直面家族的习惯思维，也是她第一次公开的独立宣言，标志着她不再顺从旧的家庭准则。最终，这场战争不但震撼了外祖母这个群体的认知，也改变了美国妇女的角色。

战争要求美国人节约物资，履行爱国义务。埃莉诺积极响应，被食品管理局授予大家庭节约爱国模范。她不仅在管理家务方面日渐熟稔，还克服害羞，成了一位公共演说家。她每周去军人服务社这个满是普通人的地方，拖地、打扫卫生、生炉子，给士兵做饭、送饭，还帮士兵做制服、提供装备，并利用自己的政治人脉改善伤兵的生活状况。她干得充实又愉快，而她处理里外事务的效率和执行力令婆婆刮目相看。

随着年龄和心智的成长，她更能独立主导自己的生活和工作。在家，她摆脱了婆婆的管控，获得了尊敬和赞许；在外，她放下了从前生活圈子带来的拘束和不自在，她那被压抑的心性和天赋有了用武之地。她不但找到了自我，而且意识到她可以加入到改变历史的力量中去。

不幸的是，在照顾视察欧洲战情回来后生病的丈夫时，她发现了他与秘书露西·墨瑟的私情。外面是世界大战，家里是出轨丑闻。事实上，婚姻中注定难以解决的矛盾始终横亘在两人之间。两人个性喜好和心理距离相差甚远，生活上的妥协和配合也越来越少。双方都觉得遗憾，也各自遭受着心理折磨，又都不愿意为对方做出改变。此前新生儿小富兰克林夭亡，使两人关系雪上加霜。尽管 10 个月后又添婴儿，但他们在这第六个孩子出生后就分居了。不过二人的情感纽带既脆弱又坚韧，婚外恋暴露的是脆弱的一面。更为可悲的是，埃莉诺突然发现，她唯一可以倾诉的对象竟是背叛她的丈夫。

面对伤心愤怒的妻子，富兰克林愧疚也纠结。二人达成谅解后，埃莉诺刻意增加了与丈夫沟通的机会。她继续管理家事、服务军人，为抵抗突如其来的流感出力。外人看到的是，他们缔结的政治伙伴关系越发牢固且密不可分。

埃莉诺内心深处的挣扎又有何人能晓？她一如既往保持外表平静的风格，但深刻的伤痕已扎进生命。她来到华盛顿附近的一个公墓。

埃莉诺的朋友为自杀的妻子立了一座圆形墓碑，上面雕刻着一位长袍妇女，脸上有一股摄人心魄的悲伤神情，埃莉诺从中发现了某种平静的力量。她被这张脸深深吸引，似乎也只有她能在这座雕像上看懂悲伤与平静的奇妙平衡——这正是她心态的写照。

重新审视自我后，埃莉诺获得了摆脱绝望、恢复信心、驱逐孤独的方式：不做丈夫的附庸和装饰品，摆脱"空心人"状态，到公共领域去，帮助需要的人减轻痛苦，以人类的大爱代替个人的小爱。在看望受伤士兵和家属时，他们感受到了她带来的温暖，而她则"触摸到了人类的情感之源"。

"一战"结束后，夫妇二人去了趟欧洲。埃莉诺亲眼所见，是战争留下的恐怖场景和太多的年轻寡妇。欧洲归来后，埃莉诺对独立人格、自我信念做了更为深入的思考。在她加入美国妇女选举联盟不久，40岁不到的富兰克林被诊断为麻痹症。1921年夏，埃莉诺面对的是曾经给她带来情感痛苦而此刻正遭受身体痛苦的丈夫，还有五个被担架上抬着的父亲吓坏了的孩子——大的已进入青春期，小的尚需陪伴。她一边照顾丈夫，一边担当他政治上的代理人，常帮他完成一些需要远行的活动。

她仍在民主党担任妇女工作部负责人。比起同时代活跃在改革舞台的其他女性，她对于妇女权益的认知仍显迟滞，但固有的心性和此前积累的思想养分足以让她脱颖而出。她在公众演讲坛上更为勇敢。在自身努力和他人帮助下，她慢慢克服了心理上的不自在和演讲时的瑕疵，出色地进入了政治领域。

三十年前的少女埃莉诺所写的花房辩论与蜕变后的女政治新人在思想上依然合拍。她更清晰地意识到，大多数美国人都普普通通，既不大富大贵，也未一贫如洗。他们很少是天才，但都不缺乏见解——"他们之间是平等的"。

此后，她参与了更多社会和政治改革团体，并结识了不少妇女运动前辈。她调查与妇女相关的法律法规，了解国家的工会制度，帮助妇女工会联盟纽约分部筹措资金，为妇女争取从最低工资、基本生活保障到接受教育、维护健康、享受娱乐的权利等。当然，她为之服务的民主党党部仍然是男人的世界，女人只是来增添平等气氛的，还不能坐到决策人和候选人的席位上去。

40岁的埃莉诺在一次采访中披露了自己的思想变化过程。事后，女记者感慨，"政治并没有使她变成一个具有沙文主义气质的女人"。这样的感慨折射了当时的社会观念：女人参与政治就意味着丢掉女性特质。这个观念在女人中也大有市场。开明的丈夫会尊重妻子的生活方式，支持她们的慈善活动，但仍认为持家管孩子是她们的主业——政治是男人的游戏，女人负责可爱就行了。埃莉诺尖锐地指出，将女人归类为受保护的弱小存在，是男人的"功劳"，更是这个国家的毛病。

埃莉诺回想起自己最初对政治感兴趣的时候，曾与议员夫人们一起饮茶聊天，她发现她们居然对儿童福利、最低工资和八小时工作制这些与每个美国人利益攸关的议题毫不关心，她们不但一无所知，还对自己"无才便是德"的"真女人"状态颇为满意，对此埃莉诺心生反感也甚为忧虑。当然，她没忘掉自己年轻时对婆婆的依赖，还有对阶层观念的妥协。在采访结束前，她强有力地补充了一句："这种情形是愚蠢而又荒谬的！"这既表达了她对过去的反思和反拨，也展示了今后的决心和信心。

如果说埃莉诺投身政治的初衷是活出真我，那么随着被激活的能力和可发挥的作用越来越大，她切实反思了妇女的社会地位和发展机会。从前，在操持家务之余，作为社会名流，她担任过一些花瓶式的社会责任，那也只是高档消遣。现在，她有了新的社交圈，结识了不少女性朋友，律师、作家、老师、医护人员、立法部门竞选者、民主党工作人员和领导者，还有争取妇女选举权和废止童工的兼职或专业社会活动家，她与她们亦师亦友。即便婆婆对此颇有微词，埃莉诺也

279

不再顺从退让，而是坚持自己选择朋友的标准和自由，她早已飞出了禁锢自己的笼子。

富兰克林则乐于接受妻子的新圈子。一来，她们也是他作为政治家该结交的人；二来，她们给了妻子他所做不到的陪伴。1925年，埃莉诺终于有了完全属于自己的瓦尔－基尔小屋。这个居所于1977年被卡特总统定为"埃莉诺·罗斯福国家历史遗址"，这是美国唯一为第一夫人设立的历史遗址。她邀请两个视同家人的好朋友玛丽昂·迪可曼和南希·库克入住，也方便她们密切探讨新的社会改革计划。为改善农村与城市的差距，她们合力创办了家具厂和学校，埃莉诺亲自担当历史、戏剧、英语老师。忙碌的她即便坐火车也在阅读历史书籍和内政外交文章。

从1921到1928年，埃莉诺一边照顾丈夫、孩子，一边兼顾公共事务。随着老大嫁人、四个儿子外出读书，她与女性朋友们有了更具挑战性的事业目标：领导妇女加入支持民主党的全国大选。她和富兰克林都支持总统候选人艾尔·史密斯。虽然富兰克林和埃莉诺没有经历过史密斯那样的贫困与艰辛，但一个因生病而遭遇身体困顿，一个因性别而艰难跻身政界，三人因不同的原因产生了共鸣，实质维系他们的是共同的政治理念：关注弱势群体，倡导人与人之间的平等。

就在埃莉诺投入政治之际，她的丈夫当选为纽约州长——这十年间，埃莉诺的残疾丈夫由于自身魅力以及夫人相助，一直没离开过公众视线。成为纽约第一夫人后，埃莉诺在实践中进一步锻造了果敢和决断。

总统丈夫的"眼睛和耳朵"

1932年，埃莉诺成了美国第一夫人。

此前因为选情，她辞掉了民主党内的职务，也不便对政治问题公开发表言论。她仍兼职做些顾问，并继续原先的教学与妇女工会联盟工作。在大选过程中，她富有同情心和教养的姿态以及丰富的民情资源和人气，为政治家丈夫和选民之间搭建了有效的沟通桥梁。有时记者因为要了解她丈夫而来采访她，会被她亲切、冷静、干练的个人风采所吸引，主题往往会转移到她身上。

丈夫当选，埃莉诺觉得离自己很近，但似乎又很远；感觉跟自己关系密切，却又想置身事外。或许儿子艾利奥特请人给母亲画的肖像传递了精准的信息：一位富有魅力的中年女性，脸上洋溢着活力，充满了慈爱；再仔细端详，会发现她面部流露出令人费解的矛盾，一只眼睛宁静安详，另一只眼睛焦躁不安。埃莉诺面对这张画，竟痛哭失声——她为画家能捕捉到自己的心绪而感慨万分。

善于观察的记者洛伦娜·希克这样描述受访的第一夫人："她尽量微笑着面对大家，但又似乎习惯性地摇了摇头，眼里流露出痛苦的神情。"在希克笔下，埃莉诺像是"被一群狂吠的猎狗包围着的狐狸"。仪式结束后，她带希克来到悲伤女神墓前，告诉这位新朋友，每当她需要自我调节，就会来到这里寻求安慰，汲取力量。

埃莉诺一边忧思如何突破未来的困境，一边以自己的方式接受了新角色。她办妥总统就职后的一应活动，并向公众传递了一个信息：她不会放弃自己看重的私人生活以及为公众服务这一生命支柱。不过，公私兼顾是她的强项。她会选择适合的时日与密友希克开车出游，抛下第一夫人身份的同时，途中留心搜集资料，如农家生活点滴、天主教与当地教育的关系、印第安人的处境、缅因州发展状况，乃至魁北克地区的渔业和狩猎行业等。总统会在白宫的饭桌上得到这些信息。他当纽约州长的时候，她的辅助工作就做得很好，现在白宫观察家和智囊多了，她能发挥的作用有限，但过去的惯例尚在延续。埃莉诺一有机会就会深入了解这个国家的细微之处，从而在第一夫人的位置上，与总统一起为国家服务。

因富兰克林行动不便，埃莉诺常替他在国内外巡回访问。仅在1933年，她就旅行4万多英里，担当他的"耳朵和眼睛"；她还应丈夫之邀发表自己的看法。富兰克林深信，夫人的意见就是美国大街上每一个普通人的意见。埃莉诺探望对政府有诉求的"一战"退伍军人，为总统赢得声望和支持，人们感慨"胡佛派来了军队，而罗斯福派来了夫人"。第一夫人和总统因为共同的政治目标和事业的相辅相成构成了别样亲密，私下里他们相敬如宾，一起度过的美好时光就是谈论政治、立法、行政、国家的过去和未来以及人类道德。

他们也各有社交圈，和对方朋友皆友好相处，工作上常互通有无。埃莉诺的密友希克于1933年到联邦紧急救济署工作，走访了几乎整个美国，将新政反馈调查报告经由上司之手交到总统手中。希克还写信给埃莉诺，从个人角度谈及大萧条期间农场、矿场的状况以及自己的看法。这些信间接充当了第一夫人的旅行调研，有助于白宫更切实地了解贫困、应对救济。第一夫人也会亲自走访希克报告中的贫困矿区。

如果说作为行政领导者的总统是新政头脑的话，那么以同情和智慧助力的埃莉诺则是不可或缺的心脏。他们所做的相互重叠也相互补充，更相互促进。富兰克林以政治家的魄力出台了一个又一个将国家从经济衰败中拉出来的政策，埃莉诺则以自身特有以及女性共有的恩慈之心和理想主义，亲历民众苦境，极大地补充了富兰克林力所不能及之处，做出了此前第一夫人所未能做出的贡献。新政成效显著，第一夫人功不可没。

埃莉诺将"每个人都有责任帮助他人的观念"落到诸多实处。她也明白，仅靠个人的慷慨救助无法解决一些地区乃至整个国家的萧条，还需要政府和民众合力协作。而一个国家要正常运转，必须给每个人以生存发展的空间。埃莉诺遂敦促建立了由政府出资、旨在消除城乡差别的阿瑟戴尔社区，此举引起媒体关注，也引发了批评，甚至被责为对国家财政不负责任。后来，埃莉诺自己也意识到，这个过度依赖政府的社区不是解决经济问题和社会弊病的良方。不过在当时，罗斯福政府因树立了关心个体价值、救助灾民的道义形象而获支持。

第一夫人还与好友、当时的民主党妇女部主席莫莉·杜森一起鼓励妇女走向社会、承担公职，不少妇女因此进入华盛顿政府部门。她还召开专门针对女记者的新闻发布会，以鼓励更多知识女性加入传媒工作。埃莉诺并未明确呼吁平权，但她是提升妇女工作环境和待遇的重要推手。然而，她还是因态度温和以及女权立场不明朗遭到激进女权派的批评。不过埃莉诺自有章法，一直在帮更多妇女体验新人生。

在 1930 年代的美国，多数人想不到黑人也应享有和白人一样的权益。如果此前她对黑人受歧视像是持默许态度的话，那么后来她则对学校和公共场合的种族隔离、南方黑人未得到事实选举权、私刑这些美国政治体系中的毒刺有了痛感。她坚定主张废除野蛮的私刑，连她一贯保守的婆婆也都成为坚定的反私刑者。她建言丈夫支持通过废除私刑的法案，但总统担心此举成为"政治自杀"，只采取了象征性行动，以平息黑人领导者和夫人的不满情绪。

1936 年大选，黑人选民倒戈转向民主党富兰克林。第一夫人的人类大家庭又添新成员。她与黑人拉近距离的一些做法遭到南方种族主义者和总统身边保守人士的诟病。总统心中默认妻子的做法，同时以妥善姿态与南方同道周旋。他知道她会帮他获得必要的政治同盟，还意味深长地让白宫中人听到他对夫人说："谁都知道我是管不了你的。"

1938 年，埃莉诺出席了奥尔巴尼的南方谋求人类幸福大会。在黑白分明的大会现场，不方便坐到黑人一边的埃莉诺把自己的座椅挪到了过道中间。次年，她因美国革命女儿会拒绝黑人歌唱家玛丽安·安德森进入礼堂表演而毅然退出了这个曾让她引以为豪的组织，并帮助安德森在林肯纪念堂的台阶上举办了露天音乐会。后来英国国王王后访美，埃莉诺又特意安排安德森演唱了代表美国民俗风味的黑人圣歌。

埃莉诺的白宫生涯忙碌且富有成效。她的伯父西奥多·罗斯福曾将总统职位比喻成"权力之坛"，她则在第一夫人这个另类"权力之坛"上实现了自己的理念和抱负，同时不遗余力帮丈夫抱薪。她继续奔走在煤矿、农场、工厂、贫民窟、拯济工程现场，更多普通人感受到了一位身居高位却又"无处不在的人"对他们的关心。她还见缝插针安排总统与工人、佃农、黑人等一起吃饭，富兰克林则以拗不过夫人的姿态让保守人士释怀。鉴于她在政治上的助攻之力，富兰克林乐见妻子的"强势"甚至"越界"。

埃莉诺持续给杂志社写稿，向读者叙述白宫生活点滴以及在外游历感受。她应邀去电台做访谈，发表对政府、公众、人权、文艺、生活、商业等方面的看法，既有高深的政治理论，也有琐碎的日常生活。她由此而获得的报酬甚至比总统丈夫的薪资还多，这也引发了对她的批评。不过，她把多数酬劳捐给了慈善机构。她还专门聘请发音老师和助手帮自己提升演讲能力，成了最受人尊敬的演说家。

1939 年，英国国王乔治六世和伊丽莎白王后访问美国。陪同的埃莉诺感悟良多也受益匪浅。不同于自我标榜的作秀人物，国王王后将领袖风范和民主本质自然地交融在一起，既发自内心又感人至深。他们顶着烈日，参观民间资源保护队营地，耐心倾听，细致询问每个人的饮食住宿以及未来打算。一个人心里装着什么，眼里就更容易看到什么。埃莉诺看到的正是她内心认同和追求的：关心人民福祉。两位来宾作为乔治三世的后代，还去了芒特弗农山庄，给当初带领殖民地独立于他们祖先的华盛顿献上了花圈。这种对历史的尊重，这份理性与豁达，恰恰是真正的高贵——不记旧账，不计过往，不纠缠于"你两百年前是我的"这种执念。王后离开前特意寻找帮他们开车的司机，想要表示感谢。这种教养和对普通人的尊重，既让埃莉诺铭记，也深深共鸣。

英国王室访美加深了埃莉诺对民主本质的思考。在《民主的道德基准》中，她基于自身的宗教信仰、从政经验和个人生活，回顾了美国的政治理想，也探索了美国的民主：民主是一种价值观和生活方式；民主既是给自己争取自由，也包含与他人友善合作；每个人既要为自己的幸福打拼，也要为他人的幸福奉献；真正的成功不仅是自己成功，也要能帮他人成功。她强调，只有每个个体都能保障生活水准，只有摆脱贫穷和偏见，只有儿童、老人、妇女、穷人、黑人、印第安人真正享受到自由，这个国家才算是实现了民主。

民主政治要做的是释放人心中的善意，改变"多数人创造的财富被少数人掌握"的不公状态。她认为只有民主制度才能促进人的全面发展，而民主的美国可以塑造"温文尔雅、慈悲为怀、具有博爱精神的人"。埃莉诺从对民主的思考中找到了她认同的政治理想，也找到了她个人的奋斗目标。

针对欧洲紧张局势，埃莉诺指出，人类大家庭始终有精神贫瘠之人，以欺骗和恐怖建立并巩固只为一己之利的政权，世界因此而陷入混乱。她预感到美国会被卷入千里之外的漩涡。她的忧虑比 1918 年更为深重。现在，她丈夫是总统，最小的孩子也已 23 岁，是该上战场的成人了。

1941 年，富兰克林获选第三个任期。此前的民主党大会上，副总统提名争议纷乱，埃莉诺到场陈述了亨利·华莱士担当竞选伙伴的理由，并恳请在座人士为了国家利益搁置个人喜好。久经公共讲坛的埃莉诺宛若一枚定海神针，提名争议告终。

然而，压力与成功比邻而至。富兰克林没法"从总统位置上退下来快乐地过自己的日子"，她也不得不代替残疾丈夫外出奔波。共同生活了 35 年的丈夫十分疲惫，已有两个儿子为了正义与和平入伍。作为人类大家庭的一员，她支持丈夫、孩子，也为他们自豪；作为妻子和母亲，她内心备受煎熬。珍珠港事件后，她更忙了。总统有时会从白宫工作人员口中得知第一夫人竟通宵未眠。

就像总统的炉边谈话一样，第一夫人也告知关注她的民众："我心中有一座坚定的靠山，那就是对全体美国人民的信心。"1941年12月7日，总统在国会发表讲话，呼吁宣战。第一夫人在旁聆听，百感交集，她为丈夫的健康和儿子的安全，也为人类的命运忧虑。当晚她便与纽约市长和民防局同仁飞往洛杉矶。途中惊闻旧金山遭日军轰炸，到达后方知是谣言。危险已迫在眼前，埃莉诺仍马不停蹄，奔波在西部几个州之间，协同当地做好西岸防御。

因身份不便以及反对人士诟病，埃莉诺辞去了民防局职务，这是个解脱，但她只会更忙。战时她去的地方不比带病坚持出行的总统少，她竟因此得了个并不友好的雅号——"飞机第一夫人"。她探视国内外很多军事基地和战地医院；她飞往英国，检阅即将奔赴北非前线的英国跳伞兵，对英国人民发表广播讲话，看望兵工厂女工，与女军人会晤；她还与国王王后一起探访伦敦贫民区以及受德国空袭后的满目疮痍之地。

1943年，她飞往南太平洋及周围诸岛探视伤兵。第一夫人优雅高贵又亲切慈爱，更像个邻家母亲，远方将士从她那里得到了极大的安慰。新西兰一家报刊盛赞她"不仅为美国人，也为世界人民追求美好的生活而奉献"。埃莉诺亲见战争戕害，与无数美国母亲一样"内心经受着死亡的折磨"。她和丈夫为全都奔赴战场的四个儿子揪心。她坚信，人类一定要结束战争，在废墟上重建美好世界。此行归来，埃莉诺推动人道主义计划的心愿更加强烈，然而国家应对战争已是不易，对此无暇顾及。埃莉诺特别敦促要禁止部队中的种族隔离。她关注战时中小企业主和工人的状况和待遇，还顾及日裔美国人的权益，一度反对将他们集中隔离。

总统忙得焦头烂额，第一夫人也没闲着，还得应对各种批评。有人反感她投入了本该男人主导的国事，甚至指责她是"爱跟丈夫指手划脚的女独裁者"。还有人说，在白宫，只有两个人能对总统的过失直言不讳，其中一个就是第一夫人；又有人说，埃莉诺是"没有部长职位的内阁部长"。据传，战争期间，罗斯福常安排这样的祈祷："亲爱的上帝，请让埃莉诺精疲力竭吧！"一次，她行色匆匆去了巴尔的摩的监狱。下午总统有事找她，听到女秘书在电话里告知，"夫人在监狱里"，总统无奈但毫不惊讶地幽默了一把："不过，她到底犯了什么罪？"

总统知道，"埃莉诺没有一件事是为了自己"，他更清楚，没有夫人，他"成不了现在这样的总统"。高明的他深谙把握时机之道，而她则坚定不移追求公正，有时显得急迫，甚至像个鼓动家，会让旁人觉得她把总统逼得太急；但她可以少些顾忌、直截了当地说出想法。第一夫人和总统默契地站好每一次面对公众的位置：谁在前，谁在后；谁负责主讲，谁默默观察；谁坚持，谁斡旋。他需要的是她打造的缓冲地带。美国第一家庭就这样被不可分割的政治纽带维系在一起，互相汲取养分和力量。

埃莉诺打破了第一夫人仅仅是国家形象和礼仪道具的传统，她的支持率常超过丈夫。她早已从情感上走出男人的阴影，以自己的建树打造了独特的个人形象，极大地触动了人们的观念，因此成为所在时代最有影响力的女人。

1945 年 4 月 12 日，她的第一夫人生涯戛然而止。丈夫去世，她心底的悲凉无人能晓。即便是亲耳听闻他的旧情人露西小姐当时在场，她仍未流露出明显的情绪波动，她"打小就被训练了把喜怒哀乐藏在不为人知之处"。在护送富兰克林遗体的火车上，埃莉诺默默地对自己说："有些事情快要结束了，而新的时日也即将到来。"

从美国第一夫人到世界第一夫人

埃莉诺与富兰克林，情感距离堪称遥远，但四十多年的生活和政治伴侣，是惯性，也是力量源泉和心理支柱。一朝失去，难免孤独。日本投降消息传来，她松了口气——孩子们可以从战场上归来了。她整理了丈夫和婆婆的遗物，分了些给子女；大房子和多数财物捐出，孩子们也都同意；她自己只留了极少的东西。据说杜鲁门夫人进了白宫后，发现那里堪称破败；国会所拨的 5 万保养费她分文未动。"罗斯福夫人更关心那些蒙受不公待遇的人，而不是白宫地毯下的灰尘。"占有大量财产不是埃莉诺追求的成功人生，她认为守财奴在做人方面是失败的。于她而言，"钱财最有价值的用处是帮助自己扩展有益的才能，让自己最大程度地为社会和公众做贡献，给他人带来幸福"。

对是否继续投身公共事业，她曾一度犹疑。很快，61 岁的埃莉诺开始书写新的人生篇章。丈夫的突然离世并未削弱她的影响力，她不比从前做第一夫人时逊色——她在民间和官方、国内和海外，受欢迎度不减反增，还有人建议她竞选公职。1948 年，她甚至被提议参选杜鲁门的副总统。

杜鲁门深知前第一夫人的社会影响力以及在民主党内的凝聚力，曾写信征询她对白宫工作人员的看法，她则写信向新总统就民权立法、妇女权益以及国际关系建言，还帮助推进援助欧洲的马歇尔计划。对于麦卡锡赤色恐怖，她毫不讳言地公开驳斥，并直截了当且相当准确地将麦卡锡定位为"这个国家有史以来最令人讨厌、对自由威胁最大的人"。

1946 年，埃莉诺以美国驻联合国代表的身份低调前往伦敦，出席第一届联合国大会。因性别原因，她被安排到分管人道主义和文化教育的第三委员会。意识到女性仍无缘政治经济事务的埃莉诺默默接受了这一安排，并认真参加每一次会议。老朋友、新相识都是她交流的对象，由此获得了丰富的信息来源。

在人权委员会，苏联认定难民中有叛徒，要求强行遣返回国处置。包括美国在内的委员们认为难民应有自由选择今后居住地，而埃莉诺在这场关系到难民去留乃至生死的辩论中发挥了核心作用。一方面，她与苏联代表友好相处；另一方面，以既不激烈抗辩又不轻言放弃、略带讥讽却又坚定有力的方式应对苏联代表的骄盛蛮横，同时以最大努力争取到南美国家的支持。大会拖到深夜，终于否决了苏联方案。这是埃莉诺的胜利，也是"二战"后自由和民主的又一次胜利。

次日一早，埃莉诺顾不上睡眠不足，乘着空军飞机去德国看望难民。一路目睹曾经的敌国被炸惨状，她没有胜利的喜悦，只感到巨大的悲怆。少年的她曾鄙视过犹太人，后来在为劳工、妇女、黑人争取权益的时候，她开始思考犹太人的处境。战争伊始，她力劝总统丈夫收留犹太难民。当她在德国难民营听到一个牵着弟弟小手的12岁少年唱起《自由之歌》时，仿佛看到了带着弟弟寄居外祖母家的自己。这首歌唱到她的心里，她深深震撼，静穆不语。

不久，她再度被任命为美国驻联合国代表，担当人权委员会主席之职。代表们各有本国立场和利益。美国提出包含政治自由的人权法案，如言论自由、反对强行拘捕的自由、公开审判的自由；而苏联志不在此。作为经验丰富，能将理想和现实、温和与强硬奇妙交融在一起的外交家，埃莉诺的策略是，以普通人的诉求为出发点，以温和谦逊的母亲式态度说服，且兼顾在场男人的心理，对他们不吝赞美，但在恭维的同时也并不回避自己的坚定立场和重要作用。

身处男性居多的工作环境，女性常有窘迫之时，但这对于经验丰富的埃莉诺而言，并非难事。这位久经历练的六十多岁老人，能将平静的力量运用得娴熟自如。正如她后来在自传里提到的，无论外在环境多么纷乱嘈杂，要在心中开辟一方绿洲，以减少精神损耗。这是埃莉诺年轻时的心得。她充分利用自己年长女性的优势，加之天生具备且由后天不断打磨炼出的坚强意志，从容冷静地主持会议，谦和友善，审时度势，在无序中把握尺度，以真诚朴实打动人，以机智甚至狡黠策略让对手就范。面对最难对付的苏联代表，埃莉诺竭尽所能显示了尊重和耐心。她还坚持中国共产党所领导的社会主义中国应在联合国占有席位。自中国抗战伊始，她对反法西斯的延安就持期待和支持态度。

最难越过的坎是人权。苏联坚持个体必须服从国家——公民权利未列入其意识形态和政权的字典。埃莉诺建议苏联和美国都接受中立机构调查，同时申明，攻击对方的邪恶和丑陋毫无益处，推诿责任更不是大家坐在这里的理由。她时而温和劝解代表们不要只站在自身立场相互指责，时而引导在场的"男孩们"互助协作，为起草法案多花心思，最终化解了有时显得无可挽回的严峻局势。值得一提的是，她自始至终没有树敌。

埃莉诺相信，相互尊重是文明社会人际关系的基础。强迫他人或许可以获得一时之功，但会留下憎恨这个副产品。对苏联代表的状况，她心知肚明：对方都是上级规定好了的统一口径，若没接到新通知，会重复前一天的发言。这种无法讲理、无从沟通的拉锯战，令人受挫也使人愤慨。然而动怒、动武无济于事，即便只是达成临时方案，也比毫无结果强。有一条关乎保护人民工作的权益，苏联人的口吻是：我们拥有、我们掌握、我们需要、我们安排；而美国人的表述是：我们创造、我们提供、我们保障、我们尽责。一个是计划经济的操控式，一个是自由经济的服务式。这是本质差异，也是制度特色。鉴于双方互不相让，最后只好将两条解释都记录在案，各自按自己的理解接受了该条款。

埃莉诺孜孜以求的是一份宣扬人类权利和个人价值的文件，而且还不能只由单个国家来写。最终，这位勤勉的老人领导人权委员会，耗时两年，给自己、给美国、给全人类交出了来之不易的成绩单。1948年，埃莉诺在联合国发表关于人道主义精神的演讲，这也是联合国的根本宗旨。演讲获得与会代表全体起立、经久不衰的掌声，她是唯一获此殊荣的人。终获联合国大会批准通过的《世界人权宣言》融入了人类历史上诸多关于自由的伟大文件，如《大宪章》《权利法案》《共产主义宣言》等，也融入了埃莉诺本人的人权观念，其开篇就确认了人类大家庭所有成员享有不可侵犯的尊严和平等的权利，并强调这是世界和平、正义、自由的基础。

她还竭力倡导建立以色列国家，并将是否支持犹太人建立以色列国、是否承认这个新国家看成是联合国的试金石。此后几年，她数次访问以色列，并不吝赞誉之辞。

埃莉诺一直希望《世界人权宣言》不止于一份道德倡议书。在她辞世四年后，一份正式契约得以签署。虽然仍缺乏强有力的法律效力，但已成为国际通用的人权标准。这是世界人民自我解放和挣脱暴政的宣言，人权自此成为现代世界最具权威性的道德理念。苏联作家、诺贝尔文学奖获得者索尔仁尼琴盛赞它是联合国制定出的最好的文件，联合国第三任秘书长吴丹称之为"全人类的大宪章"。

埃莉诺的国际声誉经联合国生涯之后愈加显赫。几年内，这位杜鲁门总统誉称的"世界第一夫人"几乎走遍全世界。不在联合国任职期间，她则展开个人外交，成为联合国美国协会领袖。在国内，她一直是民主党中坚力量，曾以70岁高龄全国巡回支持阿德莱·史蒂文森竞选总统；后来她又以一贯的冷静和理智，写信安慰败选的史蒂文森。

1957到1958年间，埃莉诺在海德公园接待过赫鲁晓夫，并两次飞往苏联，与赫鲁晓夫讨论资本主义和共产主义各自的原理和优越性。两人观点尖锐对立，但谈话过程和风细雨。一个像乐呵呵的农场工人，一个像慈祥的老祖母，双方都很享受辩论过程。于埃莉诺而言，苏联之行意义重大，信息量和收获也极其丰富。

1960 年，埃莉诺大病初愈，仍回到心之所系的公共服务事业。她再次被肯尼迪总统任命为美国驻联合国代表，并担任肯尼迪政府的妇女委员会主席。猪湾行动失败后，她被紧急派往一个委员会，以拖拉机换回因行动失败被古巴卡斯特罗政权俘虏的美国人。1962 年，她罹患骨髓结核病，11 月 7 日，她于家中宁静离世，被安葬在丈夫身畔。纯白的大理石墓碑上没有装饰，没有碑文，只有姓名和生卒时间。

热忱与疏离

埃莉诺生于维多利亚时代，因着"对世界永不倦怠的追寻之心"，这个敏感、自卑、胆怯、腼腆的小姑娘最终成了豁达、大方、果敢、仁爱的"美国公共能量第一人"。她热忱缔结人与人、民族与民族之间爱的纽带，自己却时常在孤独中挣扎。如果说她与母亲、长辈、丈夫、子女、朋友之间的关系存在着某种共性的话，"疏离"是关键词。

小时候，埃莉诺就常离群索居。英伦求学，遇到人生知己梭维斯特老师——这是跟母亲以及外祖母都不甚亲近的她在父亲去世后，第一次愿意亲近的人。回国后与老师通信三年。遗憾的是，老师患癌过早离世，一别之后再无重逢，令人深感遗憾和伤痛。

结婚之初，埃莉诺一度渴望将婆婆当作母亲，在心理和生活上都依赖这个有些盛气凌人的长辈。离开纽约后，婆媳关系从过于亲密变得过于疏远。埃莉诺后来几近痛恨自己曾经对婆婆的依赖——事实上，她痛恨所有过于依赖他人的行为。与其说她疏远婆婆，不如说她抛弃了过去的自己。先她去世的弟弟霍尔与父亲很像，他也几乎一辈子依靠姐姐。比起被人照顾，她更愿意照顾别人。

埃莉诺与富兰克林，男女之情疏淡，甚至还有着微妙的厌恶。蜜月期间，新郎就相邀别的魅力女性游玩，被撇在一边的新娘空落嫉妒、沮丧、不安与无奈。也不能说他们全然割断了对对方的爱。两人各有所伴，尊重彼此的生活和交友空间，又各自发展兴趣和事业；他们与对方朋友相处融洽，却从不真正介入对方的圈子。这种心照不宣的平衡掩盖了婚姻中的灰色。

丈夫去世，她悲伤也平静；获悉他旧情人之事，她在心底最终确认：她和他是最熟悉的陌生人。她"出席了丈夫的所有公共社交活动，唯独在他的感情生活中缺席了"。不过，埃莉诺曾说过，"共同的志趣和利益才是真正的婚姻之光"——她对婚姻的这一定位释放了自己。她想通了丈夫的不忠，理解了他对活泼有趣女人的向往，并原谅了女儿对露西的安排。富兰克林去世了，人们想象埃莉诺的悲伤，而埃莉诺也在旁观人们的悲伤。

或许有人会问：如果没有政治纽带，埃莉诺和丈夫的关系能否维持下去？只能说，命运既给了这样的结局，就不会为别的假设提供答案，其余所有尽在想象。在政治抱负和儿女情长之间，她选择了前者，用丈夫的平台甚至特权推进社会公正，开创了独特的第一夫人政治。他们爱与尊重的对象是政治家伙伴而非普通人家的丈夫和妻子，这就注定了他们之间既亲密又疏离。

比之婚姻，友情少了些繁琐。女性之间往往更会心性相连：思想有共鸣，行动有默契，彼此有内在的体恤对方之心，能就生活中的具体问题有商有量，分享甜蜜，开解苦恼。埃莉诺认为，"处理不好同性关系的人，很难说能处理好两性关系"。在她看来，心灵相通并不是所有人类都具备的能力，上帝也不见得会给所有人这种机会。她深感自己和记者希克结缘是一种恩赐。

富兰克林大选获胜，希克第一时间采访埃莉诺，打破了传统的第一夫人要与媒体保持距离的常规。当然，这样的创举需双方合力。埃莉诺与新闻媒体直接接触，是她过去参与公共生活的延续，也拉近了白宫与民众之间的距离。两人初次见面并无特别。随着接触增多，埃莉诺了解到希克也是早年丧母，靠自己艰辛成长。二人渐至互吐衷肠，成为密友。希克对她的忍耐力极其欣赏，她则一直受益于希克的鼓励和陪伴。她未被白宫女主人角色所囿，固然是个人风格，也是希克给了勇气和力量。两个不以男人为情感重心的女人将对方引为知己。

埃莉诺在不同阶段还结交过其他朋友。然而不管情愿与否，她不得不牺牲良多。曾经志同道合的人天隔一方，无法继续待在一起，与希克也无法永葆亲密。1939 年，她结识了青年运动领袖约瑟夫·拉什，并一度把他当成精神支柱。五十多岁的埃莉诺也曾被年轻卫士厄尔·米勒的男子汉气概和青春活力所感染，而对方则倾慕埃莉诺的成熟和高贵。

晚年埃莉诺与外科医生戴维·格瑞威治成了好朋友。她与他1947 年相识在前往日内瓦联合国会议的飞机上。年轻的戴维工作勤奋，内心孤独，父亲在他出生前就去世了，母亲一直未能从这个打击中走出来。这些都引起了埃莉诺的共鸣，而戴维则景仰埃莉诺坚如磐石的毅力。他们有充分的理由同病相怜、惺惺相惜。就心理层面而言，他们都有在人群中觉得自己是外人的疏离感——她通过参与政治活动、为公众服务来治愈，他通过当医生、帮病人减缓身体病痛来治愈。两人都对他人抱有强烈的同情心，戴维对政治同样感兴趣。戴维的妻子也成了她的朋友。他们还把房子买在一起。埃莉诺去世后，住在隔壁的戴维在妻子的目送下守护着埃莉诺的遗体上了灵车。

第一夫人在南太平洋战区曾用母亲般的吻给濒死士兵带去生存之光。一个在受伤士兵床头、在弱势群体当中、在朋友面前皆能自然而然地展现出"母性"和"女性"特质的人，却无法构建本该更亲密的家庭关系。在儿女眼中，她责任感强、个性严肃、重视秩序、总规限他们的索求，跟她在一起不太放松。他们遇事会找愿意答应他们要求的奶奶，因此跟奶奶更亲。父亲是个会和他们疯成一团的好玩伴。显得被孤立的埃莉诺有时会找丈夫诉苦，但他安慰两句就走开了。如此夫妻子女间的沟通越发稀少。

即便如此，她作为母亲必须要承受儿女带来的麻烦与负担。孩子们长大后陆续离开身边，她表示认可：子女成人后不应依赖父母，否则将无法独自面对人生；而父母如果这时候还需要子女，那就太有依赖性了。不过，儿子富兰克林出车祸、詹姆斯动手术、艾利奥特为离婚所困扰、女儿生第一个孩子，她都会赶往他们身边。她能够设定并遵行属于自己的生活价值。

女儿安娜与埃莉诺的关系，似乎复制了当初埃莉诺自己与母亲的关系。丈夫竞选总统时，美国陷入大萧条，女儿女婿经济上受损严重，住回娘家。母亲埃莉诺要分身照顾家庭内外，还要拿稿酬贴补儿女和灾民。富兰克林入主白宫后，埃莉诺不喜陷于第一夫人杂务；总统疲惫也渴望亲情，就把女儿留在身边。这也解决了埃莉诺的后顾之忧，但不久她又感觉被排斥在外。而在女儿看来，母亲似乎无视父亲的健康。最终，女儿对父亲的关爱胜过了对母亲的忠心，瞒着母亲安排了露西陪伴父亲。

富兰克林去世后，母女二人就此事沟通过，算是解除了心结。埃莉诺只能安慰自己，女儿是为累于国事的父亲着想，并非背叛母亲。她更原谅了丈夫作为男人的弱点，并在他去世后的光阴里一步步美化他，正如她一直美化自己的父亲一样。晚年埃莉诺更深切地思考了母亲的意义。她从自身角度体会到，当母亲是需要学习的；她更指出，当母亲也是一种社会建构。

埃莉诺对女性能力、权益以及是否从事公职的看法，似乎也在热诚与疏离间摇摆不定。当丈夫成为光芒万丈的政治明星时，已在公共领域成就斐然的埃莉诺不得不在第一夫人和自己的独立之间权衡。她的传记作家用了"复杂的性格"这个词来形容她。她声称要服从丈夫，并令人困惑地重新定义了男女平等。"女性的步子可以再慢一些""妇女还没有为担当政治职务做好完备的准备""目前而言，女性担任公职的人数不宜多"。回顾当时的社会背景和她的个人境况，这些前后不一和言行矛盾，甚至自我否定的说辞令人困惑，但也并非无从解释。

埃莉诺没有宣称自己是女权主义者，她在不同场合提过"男人比女人更懂政治"；她声明她更乐于做夫人，而非给自己争取政治席位。天生的不自信和自我疑惑是因素之一，但这种选择更是某种"戴着安全帽行事"的务实之举。毕竟，即便在半个多世纪后的当下，尽管在智力、意志、心态、格局等方面，女性不但不比男性差，有时更比男性强，但机会仍显渺茫——男女不平等这个结并没解开。埃莉诺认为，女性在自我调整适应外在变化方面优于男人。事实证明，她虽然无奈地声称要调整自己以适应他人，但从未真正放弃独立和追求。

埃莉诺说过："我们自己所做的选择决定了我们是怎样的人，等到成年之后，我们就是所有过去选择的总和。"出自天性、也源于幼年安全感缺失以及成年后的波折和政治家身份，埃莉诺经历了不为外人道的心理孤独，获得了对人与人之间疏离感的独特认知。她希望对人有所助益，但又害怕成为别人的负担；她相信只有保持人格和思想独立，才能获得尊重；她也明白，单枪匹马很难取得成功，需要友谊和合作。

埃莉诺一生将热诚奉献给公众事业，但无数个漫漫长夜，却是在孤独中度过。"疏离"成了她人生轨迹中不可避免的暗色，且贯穿了她的一生。无论热诚还是疏离，对人民的关爱是她唯一的终生爱好。

平实而直通人心的智慧

埃莉诺的童年伴随着失去与眼泪，也充满着梦想与渴望。尽管在阴影中长大，她后来成为富有个人魅力的人；尽管原生家庭存在局限与偏见，她从一个害羞的丑小鸭、一个无所适从的新娘，蜕变为有独立思想和坚定力量、主动承担历史使命并充分践行的公众人物；尽管经历了情感波折和内心挣扎，她以付出与成就证明自己是世界上最有人情味的人之一。

在 20 世纪上半叶，女性能跻身政治舞台直至成为世界级领袖，除了机遇，更是个人禀赋、才智能力、女性特有的细腻与慈爱之心，以及不懈努力的结果。很多人将她的婚姻看成野心和功利的捆绑，埃莉诺则坦承她的为妻之道是成为丈夫的合格伙伴。她的丈夫在情欲上会被别的女人吸引，但对妻子的倚重也是不争的事实。埃莉诺说过，被人尊重的感觉可能比被爱更好。爱容易陷入盲目，在带来美好的同时也会带来伤害，而尊重不会让人误入歧途。

她常提醒自己，也提醒其他女性："女人应该读书，那些激起了你共鸣的思想，才造就了你。"除此之外，女人还必须有自己的兴趣爱好、事业专长和朋友圈子，否则就无法"满足身边人的需要"。富兰克林在世时，埃莉诺堪称"丈夫良心的保持者和经常的代言人"；丈夫去世后，她仍保持着这一令人尊敬的姿态。

在富兰克林那里，埃莉诺可能缺乏风情，但对爱她的朋友而言，她独具吸引力，不论性别、年龄。人生知己难觅，既有缘相遇相知，当珍惜共处时光，如此足矣。她相信，"只要不强求不可能之事，对失去就不那么难过了"，而且，"一个人应当尽早学会不去期待所有人都理解自己，统一思想必然牺牲独立性"。她劝勉世人，要"学会在完美和现实之间做出妥协"。与其怕不完美而逃避现实，不如怀抱希望，勇敢地一步步接近理想。"理想只是个大概值，接近它的过程就是成长"，这恐怕也是埃莉诺一生既奉献热忱又独享疏离的自我释义。

从自身的生活体验和从政经历中，埃莉诺阐发了对自由的理解：有时候放弃自由，让别人来做决定，或许比自己做决定并为之负责要轻松得多。将责任推给他人或环境，可能更省事。"遇事喜欢剧烈批

297

评他人的人，往往是拒绝承担任何责任的人。"一个人必须学会自己做决定并为之负责，这不仅"是作为成年人的基本要素，而且也是民主制度的基础"。还有，在享受自由、承担责任的同时，要保有自律。"当一个人真正理解并做到自律，就更能理解自由的边界。自由是人人追求的目标，但不是绝对的；同时必须受到他人自由的限制，也就是说不能践踏他人的自由。"

作为政治家，她对官员该当何为也提出了个人见解："官员必须像住在玻璃房里一样，一言一行应公开透明。"作为国家公务人员，要有"放弃更高收入的心理准备和主动意愿"。手中握有权柄的公职人员必须"真心热爱自己的人民"，真切为人民服务，为国家贡献。成功的政治家应当"将选民的利益当成自己的利益"。此外，政治家不但要有全国性视野，还需要国际性视野。这些话埃莉诺说到也做到了。

她还被誉为"世界上最冷静的人"——冷静是一种外在表现力，内在支撑是丰富的人生智慧。"一个人如果具备了使自己平静、让自己放松的能力，那么任何时候都不会乱了方寸，就可以……游刃有余地处理该处理的事情。"她认为，要想帮助他人改变生活状况，首先得善于自我调整。她从不拒绝改变，也不拒绝新生事物。她自小就有一股尽可能深入了解一切的韧劲，哪怕当时并不清楚想要做的到底是什么。后来的她有了更多机会，也更有能力甘于冒险，勇于面对，保持冷静。

埃莉诺对独立思考尤为重视，"教育的本质在于让人运用自己的头脑，自主获取需要的知识"，因为"恰恰是思考力而非知识本身使人成为有价值的人"。的确，仅仅囿于书本知识是不够的，也要"与人交流、进入社会群体、体验不同人的经历和想法，才能通往浩瀚的新世界"。埃莉诺还重视良好人际关系的建立。在她看来，读书是学习，与人交往也是学习——"生活是大课堂，每个人都需要一边生活，一边学习"，而"生活之所以丰富多彩是因为生活就是成长的过程"。

她常提醒包括自己在内的年长者，要善于聆听，保有同理心，千万不要觉得自己无所不能。她告诫父母们，不要因忙碌、疏忽、不耐烦甚至自己的无知而扼杀孩子的好奇心。"好奇是人之为人最为可贵的品质之一"，可以帮助滋养灵魂。孩子的疑问得不到应有的回应，就会因受挫而停止发问，其实也就停止了思考，好奇心也会随之而亡，而"好奇心和探索精神是治疗生命无聊的良药，有了探索精神，即便身体或经济上受到限制，也能保有热忱和动力"。她还指出想象力的重要性："想象力可以帮助人思考、发现自我、逃离现实，更可以帮助人培养换位思考的能力。"

在埃莉诺看来，能考虑别人的感受、省察他人的情绪和需求是重要的能力，体现在与人交往的细节中；这是天生禀赋，亦非其他专长所能替代或弥补；也并不是说要放弃自己的主见，而是"要弄清楚何时可以向别人提要求"。当自己的观点有可能让人羞恼，就没必要非一吐为快。这并不表示自己没有立场，而是充分考虑他人心情和外部环境。而且，单纯表示反对是不够的，必须有依有据，才能以理服人。

埃莉诺特别欣赏丈夫的一句话："我们唯一需要的是恐惧本身。"她指出，"如果能够做到克服恐惧，将会获得很高的回报，那就是信心和力量"，而"如果任由恐惧支配内心，那么，不但会失去自由，也会给暴政提供可乘之机，从而让政府得寸进尺，制造出制度性恐惧"。深谙人性的埃莉诺还指出，文明的一个重要特征就是克制人内在的动物性本能，如自私与嫉妒，暗黑与暴戾，冲动与毁灭，这些都深嵌于人性，而文明的意义就在于尽量克制"人之初，性本恶"。

埃莉诺没读过大学，却获得了美国、欧洲乃至亚洲很多大学颁发的名誉学位。有人称颂她是女性和母性的完美结合。难能可贵的是，面对赞美，埃莉诺始终保持清醒："无论别人把你捧多高，如果你真正了解自己的不足，再听到这些赞美，就有能力与之保持距离，就好比是在看别人的照片。"在她看来，成熟意味着有自知之明，也意味着不走极端，宽容他人，如此，才能真实面对自己。做到这点很难，但如果有勇气做到，就能以谦卑之心真正体谅和理解他人。这些道理，埃莉诺娓娓道来，平实动人。

"既能与国王王后同行，也能与普通平民作伴"，这体现了埃莉诺的能力，也符合她的天性，更折射了她的智慧。芸芸众生中，不同阶层、性别、肤色、民族、国别之人，以及国王王后、受伤士兵、联合国意见相左的代表、来信征询人生的陌生人，都是她亲善以待的对象。虽然她没能像祖父那样给世人留下博物馆、像伯父那样获得诺贝尔和平奖、像丈夫那样竞登权力顶峰，但她更好地诠释也做到了"与其诅咒黑暗，不如点亮蜡烛"。她为她所"充满善意"的人类倾尽全力，在人类大家庭中体验了独属于她的生命之旅。正如她所言："人间值得……无论有什么境遇和变故，人都不能无视生活，虚度一生。"

女士接力　美国变革者

埃莉诺·罗斯福年表

1884 10 月 11 日，埃莉诺·罗斯福生于纽约。

1892 母亲安娜去世，与两个弟弟寄居外祖母家。次年，4 岁弟弟小艾利奥特去世。

1893 父亲艾利奥特去世。

1899 前往英国求学，为期两年。

1905 与富兰克林·罗斯福成婚。

1906 长女安娜出生；次年，儿子詹姆斯出生；两年后，次子小富兰克林出生，不久夭折；此后于 1910、1914、1916 年又生三子。

1910 富兰克林入选州参议院，夫妇二人带着孩子搬往纽约州的奥尔巴尼。

1913 富兰克林担任海军副部长，全家搬往华盛顿特区。

1918 参加红十字会和海军，为"一战"人员服务。

1920 成为妇女选举联盟成员。

1928 富兰克林当选为纽约州州长。

1932 丈夫当选总统，成为第一夫人。

1936 富兰克林再次当选美国总统；继续撰写《我的日子》专栏。

1940 代表丈夫在民主党大会上发表讲话；富兰克林第三次当选美国总统。

1943 前往南太平洋地区看望"二战"士兵。

1945 加入国际妇女自由与和平联盟（NAACP）领导层，此前一直为该组织工作；4 月，富兰克林·罗斯福总统、她的丈夫去世；9 月，"二战"结束；其后，成为美国驻联合国代表。

1946 出席联合国大会；次年当选人权委员会主席；其参与起草的人权宣言获联合国大会通过。

1957 访问苏联。

1961 被任命为肯尼迪政府的妇女委员会主席。

1962 11 月 7 日，在纽约寓所去世，葬于海德公园。

延伸阅读

1. Shannon Donnelly, *Eleanor Roosevelt* (Biography Collection/Heroes of America) [M]. New York: Baronet Books, 1997.
2. Robin Gerber, *Leadership the Eleanor Roosevelt Way: Timeless Strategies from the First Lady of Courage* [M]. New York: Prentice Hall Press, 2002.
3. Blanche Wiesen Cook, *Eleanor Roosevelt* (Volume one 1884—1933) [M]. New York: Penguin Books, 1993.
4. Mary Ann Glendon, *A World Made New: Eleanor Roosevelt and the Universal Declaration of Human Rights* [M]. New York: Random House, 2001.
5. Barbara Sicherman, *Notable American Women: The Modern Period* [C]. Cambridge: Harvard University Press, 1980.

本章作者

秦文华，翻译学博士，美国文明史博士后。就职于南京师范大学外国语学院，主要从事翻译教学与实践、美国文明以及西方文化教学与研究。出版翻译学专著一部和译著数部，近期专著《美利坚文明——图片里的故事》系"十三五"国家重点出版物出版规划项目、青少年世界文明教育文库系列作品。参与撰写《自由的刻度：缔造美国文明的 40 篇经典文献》《绅士谋国：美国缔造者》。

贝蒂·弗里丹

Betty Friedan

（1921—2006）

1960 年代女权运动的旗手

如同男性，对女性而言，找到自我、认识自我的唯一途径便是通过自己的创造性工作。没有别的途径。

——贝蒂·弗里丹

美国历史上，女性权利的获得总体上滞后于社会经济的发展。殖民时期，社会沿袭的是欧洲习惯法对男女社会性别身份的界定。尽管妇女常常是男性各个方面的好帮手，但始终处于从属地位。美国独立后，随着社会的进步，女性开始思考性别平等问题，但广大女性真正为自己争取权利（财产权、子女监护权、教育权、选举权等）则是在19世纪40年代，而最终获得选举权已到了20世纪20年代。法案虽然保障了女性的权利，但离实际的参政议政还有相当长的一段时间。即便第二次世界大战期间大批女性走出家庭，战后女性所能从事的工作仍然有限，流行的观念也还是将女性限定在妻子、母亲和家庭主妇的传统角色。

现代女权运动常以法国女作家波伏瓦的《第二性》（1949）作为开端，但在美国，引发现代女权运动的不是这本闻名全球的经典作品，而是贝蒂·弗里丹的《女性的奥秘》。该书不仅被比作"20世纪女权运动的《汤姆叔叔的小屋》"，还被列入20世纪最有影响力的非虚构类作品。作为20世纪60年代女权运动的旗手，弗里丹用思想与行动影响并改变了千千万万的美国人，享有"现代女性解放运动之母"的美誉。

才女学霸 立志"成功与名声"

弗里丹出生在伊利诺伊州皮奥利亚市一个犹太移民家庭，原名伊丽莎白（贝蒂）·娜奥米·戈尔茨坦。父亲哈里·戈尔茨坦（1881—

1943）是第一代俄国犹太移民，十多岁时跟随父母移居美国，二十多岁在皮奥利亚开了一家珠宝店，经营得非常成功，在弗里丹的记忆中一直是"皮奥利亚的蒂芙尼"。母亲米里亚姆·莉娅·霍维茨（1898—1988）是匈牙利犹太移民的后代，布拉德利学院毕业后进入当地一家报社。米里亚姆比哈里小将近20岁，两人在1920年2月3日结婚时，她才20出头。但米里亚姆不顾父母反对，决意嫁给哈里，并在婚后辞掉了报社工作。

婚后妻子专心做太太，这在当时是中产阶级的普遍生活模式。哈里算是事业有成，作为移民，非常渴望能跻身中上阶层。为此，他加入改革派犹太教，参与各种社会经济活动，还在布拉夫斯富人区买了栋有八个房间的房子。家里还雇了厨师和女佣，情况好的时候还有个司机。

在这样的家庭成长，弗里丹小时候可谓无忧无虑，但她天生身体虚弱，一到冬天支气管炎就会复发。长大一点，母亲开始关注她与弟妹们的技能和社交，安排他们学习高尔夫、网球、钢琴、舞蹈等。随着年龄的增长，弗里丹的个性渐显。她不喜欢洋娃娃，也不爱打扮，对穿着毫无兴趣，房间里邋里邋遢，而且个性执拗，脾气暴躁。有一次她用书砸破妹妹的头，还有一次竟硬生生地拽下了好朋友的一缕头发。对此，米里亚姆感到无比沮丧，觉得这孩子倔强蛮横，一点都不像自己，没遗传自己的个性与美貌不说，还长着个像父亲那样典型的犹太人的丑陋长鼻。美貌与温柔对女孩来说，在任何社会都是一种资产。

但弗里丹并非一无是处。她从小聪明过人，具有强烈的求知欲。上一年级时，她已远超班上同龄孩子，180分的智商测试结果让这位"非凡的天才"直接上了二年级。等大一点，她还参与了几家演出公司的舞台剧表演；到中学已能写得一手漂亮的文章，父亲每次都会将女儿的"杰作"收藏起来；高中毕业时已是同学眼里"勤奋的脑子好使的自由思想者兼初出茅庐的作家"。

弗里丹喜欢读书，小学时每天要读一两本。每次去公共图书馆都会抱回厚厚的一大摞，为此得了个不雅的绰号——"书呆子"。看着这个 11 岁女孩带着厚厚的近视眼镜，父母颇感担心，要求她"一次借五本就够了"。他们曾带她去看心理医生，但医生建议"让这聪明姑娘自行发展吧"。

当然，弗里丹也并非只知道读书，也具有孩子的顽皮天性。她喜欢课后活动，喜欢参加女童子军团和夏令营，常和同学们玩各类角色"装扮"游戏，还成立了"捣蛋鬼俱乐部""讨厌鬼俱乐部"，以招惹是非为乐。后来校长跟她说："贝蒂，你有领导天才，但为什么要滥用呢？希望你能好好地使用自己的才能，做点别的。"

进入初中，弗里丹开始为校园报纸《反光镜》工作。第一次看到铅印出来的名字与文字，她觉得满足、骄傲，这大大弥补了母亲眼中"丑小鸭"的自卑心理。到了高中，弗里丹想融入学校的社交圈子，结果因犹太人的身份，被拒绝加入女生联谊会与社团。这是她人生第一次的失意：因为是犹太人而遭受排斥。她感到迷茫、孤独与痛苦。

同时，家庭生活也在发生变化。20 世纪 30 年代的经济大萧条波及到戈尔茨坦珠宝店，家里不能再雇佣女佣、厨师了，这对米里亚姆来说是沉重打击。她开始对丈夫表示不满，还常常当着孩子们的面数落、嘲笑丈夫。孩子们慑于母亲的威力，不敢言语。弗里丹心向着父亲，但又不想失去母爱，她不得不把自己封闭起来。

那是弗里丹的黑暗时期。她常常坐在附近公园的墓地，吟诵艾米莉·狄金森的诗歌。周末晚上时常对着窗户凝神思索：到底哪里出了问题？是自己过于聪明？不够漂亮？还是因为自己是犹太人？其实她有所不知，早在她为自己的犹太人身份感到困惑之前，她的父母就已经历过这种歧视，当初他们申请加入城里最有声望的俱乐部，也因犹太身份遭到拒绝。幸运的是，父亲及时分享了自己的经历，跟她说获得尊重并不等于获得友谊，比如他的朋友都是所谓的"五点前的朋友"，即五点下班后不再交往。父亲还跟她说自己最大的遗憾是没有完成学业，他鼓励女儿大胆追求自己的梦想。而母亲则告诉女儿，她不受欢迎是因为她不注重外表、脾气坏，还好表现。

父母的话成为弗里丹重新认识自我的一个起点。她开始认识并接受自己作为一个犹太人的现实："你在他们中间，却不是他们，仅是一个旁观者。"但即便作为旁观者，生活在这个受排斥的环境中，至少也要像父亲那样获得别人的尊重，这是她暗地里下的决心。母亲的话尽管让她很不自信，但却从另一方面刺激了弗里丹的斗志：她没有美貌，也不想成为母亲那样的人，她要发挥自己的优势，成为一个思想家、作家，让过去、现在和今后的朋友即使不喜欢她也要尊重她。

弗里丹开始调整自己。除了正常的学习，她继续为校报撰文，一开始写书评，后来开设专栏"卷心菜与国王"，专门揶揄学校的社交问题。毕业前与朋友成功创办了学校的第一本文学杂志《潮流》，同时开始关心学业以外的事情，包括工人与企业之间的冲突、现实与理想之间的差距、女性面临的选择、公共教育的功利、大众媒体对青年人的影响等。作为犹太人，她特别关注右翼运动、反犹太主义、黑色军团、三K党等。她还关心世界大事，关注美国被卷入"二战"的可能性。高中阶段成了弗里丹政治激进思想的萌芽期。

高中的最后两年简直就是"完美时刻"，学业、写作、表演方面的成就与荣誉说来就来：一篇关于宪法如何保护民主的文章获得校级论文奖；出演《简爱》中"阁楼上的疯女人"获得表演奖；纪念日背诵林肯的《葛底斯堡演说》获得议员的肯定；在毕业典礼上发表演讲。在一份自传作业《透过一块晦暗的玻璃》中，弗里丹写道："在过去的17年里，我一直在不断奋斗，并想着自己一旦成功就会满足。我现在成功了，但并不感到满足，我又要为别的东西奋斗了。"她的目标清晰明了："我想恋爱，想被人爱，想被人需要。我想要自己的孩子……但我不想只是找个男人嫁了，然后为他操持家务，成为他孩子的母亲，而自己什么都不是。我想为自己的人生做点什么——有自己的爱好，获得成功与名声。"当时，一个女孩有这样的想法绝对超前、"过分"，也绝对女权。

从史密斯到伯克利再到纽约

中学时期的弗里丹兴趣广泛，关注校园生活、高中政治以及国内外大事，且擅长写作，但她就读史密斯学院（那是母亲没能实现的理想）时，既没有选择政治学，也没有选择社会学或新闻学，而是选择了心理学。根据她的解释，她对心理学感兴趣，想当个作家，首先是想了解自己及自己家庭的问题，如果自己双手灵巧，能上医学院的话，最终想当个精神病学专家。三年后，弗里丹总结了学习心理学的收获。首先，心理学课程唤醒了她的政治意识，为她进步的政治意识提供了某种思想基础；其次，她从此有了语言，可以讨论自己在高中时的感受、皮奥利亚的阶级隔离以及工人阶级的生活现状；最重要的是，学习心理学让她明白人可以塑造自己的世界，这一点成为 20 年后《女性的奥秘》的思想基础。

史密斯学院是一所女子学院，学校非常注重课堂教学和学生表现。全校 2000 名学生大多来自欧裔、基督教中上阶级家庭，天主教与犹太教学生不足 20 人。因此弗里丹又一次遇到了身份困惑：是融入学校主流还是做自己？最终她选择了后者，并在日后意外地发现因做自己而深受欢迎：爱好读书再也不被当作"书呆子"了，教授说她"优秀""娴熟""特别聪明"，她成了圈内朋友的中心，"坚定、自信、友好"。弗里丹感到"第一次，我不是个只有脑子的怪人"，觉得"因被他人理解而倍感快乐与幸福"。

当然，还有来自学业的"快乐与幸福"。弗里丹是个超级学霸：

大一获得阿瑟·埃利斯·哈姆奖学金，大二加入美国优秀大学生荣誉组织，大三入选美国科学研究荣誉协会，大四以最优等成绩毕业。音乐史课让她爱上了古典音乐。文学课进一步拓宽了她对人及人性的认识，包括对自己情感的认识，并进一步认识到文学与现实、政治之间的关系。当然收获最多的还是心理学课程。

"心理学 II"教会她用科学实验方法测试人的行为模式。"经济学 319"让她第一次接触到了女权主义者多萝西·沃·道格拉斯教授对政治文化的阐释，了解到德国和苏联女性在家庭角色与社会角色上的不同。"完形心理学"让她明白人可以通过重新解释经验作出积极的改变，社会因此会变得更好。对于正在成长并具有初步社会变革意识的弗里丹来说，这些教授和课程的影响力不言而喻。

除了学业优异，弗里丹还是位非常活跃的记者、编辑、主编。《史密斯学院月刊》和《史密斯学院联合报》使她成为学校风云人物，前者是自费学生刊物，弗里丹将它从原来的文学期刊改造成政治社会期刊；后者是校报，弗里丹担任主编。她在校报宣传左派自由主义和激进主义，倡导学术自由、工人权利，反对法西斯主义，主张美国不干涉。其立场与当时校园的主流思潮背道而驰，曾引发过许多异议，但在同道人眼中，她代表"社会良知，时刻为公正、穷人、弱势群体辩护"。

为了对工人的实际生活与现状作进一步了解，大三的那个暑假，弗里丹申请了一个暑期研讨班，地点在田纳西州的高地民众学院。研讨班有 20 人参加，大多数人是劳工维权人士，有两个项目：两周的写作培训和针对工会、个人和经济关系的四周研讨。六周下来，弗里丹感到收获满满，不仅接触到了现实，还结交了一拨志趣相投的政治活动家，这对她日后的生活影响甚大。

珍珠港事件后，弗里丹改变自己的反战立场，转为支持战争，并开始关注女性如何为战争作贡献。这时的弗里丹更为成熟，也更有思想。但跟所有人一样，面对毕业，她得考虑未来：结婚、工作还是继续学习。结婚就不用考虑了；至于工作，弗里丹想当个记者或者编辑，但作为女性，机会渺茫，即便被接受，也只能做些基础研究工作，这不是她的期待。最后只剩下读研。对于学霸，这肯定是个不错的选择，可以成为像道格拉斯那样的教授或继续她精神病学专家的梦想。正好，加州大学伯克利分校愿意提供 1125 美元的奖学金，与史密斯学院的 600 美元相比，这是一笔"巨款"，弗里丹无法拒绝。

然而，伯克利的生活并不如意。作为一所综合性的研究型大学，男女同校，有一万多名学生不说，教师更关注自己的学术，而非学生的发展。尽管心理学系的教师非常优秀，弗里丹的每门课都学得很好，但总体上没让她产生新的激情。老师给她的作业除了 A+ 之外，基本没有任何批注。对于学业，她感到没有动力，印象最深的只有埃里克·埃里克森的课。埃里克森利用弗洛伊德的观点探索人类一生中的各个发展阶段，他鼓励弗里丹用弗洛伊德的观点去思考社会经济现状。

所幸弗里丹加入了一个由研究生和教师组成的左翼学习小组，可以探索马克思主义与心理学的关系，这多少维持了点自己原本的热情与自信。但一个学期下来，她还是有打退堂鼓的打算：或许她应该申请医学院，实现高中时的梦想，当一名精神病专家？

寒假弗里丹回到皮奥利亚，想跟父亲商量一下。哈里几年前患上了高血压和心脏病，当初因身体原因没去参加女儿的毕业典礼，如今行动越发不便，脾气也越来越坏。听到女儿的打算，哈里一口否定，认为那是浪费生命。哈里还盘算着要把遗产分给孩子们一部分，以免妻子到时挥霍一空，这遭到了弗里丹的极力反对。她告诉父亲这样做是错的，而且自己对钱一点都不感兴趣。两人不欢而散，弗里丹带着情绪回到伯克利。几天之后，父亲去世，她回家参加葬礼。对自己的任性与脾气，弗里丹一直追悔莫及，好长时间走不出自责与哀伤。

这段时间，她认识了朋友的哥哥，一位名叫鲍勃的学物理的研究生。两人尽管不是一见钟情，但也是志同道合，这是弗里丹一直渴望的。爱情的到来暂时缓解了内心的忧伤与焦虑，但也让她失去了一次宝贵的机会。1943年3月27日，弗里丹获悉得到亚伯拉罕·罗森堡研究奖学金，这是学界给予研究生的最高奖，之前还未曾有心理学系的哪个人或哪个女性获得过。这对弗里丹不仅是巨大荣誉，还意味着她可以继续攻读博士，之后当一名教授或者心理学家，但她拒绝了。根据她自己的解释，当时鲍勃的意见占了很大的分量。他表示如果她接受，他们之间的关系就完了，因为他自己无论如何都拿不到此类奖学金。处于爱情中的女性，对于男人的自负与自卑，大多数看不到或者假装看不到。当然，事实也并非弗里丹说的归罪于爱情的迷惑。她也曾考虑过当一位教授，但社会上的反犹势力依然强大，作为犹太人，机会有限，而且职业妇女的角色也不受欢迎；另外，学术研究不是她的目标，随着战争的临近，她觉得追求学术过于抽象，学术生活无趣又孤独，她希望参与革命活动。

就这样，1943年夏天，弗里丹告别伯克利与鲍勃，前往纽约，"想要参与劳工运动，在劳工报工作"。几周后，她接到《联邦新闻》的录用通知，职务是助理新闻编辑，周薪30美元。

《联邦新闻》是一份左翼报纸，由社会党和激进的工会组织创立，宗旨是倡导工人权利，终止性别和种族歧视。这与弗里丹的政治立场完全一致。两年中，她撰文、写专栏；关心女性作为工人、家庭主妇、消费者的处境；为消费者提供建议；批评联邦政府不作为、屈从于大企业。影响最大的一篇文章是她对美国电气、无线电、机械工人联合会（UE）的领导露丝·杨的采访。弗里丹在文中抨击罗斯福政府，指责政府只知道呼吁女性加入劳动大军，却不关心女性的日常生活。

显而易见，此时的弗里丹已非常激进。下班后，她常和朋友一起喝酒，讨论"革命"策略，甚至还专门帮人寻找堕胎的门路；也曾有过几段短暂的恋情，尽管对象大多数是已婚人士，但这不妨碍她在异性身上寻找自信。当然，弗里丹的最大自信还是来自工作。她不仅表现优异，而且深受同事的尊敬。有位年轻记者罗伯特·施兰克回忆，他一开始写作抓不住重点，弗里丹鼓励他："设想你的读者是谁，听从你内心的声音，把它写下来，相信我，这肯定行。"在他眼中，弗里丹俨然"一位严厉却友好的犹太母亲……说话语速快，又断断续续"。

尽管工作出色，又有激情，这份工作还是丢了，那是 1945 年 6 月。表面原因是战后冷战与反共思潮风起云涌，《联邦新闻》作为一份左翼出版物，订阅量下降，需要裁员。而实际情况除了弗里丹的激进主义开始与报纸发生分歧外，还有性别的因素：女性的职位要让给战后退伍军人。针对性别歧视，倔强的弗里丹曾向纽约报业协会投诉过，但无果。好在 1946 年 7 月她被《UE 新闻》录用，直到 1952 年底。

《UE 新闻》是美国电气、无线电、机械工人联合会的报纸。报纸的倾向是批评杜鲁门、休伯特·汉弗莱、尼克松、沃尔特·鲁瑟、众议院非美活动调查委员会（HUAC）、大资本家等，赞美华莱士、罗斯福以及为工人阶级权利与生活而奋斗的工会领袖。根据弗里丹 1976 年的回忆，她和朋友们站在"工人阶级革命先锋"一边，参与"马克思主义讨论组"，参加政治集会，蔑视像她父亲那样的中产阶级资本家，感觉自己"非常政治、非常投入、非常激进"。根据与她共事过的人的回忆，那时的弗里丹激情四溢，说话泉涌一般，几乎没有一个完整的句子，因为语言已赶不上她敏捷的思维。

弗里丹激进，但她一般不参与抽象的意识形态争辩。她只关注具体问题，比如薪水低、受歧视女工的双重困境。她为那些工作母亲、少数族裔女性呼吁正义，要求政府提供医疗保障、妇幼服务等。1952 年 6 月，弗里丹写了一篇长达 39 页的文章《UE 为女工而战》，影响力极大。她用 1950 年的劳动普查数据揭示女工深受薪酬歧视，资方每年少付的工资总计达"54亿美元"。其中黑人女性所受的歧视"更是骇人听闻",不仅41.4%的黑人女性必须工作,干的大多是"低报酬的家务工作或者卑微的户外工作",而且平均年收入仅有474美元。当时白人女性的平均年收入是1062美元,白人男性是2844美元。针对薪酬歧视和用工歧视,弗里丹提出UE的工作目标,列出了专为女性设定的计划,包括取消男女双重标准、调整女性岗位、消除用工歧视、建立托儿中心、提供充分的医疗和安全保障、提倡公平晋升机会、发展女性在工会的领导等。这些要求成为日后她为全国妇女组织(NOW)起草的核心议程,成为女权主义者追求平等的基础。

快乐主妇与自由撰稿人

就在弗里丹的公共生活一步步向前迈进时,私人生活也开始有了起色。她终于实现了高中时的梦想,恋爱、结婚、生子,有了满意的家庭生活。

卡尔·弗里丹是个英俊、聪明、有魅力、善交际的犹太人。他从小热爱戏剧,曾在波士顿的一所艺术学院学过写作、表演和导演。"二战"爆发,他辍学参军,战后来到纽约,想在戏剧舞台施展身手。两人相遇时,卡尔一边在新泽西制作夏季轮演剧目,一边在纽约排实验剧。对戏剧的共同爱好拉近了两人的距离,相处之后两人发现还有许多共同之处,如都爱读侦探小说,都喜欢沙滩,而且都在努力摆脱强势母亲的影响。那些年,弗里丹和家人的关系不太和谐,用她自己的话说,父亲去世之后,"我和母亲很疏离,对她很挑剔"。九个月后的1947年6月12日,两人在纽约市政厅登记结婚。

第二年,随着长子丹尼尔降临人间,弗里丹有了一份新的喜悦。她请了一年产假,产假结束后找了个保姆照看孩子。后来夫妇俩搬到位于皇后区东北部专为退伍军人和联合国雇员而建的一个住宅小区——帕克韦村。他们租了一套四间半的花园公寓，住了六年，直到 1956 年。

开阔的郊区居住环境使弗里丹一下子从波西米亚式的生活跨入了郊区中产的生活。恍惚间，她觉得非常熟悉，这不是她小时候中产阶级父母的生活方式吗？一直以来，激进的政治参与使她疏远了自己的中产阶级特性，如今，有了家庭，住在这里，她觉得非常享受，突然"对房子、椅子、桌子、银器等物品产生了兴趣"。夫妇俩与邻居们一起开派对，烧烤聚餐，庆祝节日，度假，生活惬意又舒适。

这样的郊区生活在很大程度上代表了战后 1950 年代年轻人与中产阶级的普遍追求，成为日后弗里丹揭示的"快乐主妇"的原型。1952 年 11 月 27 日，老二乔纳森出生。弗里丹喜欢做母亲，但代价是丢了《UE 新闻》的工作。休产假是被解雇的直接原因，但弗里丹认为根本原因还是职场上的性别歧视。她后来写道：这是她女权主义思想的首次觉醒。

此时，家庭关系开始发生裂痕。当初弗里丹第一次休产假，没有了工资，卡尔便开了一家广告公司，但收入一直不高。之前讨厌母亲为钱与父亲吵架，但现在却讽刺性地发生在自己身上！同时，她还发现卡尔有了婚外情。

丢了工作，家庭初露不和，是不是正好可以回归家庭、全心全意地相夫教子？一来重修夫妻关系，二来当个社会流行的"快乐主妇"，何乐不为？弗里丹曾思考过这个问题，但这实在不符合她的个性与追求。有份社区通信《帕克韦村民》，她把它接过来，办成了一份组织行动、推动改革的报纸，反对社区租金上涨、提倡社区种族多元与文化多元、报道家庭与职业兼顾的完美女性典范、委婉地反对麦卡锡主义等。为了展示新的自我，弗里丹还特意去掉了自己的中间名戈尔茨坦，正式署名为贝蒂·弗里丹。之前从史密斯毕业，她曾去掉 Bettye

名字中她认为比较幼稚的"e"。

就是在这个时候，弗里丹萌发了为女性杂志撰文的念头。这一方面出于她自己的生活感受，另一方面，时局的变化抑制了她的激进主义革命热情。"二战"后，美苏冷战开始，国内的麦卡锡主义活动席卷全国，肃清、告密等赤色恐惧令人不寒而栗。搬到郊区后，家庭生活使她逐渐远离激进政治中心，更重要的是，她感到相较于因倡导进步事业而被当成危险分子，在"舒服的小世界"，也可以"有所作为"。弗里丹后来一直对自己四五十年代激进思想与生活轻描淡写，且不愿别人将她的女权思想追溯到 1940 年代。传记作家丹尼尔·霍洛维茨认为那是出于她对麦卡锡主义的恐惧。对此说法，弗里丹表示愤怒，并一再给予否定。其实，有些事情，做了就是做了，历史会给予公正的判断。

不久，弗里丹夫妇搬离帕克韦，在罗克兰县的一个小型高级社区租了一幢别致、浪漫、典雅的石头农舍，房子俯瞰哈德逊河和乡间美景。居住条件的改善以及第三个孩子艾米丽的降生，大大增加了生活的成本，弗里丹不得不拼命为女性杂志写作。这一年，她发表了四篇文章，获得了《麦考尔》《好管家》《妇女家庭杂志》编辑的信任。但她写的大多是进取、独立的女性人物，事业有成，同时又兼顾家庭，这与当时普遍流行的"快乐主妇"主题有一段距离。

一年后，弗里丹夫妇买了哈德逊盛景小区一幢 1868 年的维多利亚风格二层洋房，首付是父亲留给她的 2500 美元遗产。有了属于自己的房屋，弗里丹感到非常满足。不过，她还时常去曼哈顿，约见自己的文学经纪人与朋友，在纽约公共图书馆做些研究，并在 1938 到 1939 年间在纽约大学和社会研究新学院教授写作课程。弗里丹还做了一件与教育相关的事情，创建一个"社区资源库"，组织邀请科学家和其他专业人士在当地公立学校开展一系列周末活动，以便能让像丹尼尔一样厌倦学校枯燥常规教学的学生接触到科学，"帮助年轻一代迎接新的智力领域的挑战"。在 20 世纪 50 年代赶超苏联科技的教育大讨论中，弗里丹的这一项目成为推广全国的楷模。

不得不说，至此，弗里丹的高中梦想已全部实现：结婚，生子，过着上层中产阶级的生活，有自己的事业，无论是当工会记者、女性杂志撰稿人，还是领导社区工作，组织创建"社区资源库"，她都获得了成功。但她不觉得满意，认为这段时间自己是"一个怪人、局外人、孤立于任何领域"。她问自己："难道这就是生活的全部？"

打破"女性奥秘"之迷思

欧文·豪称 20 世纪 50 年代为"从众的时代"，其一大特色是中产阶级纷纷迁往郊区，享受更惬意的生活。弗里丹也赶上了这个潮流。但私下里，她并不觉得自己的郊区主妇生活有多美好、多有归属感。首先，她觉得自己不属于"快乐主妇"之列，也不愿将自己全部依托在丈夫与孩子身上；其次，她并不认同社会上普遍流行的有关女性幸福的论调。1947 年出版的《现代女性：迷惘的性别》一书提出：现代女性焦虑、缺乏幸福感，源于试图摆脱母亲和妻子的自然角色；她们神经衰弱，因为高等教育将女性的注意力转移到非自然的爱好上。弗里丹不同意这个看法，那么，别人是怎么想的呢？

正好史密斯学院的校友在筹备 1942 届毕业生毕业 15 周年的校友会，弗里丹萌发了采访校友的念头。针对女性是否在性、智识和情感方面"获得了真正的满足"，她设计了一次问卷调查，最终收回了大约 200 份问卷。结果发现大多数人的想法与她相似，认为教育并没妨碍女性享受性的满足和当母亲的快乐；校友们也大多愿意参与社会服务，追求家庭外的个人兴趣，施展自己的才华。

弗里丹非常兴奋，她给主流女性杂志写文章，表达自己的观点：

女性可以兼顾自己的兴趣、爱好、抱负与为人妻、为人母的家庭角色；她们不仅拥有丈夫和孩子，也有"在有生之年做一些特别的事情——有自己的兴趣、爱好"的自由，结果遭到普遍拒绝。最后她决定写一本书，约见了诺顿出版社的编辑，双方约定一年后交稿。

结果这书一写就写了五年。一是因为弗里丹有家庭责任，还在负责"社区资源库"；二是写书需要扩大研究范围。为此，她花了两年时间，陆续采访了大纽约区、芝加哥和波士顿地区的80位女性，包括高中生、大学生、年轻主妇、母亲。采访结果并不完全契合她在史密斯学院同学那里得来的答案，比如高年级学生更关注婚姻而非智识的提高，年轻的主妇不参与家庭之外的社会活动，她们觉得无聊、不快乐。

怎么办？弗里丹左思右想，终于在1959年的一个早晨，缪斯女神降临。那天，她约了住在附近的四位母亲。伴随着缕缕咖啡飘香，一位母亲幽幽地讲述着自己的心境，自己总觉得生活中缺少点什么，但又说不清是什么。这种情绪引起了其他人的共鸣，"突然，她们意识到自己有着同样的问题，一个说不清楚的问题"。弗里丹终于找到了研究支点。"无名的问题"成了《女性的奥秘》的开头文字：

> 这一问题埋在美国女性的心底，无人提及，已经有许多年了。这是美国妇女在20世纪中叶所经受的一种奇怪的躁动，一种不满足感，一种渴求。每一位居住在城郊的已婚女子都在单枪匹马地与之搏斗。当她整理床铺时，当她去商店买日常用品时，当她选配沙发套子时，当她与孩子们一起吃花生酱夹心面包时，当她开着汽车去接童子军的小家伙时，当她夜里躺在丈夫身边时，她甚至不敢在心里对自己发出无声的诘问：这就是生活的全部吗？

这个"无名的问题"引出了弗里丹的主题：自 20 世纪 40 年代起，美国女性的理想角色已从独立、职业、实现特殊才能转向对"女性奥秘"的强调，并"已成为要么必须遵循、要么必须摒弃的一种教义，一种生活方式"。女性深受这一奥秘的束缚，相信女人的最高价值以及唯一使命就是完善自身的女性特质，也就是说，女性的完美只有一个定义：主妇加母亲。弗里丹认为这个被限定的为人妻、为人母的角色使女性产生了被剥夺感，使她们无法认同自己，无法将自己看作是个独立的人。更严重的是，专家与媒体将这种意愿灌输给女性，使之成为女性们苦苦追求的女性特质。

弗里丹要打破这一迷思，使现代女性摆脱这一思想与文化束缚。为此，她对"女性奥秘"进行了社会、文化、心理分析与批评，包括受访者心声的叙述、女性杂志发展历程的回顾与对比、流行理论对"女性奥秘"的影响、分析与总结。她批评弗洛伊德的"生理结构即命运"和"阳具羡妒"理论，质疑社会学家塔尔科特·帕森斯的性别角色与家庭稳定理论以及文化人类学家玛格丽特·米德的生物学与性别假定。她还借用波伏瓦、埃里克森等人的思想，尤其是马斯洛的"自我实现"理论，告诫女性要制订一个"女性新生活计划"，基础便是大学教育。

1962 年夏天，弗里丹完成写作。1963 年 2 月，诺顿出版公司刊印了 3000 本精装本，但销量不佳。之后，出版社安排了几场巡回售书会和电视台脱口秀访问，《女性的奥秘》开始进入人们的视野。1964 年戴尔出版公司买下平装本版权，年底销售量达到 130 万册，成为当年非小说类最畅销书目。1970 年，印数达到 150 万册。

现在读来，除了使用"女性奥秘"这一概念，该书本身并无多少惊天动地的发现。弗里丹关注的仅是一个小群体——中产阶级郊区主妇，而且根据乔安娜·迈耶罗维茨所说，她对郊区主妇的描述既有局限性，也有夸大之嫌。但就是这样一本并不完美的书，成为了女权主义经典之作，引发了第二波女权运动。为什么？

首先是直白的叙述方式。弗里丹将女性的委屈一一道来，访谈时那种推心置腹、富有同情心的语气让人有一种亲近、可信的感觉。她所提供的解决方案，一个针对女性的教育权利法案，也广为女性认同、接受。

其次，尽管弗里丹研究的是中产阶级家庭主妇，却引起了其他女性的共鸣，因为进入中产毕竟是大多数工人阶级以及少数族裔的目标，毕竟女性的奋斗与非裔、工会成员的奋斗不冲突。男性读者对《女性的奥秘》也不反感，因为弗里丹关注的是女性的身份追求和个人发展，而非男性的歧视或者剥削。她的目标是女性应该"和男性一样"或"和男性一起"。更重要的是，她将现实放在战后美苏冷战的气氛之中，使破除"女性奥秘"、让女性参与科技进步具有国家意义上的某种紧迫感。

再次，《女性的奥秘》所关注的问题是社会批评家普遍关注的社会问题，与工人阶级、黑人、犹太人的权利等紧密相连，而且有些思想不仅"动摇了很多自以为是的观点"，还"引发了很多有益的质疑"。当初签订合同时，诺顿出版社觉得书的影响力将堪比怀特的《组织人》、万斯·帕卡德的《攀缘社会阶梯》、詹姆斯·科南特的《今日美国中学》、斯隆·威尔逊的《穿灰色法兰绒西装的人》，甚至米尔斯的《白领：美国的中产阶级》和加尔布雷斯的《富裕社会》。事实证明了编辑的眼光，更证明了女性问题的普遍性。

最后，弗里丹为其社会文化批评提供的解决方法是心理学以及诊疗性的。她将家庭的束缚比作"舒适的集中营"，强调要走出这个集中营，需要女性的自决、自我发展以及个人潜力的实现，因此本质上是一种不触及社会根本的温和的解决方案。既然"女性奥秘"只是一种思想上的建构，那么改变也只需要观念的改变，无需宗教、经济、政治或社会的变革。

时势造英雄，但不得不说弗里丹也在推动着时势。正如《纽约时报》所评："《女性的奥秘》点燃了当代女权运动，并因此永久改写了美国等国家的社会结构。"

组建全国妇女组织

弗里丹成了名人，演讲、讲座邀请源源不断。书的畅销让她赚了10万美元的巨额稿费。然而，成功和成名背后却是邻居、朋友的背弃和家庭矛盾的升级。

一向喜欢招待邻居、朋友的弗里丹夫妇，如今门可罗雀，社交集会也不邀请他们了，只因弗里丹批评了她们习以为常的生活方式。卡尔开始抱怨妻子不顾家务。当然，女人过于耀眼的光环也会伤及男人的自尊，被称作"贝蒂的丈夫"总令人觉得不太舒服。这段时间，卡尔又有了外遇，夫妻之间先是口角，偶尔还有拳打脚踢。1964年年底，夫妇俩搬到纽约中央公园旁的达科他公寓，远离令人失望的邻居，同时也在一定程度上缓解了夫妻关系。

《女性的奥秘》出版后不久，兰登书屋的编辑建议弗里丹写一个续篇，继续探讨超越女性奥秘的"新生活方式"。弗里丹决定写一本《女性：第四个维度》，探讨女性在为人妻、为人母以及家庭主妇这三个维度之外的第四个维度存在方式。这第四个维度不一定非得是种职业，但肯定是种有意义的个人追求。

弗里丹利用演讲机会，开始访谈生活在不同城市和区域的女性。正好《妇女家庭杂志》邀请她编辑一个特刊，聚焦已经开始或者想要开始"新生活方式"的女性。这真是一举两得的好事，弗里丹即刻向有类似经历与想法的作家和插画家约稿，包括未来学家阿尔文·托夫勒、小说家多丽丝·莱辛和琼·迪迪恩，以及普利策奖得主格温德林·布鲁克斯。结果稿件不对杂志的胃口，《妇女家庭杂志》收回了承诺。

弗里丹备受打击，但平静下来之后，她细细分析了这段时间的访谈与资料，发现真正追求新生活方式的人为数甚少，大部分女性还是生活在传统的三个维度之中。女性要发展第四个维度，障碍多多，其中最直接的是缺乏必需的社会支持，如优质的幼儿服务、高收入的工作、在职教育等。照这样写下去，意义似乎不大。

于是弗里丹转向华盛顿的决策。1964 年 7 月，约翰逊总统签署《民权法案》，其中一条修正案便是禁止职场上的性别歧视。第二年，约翰逊设立"平等就业机会委员会"，以确保这一修正案的执行。弗里丹深受鼓舞，但在调查不少机构的政策实施状况后，她又失望了。在美国国务院，没有一位女性进入内阁；在经济机会局，女性无权参与政策决策；在平等就业机会委员会受理的投诉中，女性的投诉常常遭遇忽视。现实生活中的歧视更是无处不在，女性用工受到歧视，1963 年的《同酬法案》形同虚设，就连报纸上的招聘公告都是按性别刊登在不同版面。

幸运的是，弗里丹认识了一群非常活跃的女性，她们是平等就业机会委员会法律团队的索尼娅·普雷斯曼、妇女事务局的凯瑟琳·伊斯特，还有黑人活动家兼律师波利·默里和司法部律师玛丽·伊斯特伍德。后两位在《纽约时报》上合写了一篇文章，呼吁执行《民权法案》第七条内容，反对性别歧视。弗里丹觉得自己找到了知己，她兴奋地打电话给默里。两人电话里商量哪怕成立一个组织，也要极力为女性争取权利。现在看来，这次通话极具历史意义，随后两位女性携手组建全国妇女组织（NOW），触发了第二波女权运动。

一开始，她们想吸纳国家委员会中的女性工作人员为组委会会员，并借助 1966 年 6 月在华盛顿召开的第三次年度会议进行游说，但进展不太顺利，后来决定成立一个临时组织，推选时任威斯康星州妇女地位问题总统委员会主席和全国委员会联盟主席的凯瑟琳·克拉伦巴赫为临时主席。一周后，克拉伦巴赫选出组建正式组织的临时执行委员会。这两次弗里丹都未能进入领导层，这意味着从此组织的领导力量将从以她为代表的华盛顿活动家圈子转向以克拉伦巴赫为首的中西部势力。弗里丹深感失落，她满腔热血，却被排除在领导层之外：自己是华盛顿阵营的旗手，还是畅销书作家、媒体人物，怎么说也有资格、有能力担任领导人！

痛心、愤怒之余，弗里丹邀请伊斯特和伊斯特伍德商量对策。最终，三人商定向克拉伦巴赫建议，调整工作重心：一、全国妇女组织应设在纽约或华盛顿，这样可获得更多媒体的关注；二、创办人应包括激进的女同胞以及像纽约这样的大城市的女性；三、弗里丹具有决策权，且负责组织起草"宗旨宣言"。出乎意料的是，克拉伦巴赫接受并答应了她们的建议与要求。本来意见不一的两人走到一起，开始合作，一个当主席，一个当执行委员会主席。根据《女权主义编年史》，这"显然是明智的选择"。弗里丹凭借自己的知名度和个人魅力吸引媒体的关注，负责起草组织议程；克拉伦巴赫运用自己的专业知识和人力资源吸引中西部女性加入，负责机构的必经程序。

1966 年 10 月 29 日，全国妇女组织正式成立。弗里丹把组织看成是"世界规模的人权革命的一部分"，设定组织宗旨为："采取行动，带领女性融入当今美国社会的主流"，实现"真正的性别民主"，与男性建立一种"真正的合作伙伴关系"。这些决策不仅对女性，对男性也产生了相当大的影响。

随后，弗里丹和核心成员制定第一个行动议程，解决职场上的性别歧视问题，并付诸行动。其中一次影响最大的抗议活动是 1967 年 12 月的全国示威日，广大女性纷纷前往当地的平等就业机会委员会抗议。这些活动吸引了媒体与政府的注意，取得了实质性的胜利。1967 年 10 月，约翰逊总统签署 11375 号行政令，宣布联邦政府以及与联邦政府有合作关系的公司禁止用工中的性别歧视。1968 年 8 月，平等就业机会委员会禁止按性别分登招聘广告，航空公司取消要求女乘务员到 35 岁辞职的规定。

这是成功的第一步，但漫漫长路才刚刚起步，接下去她们要在社会、政治、经济等各方面争取平等。为此弗里丹起草了一份具体的奋斗计划——《妇女权利法案》。法案号召人们为职场女性采取积极行动，争取更多立法，保障女性权利，并列出八项具体诉求：保障女性与男性一样接受高等教育，享受资助；为女性提供社会福利，如带薪产假、儿童保育设施；为贫困女性提供就业培训、住房、医疗、生活资助；要求将平等权利修正案写入宪法，以彻底消除社会对女性的歧视，真正实现男女平等；提出女性有权堕胎，有权决定是否生育，等等。

法案在 1968 年年初获得全国妇女组织通过。内部争议最多的是平等权利修正案和堕胎权，为此，不少反对者纷纷退出组织，她们认为修正案会动摇美国社会的根基、破坏基本的家庭和性别关系以及给社会带来无穷伤害。弗里丹没有因分歧而放弃奋斗，她不懈努力，终有回报。1972 年，国会通过平等权利修正案；1973 年 1 月 23 日，最高法院以 7:2 的票数裁定"罗诉韦德案"，宣布堕胎合法。1970 年，全美有三个州率先废除了堕胎法；1972 年又有十三个州和哥伦比亚特区放宽了堕胎法。"罗诉韦德案"后，到 1974 年，共有 90 万女性接受了合法堕胎。

在弗里丹的领导下，全国妇女组织迅速发展成为一个富有战斗力与影响力的重要组织。到 1975 年，会员增加到 50 万，政治观点代表不同种族、阶级、性别以及性取向的群体。组织的大部分诉求在法律、立法和公共政治中得以实现。

但令人头疼的是，这个队伍内部纷争不断，一开始就有不同的诉求与政治主张。无论是传统派、自由派，还是激进派，各派都在为自己的议程奋斗，与异见较量。例如，传统派反对平等权利修正案；弗里丹支持这一修正案，属自由派；激进派则希望来一次更为彻底的革命，他们重新聚焦性别政治，期望将女性从性别政治中拯救出来。

性别政治有两大支柱：性别歧视和男性统治，前者假定男性比女性更有价值，因而也更能胜任工作，后者假定男性主导和定义文化和政治，因而女性是附属，处于从属地位。据此，激进女权主义者要求女性"提升意识"，明白她们的困难和束缚并非源于自身的女性特征，也不是因为她们缺乏才干和智慧，而是因为她们的生活根植于一个男性支配的政治社会。有些人试图改变与男性的关系，有些人甚至激进到挑战异性恋。

弗里丹既不认同性别政治，也不认为"提升意识"就能带来平等。她坚持自己的立场："争取女性权利，同时又不疏离男性"，坚持男女合作才能重建两性关系，因为男性也是"这个分裂的、专制的、丧失人性的社会的受害者"。她通过演讲、访谈、文章，指责激进女权将男性当作敌人，批评"提升意识"仅是纸上谈兵。

弗里丹也反对全国妇女组织公开支持女同性恋。她明确表示自己起草的妇女权利法案不包括女同性恋的权利，认为支持女同性恋就相当于"反男性"，既会带来负面影响，还有可能失去主要群体——中产阶级的支持以及被认为"不正常"。她坚持组织的宗旨是争取平等，以及争取相关法规和政策，确保女性在兼顾家庭角色的同时实现个人的抱负。许多人因此离开组织，她们在1971年的全国会议上发表《同性恋女权主义解放章程》，要求将此章程作为附录纳入组织宗旨宣言。大多数与会者投了赞成票，弗里丹成了组织内部持异见的少数人。

从整个女权发展的历史来看，弗里丹反对女同性恋，并非如传记作家苏珊·奥利弗所言"贝蒂·弗里丹的立场显然是短视的"。在同性恋问题上，弗里丹是位活动家，不是作家。作家需要远见，但活动家更注重成效,她需要判断时局,掂量行动成功的可能性,包括运动目标的主次与先后顺序。弗里丹认为当时还不是为同性恋争取平等的时候,女性在社会、政治、经济的平等更为重要。若干年后,时机更加成熟时,她也公开肯定同性恋具有不可剥夺的权利,发表了反对"薰衣草威胁"的演讲。

不管怎样,现在的弗里丹正跟激进女权渐行渐远,致使她在组织的公信力急转直下,主席的位置也被取代。1970 年的全国会议,弗里丹发表了两个小时的告别演说,最后她慷慨陈词:"我已带领你们进入历史,现在我要离开你们——去创造新的历史。"现场所有人起立致敬。不知是对她离开表示敬意,还是对她要去"创造新的历史"表示敬意,无论怎样,场面像所有伟大的告别演说那样令人感动。

接下去的事实告诉人们,弗里丹既没有离开,同时也要创造新的历史。那是在宣布艾琳·埃尔南德斯成为新一任主席的新闻发布会上,弗里丹突然宣布,她要组织 24 小时全国罢工,为女性争取平等,时间定在 1970 年 8 月 26 日。这个决定事先没有征求任何人的意见,但意图非常明显:争取平等依然是女性当前的主要目标,她依然是第二波女权运动的中心人物。的确,一向个性倔强、富有主见、斗志旺盛的弗里丹,哪会就此罢休,轻易退出历史舞台?按她自己的想法,她要使女权运动"重回正轨,朝着积极的目标——彻底的平等——前进"。

8 月 26 日是 1920 年给予妇女选举权的宪法第十九条修正案通过的 50 周年纪念日,堪称女权运动的一次伟大突破,也是美国女权运动的里程碑。尽管激进女权主义者将弗里丹看作是自己事业的绊脚石,但在 50 周年纪念日举行全国罢工,这个想法太有诱惑力了,谁会因为分歧而放弃这次机会?女权激进代表苏珊·布朗米勒事后坦言:"如果换其他人来举行新闻发布会,号召一场罢工,可能只是自说自话。没有贝蒂的声望,罢工绝不可能发生。"

26 日，全美 42 个州的 90 多个城市同时举行示威游行和罢工集会，可谓盛况空前。在塞尼卡瀑布城，纽约州州长内尔逊·洛克菲勒表彰了三位杰出女性——贝蒂·弗里丹和第一波女权运动的代表人物苏珊·布·安东尼和伊丽莎白·卡迪·斯坦顿。当天上午，弗里丹穿上覆盆子色的连衣裙，在沙宣美发沙龙做了头发。跟拍的记者问她为什么要做头发，她风趣地说："我不想让人们认为参加妇女解放的女性不注重自己的外表。我们应该尽可能地让自己漂亮，这不但有利于自己的形象，也有利于政治。"之后，弗里丹加入华尔街的姐妹们，抗议华尔街证券交易所不雇佣女职员，之后她们在一家"只向男性开放"的餐厅吃了午饭。下午，弗里丹搭乘公交车前往中央公园，抵达时，惊喜地发现那里已聚集了约五万名等待游行的人群。

弗里丹自豪地走在队伍前面，身旁是一位 1913 年参加游行的八旬老人和一位年轻人。她们手牵手，沿着第五大道浩浩荡荡走向四十二大街的布兰恩特公园。随后，弗里丹在公园发表演说。她对着麦克风，挥舞拳头，高声地说："今晚之后，这个国家的政治将大不相同。因为今天聚集在此的人，因为沿着第五大道游行的女性——从未与那些争取投票权的前辈一起游行的女性……我们学到了很多。我们感受到了前所未有的东西——团结的力量，姐妹之谊的力量。"她表示自己曾对女权运动的分裂感到失望，想采取一些行动让各方走到一起，让人们认识到团结的力量以及女性运动的道德力量和地位，如今终于如愿以偿。

这次游行标志着第二波女权运动的巨大成功，也是弗里丹的又一次胜利。后来她说："这一天，即使不是我生命中最快乐的一天，也是其中之一。"

组建全国妇女政治党团会议

　　就在弗里丹为争取女性堕胎权、平等权利修正案、"为平等罢工"时，她的婚姻破裂了。之前夫妇俩一直在家庭收支、卡尔的婚外情、弗里丹的持家责任等方面吵吵闹闹，两次搬家暂时缓和了夫妻之间的矛盾，但在弗里丹出版《女性的奥秘》，成为忙碌的名人之后，裂痕不仅没有修复，反而升级成为暴力。在法律诉讼中，双方互相指责，弗里丹说卡尔要的是一位持家的妻子，而卡尔说他支持妻子的个人发展。两人在 1969 年 5 月 14 日正式离婚。

　　一路走来，弗里丹都是女强人的形象，但此次离婚，她还是哭了。除了伤心，还有种失落，也许还有点自责，她再也不是《女性的奥秘》中兼顾家庭与事业的完美女性榜样了。没有了家庭，组织威望日渐下降，人们对她固执己见、排斥异己的作风评头论足，这是她人生的低迷时期。好在女强人很快调整了自己，她又开始恋爱了，对方是一位英俊儒雅的作家、学者——戴维·曼宁·怀特。这段"美妙、充满激情的关系"持续了 10 年之久，尽管期间弗里丹也和其他男士约会，但整个 70 年代，怀特成了她的感情寄托。她带着他旅行，1977 年还一起参加了卡特总统的就职典礼。

　　爱情的到来在很大程度上弥补了弗里丹在组织的失落。在 1970 年代女权运动转向激进的过程中，她还是表现出极强的战斗力。组织排斥她，她愤怒，但不气馁，因为她还有影响力。1971 年，弗里丹又做了一件提升女性政治权利的大事，她联合其他活动家，包括纽约众议院女议员贝拉·阿布朱格、首位美国非裔女国会议员雪莉·奇泽姆、第二波女权运动发言人的格洛丽亚·斯泰纳姆，创建全国妇女政治党团会议（NWPC）。弗里丹希望这个组织能像全国妇女组织一样，有全国领导机构和地方分会，鼓励并支持女性参与两党竞选，但阿布朱格仅希望支持参与竞选的女性，她不希望弗里丹利用这个党团会议推行其反性别政治、反同性恋的计划，还坚持女权运动应致力于福利权、少数族裔的种族歧视和性别歧视、女同性恋权利、性骚扰、强奸和虐待等。

1971年7月10日，第一次党团会议在华盛顿召开。弗里丹在会上提出："女性之所以团结起来，共同跨越种族、阶级、时代以及男人主导的政党政治，是因为我们要求参与自己的生活，要在影响我们生活的重大决定中发表意见。"令她失望的是，她既没能入选全国指导委员会，也没能成为官方发言人。因为她的反激进，弗里丹又一次遭到了激进女权的抛弃。

她不得不另谋出路。正好《麦考尔》杂志的一位编辑邀请她开个专栏。这个"贝蒂·弗里丹的笔记本"专栏就成了她维护女权运动、争取政策和法律上平等的重要阵地。她抨击与自己观点相左的思想，称激进分子为"伪激进分子"，指责她们的"激进刀刃"正在摧毁女权运动。她批评阿布朱格和斯泰纳姆是"女性沙文主义粗人"，两人正在将过去几年取得的成就置于危险的境地。尽管言辞激愤，还有点夸大，但依然不失为当时自由女权声音中最大的一个。支持她的人赞美她，敬仰她的坚持与抗争；反对她的人诋毁她，鄙视她争夺权力，但没人反对她对女性的定义："从最完整意义上说，女性是人"，因而拥有"一切作为人和作为美国人的特权、机会和责任"。

作为社会活动家，弗里丹正在被新的潮流淘汰。全国妇女组织提出新的激进口号："远离主流，投身革命。"那是反对男性的性别革命，完全对立于弗里丹所倡导的革命。弗里丹没有忘记自己还是位作家，她决定在《女性：第四维度》的基础上，重新构架，聚焦第二波女权运动对广大女性的影响，写一部当代史。1975年2月4日，在54岁生日那天，弗里丹完成写作，第二年出版，题为《它改变了我的生活：女权运动文集》。

弗里丹在书中写了许多故事，包括与激进女权的矛盾，这招惹了不少人。26 位全国妇女政治党团会议成员联名写信给兰登书屋，声明书中内容"与事实不符，是自私的虚构，涉及种族假设和人格毁谤"。书卖得不好，但作为女权运动的个人叙事，还是具有不可替代的史料价值。

写作期间，弗里丹还担任了几所大学的客座教授，有天普大学、耶鲁大学、纽约的皇后学院和新社会研究院等。从授课中她了解到学生的内心与需求，并将其运用到具体的计划与活动中。1975 年合作创办的第一女性银行和信托公司便是来自教学的灵感。这是弗里丹十年间继全国妇女组织、全国废止堕胎法协会、全国妇女政治党团会议之后创立的第四个组织。

同时弗里丹还奔波于国际舞台，宣讲女权意识。1973 年，她先去以色列参加了一个由女记者和女作家组成的国际会议，并在大会上发了言。时任以色列女总理果尔达·梅厄公开表示不赞成在以色列复制一个争取平等的女权运动，对此，弗里丹深感疑惑与失望。之后她获准拜访了教皇保罗六世。天主教反对节育、堕胎以及女性平等。见面时，教皇赠予弗里丹一个小珠宝盒，并用英语说："我们想对您为全世界女性所做的一切表示感激与欣赏。"弗里丹回赠一条象征妇女平等的镀金项链，表示"这是一个女权主义的标志——在生物学上代表女性的符号和代表完全平等的符号相互交叉。正如教皇陛下所见，当女性和男性完全平等，它就成了一个不同形状的十字架"。尽管两人意见相左，却不影响对彼此的尊重。随后弗里丹前往巴黎，年轻时她读过波伏瓦的《第二性》，现在终于有机会与这位影响世界的女性相见。她提出希望与波伏瓦一起发表一个声明，重新定位女权运动，远离反对男性、反对母亲、反对婚姻的性别政治。或许是弗里丹对自己的女性主义想法过于自信，或许是她误读了波伏瓦的思想，总之，后来发表在《麦考尔》上的对话表明两人之间的共识其实不多。

这三次经历让弗里丹了解到在世界范围内女权运动的发展状况，更让她感受到了争取女权任重而道远。后来她与国际妇女组织主席帕特里夏·伯内特合作，在 21 个国家成立分会，并于 12 月在波士顿的坎布里奇召开了为期三天的国际女权主义计划会议。参加会议的有来自 27 个国家包括阿拉伯国家、以色列和苏联在内的 300 多位代表。

会议的成功大大鼓励了组织者们的野心。她们意识到，要使女权成为人权的一部分，不能孤军奋战，需要高规格的国际组织的支持。不久，在联合国秘书长瓦尔德海姆的支持下，她们召开了一系列国际会议；1975 年 6 月，第一届"世界妇女大会"在墨西哥成功举办，并将 1975 年定为"国际妇女年"，将 1976—1985 年的主题定为"联合国妇女十年：平等、发展与和平"。之后的第二、三、四届大会又分别于 1980 年 7 月、1985 年 7 月和 1995 年 9 月在哥本哈根、内罗毕和北京召开。这四次会议弗里丹都参加了，但对结果不太满意。墨西哥会议正值巴以争夺巴勒斯坦之时，大会成了国际政治的角逐场，弗里丹亲身感受到了作为美国人以及犹太人在政治斗争中的恐惧。之后的三届会议，她感觉政府操纵的色彩过于浓重，淡化了她们的主要诉求。

从墨西哥回来后，弗里丹决定以这一会议为契机，重新聚焦美国女权运动的本质，以保障妇女在美国社会中的完全平等。她希望获得联邦政府的财政支持，召开全国妇女大会。最终大会获得 500 万美元的政府资助，并于 1977 年 11 月在得克萨斯州的休斯顿召开。尽管弗里丹不是这次会议的掌控人，但能将 40 个不同组织集合在一起，调动政府组织、官员和政府基金一起发展自己的事业，使这次会议成为女权运动中最团结、规模最大的一次会议，也算功德圆满，弗里丹对此深感欣慰。

大会组织了一次 2600 英里的火炬传递活动，起点是 1848 年第一届妇女大会的举办地纽约州的塞尼卡福尔斯。大会还邀请女作家玛雅·安吉洛起草了一份新的《情感宣言》。各州代表带来了自己的提案，最终被整理成 26 项决议，涵盖各个阶层、各类女性的需求，其中依然是堕胎权、平等权利修正案和女同性恋权利的争议最大。弗里丹一向不支持同性恋权利，堕胎权到 1977 年已在不少州取得了胜利，她最关心的是平等权利修正案，但要最终写进宪法，还需要在四分之三的州，即 38 个州通过，现在她们只获得了 35 个州的支持。经过交涉，国会最终将入宪时间延后到 1982 年。

为此，弗里丹必须在 1982 年 6 月前争取到三个州的支持。她给全国妇女组织施加压力，跟菲利斯·施拉夫利唇枪舌战。施拉夫利的思想深受保守的中西部生活环境、天主教和个人教育的影响，她一直宣称，如该法案获得通过，将会对女性和家庭带来负面影响。她把社会上持保守立场的基层女性组织起来，开展"叫停平等权利修正案"运动。尽管弗里丹在集会上发表讲话、游说各州立法机关、参加游行、精心撰文、与激进派针锋相对，平等权利修正案还是没能得到三个州的支持，最终不得不以流产告终。

晚年关注衰老与性别问题

争取平等权利修正案的失败标志着第二波女权运动的结束。1981年，里根当选总统。在日渐保守的政治气氛中，女权运动进入后女权时代。弗里丹已为女权活动奔波了十多年，现在已经 60 多岁，与怀特的浪漫关系也结束了，是不是该放慢脚步，休息一下了？

弗里丹内心一直渴望有个归宿。1978 年，她在汉普顿斯买了栋房子，宽敞的后花园直面萨格港湾美景。这个家从此成了孩子们的基地、朋友们的聚会之所。朋友们发现之前粗暴、敏感、专横的贝蒂变得和蔼、柔和了很多。

接下去的日子该如何度过？弗里丹想了很多，她决定从一个社会活动家回归到作家，继续为女性争取平等。1982 年，她出版第三本著作《第二阶段》。这本书由她 1970 年代的文章扩写而成，主题是女性不能放弃自己的家庭权利，家庭是"争取女权的新领域"。如果说《女性的奥秘》揭示的是 1960 年代的奥秘——女性奥秘，那么《第二阶段》揭示的则是 1970 年代的奥秘——女性主义奥秘。她总结了这次女权运动的得失，并对 1970 年代激进的性别政治进行了批评与修正，提出第二阶段的任务应从追求"同样的平等"转向寻求"差异中的平等"，为此需要采用新的模式。

《第二阶段》的出版又一次引起了激进女性主义者的激愤。她们指责弗里丹的认识与观点不仅是"极其错误的"，而且极其危害女权主义事业。弗里丹没有给予回应，因为此时她已开始关注另一个话题——衰老的奥秘，并于 1992 年完成第四本著作《衰老之泉》。如同以往，关注衰老完全源于自己的经历。朋友们为她操办六十大寿，弗里丹感到非常生气，觉得自己还不是个老人，还不到退出生活的时候。不过，朋友们的举动触动了她要进一步研究这一问题的决心，她发现不光自己在忽视衰老这一问题，而且整个美国社会都在忽视女性的衰老。

早在 1978 年，弗里丹就从《为什么要生存？在美国变老》的作者罗伯特·巴勒特那里了解到：现有的衰老研究基本上针对男性，而且女性退休后在医疗卫生和公共政策上普遍遭受歧视，当时她就萌发了研究衰老的念头。1982 年，弗里丹获得哈佛大学的一份研究基金。1986—1993 年，弗里丹接受南加州大学的访问学者职位，一边上课一边研究。

跟《女性的奥秘》的写作思路一样，弗里丹采访了一批老人，发现许多老人的生活并不如常人所想象的那样老态龙钟、疾病缠身或者孤独无助，相反，不少人一直在探索新的生活的可能性，而且已经打破传统的老人形象。例如，她母亲在 1988 年去世前一直过着非常充实的生活。在哈里去世后，她又结了两次婚，并且一直有自己的事业，70 岁成为南加州复式桥牌锦标赛的经理，74 岁开始销售可降解清洁剂、化妆品和维生素，她比三个丈夫都长寿。弗里丹发觉女性平均比男性长寿八岁，在很大程度上是得益于女权运动后女性角色的改变。她在书中提出了一个大胆设想：改变男性的家庭与社会角色能否增加男性的寿命？她还批评了"衰老的奥秘"的神话，认为那完全是由老年病学专家、社会服务人员、保健人员、医药公司、养老院以及媒体、广告宣传推波助澜形成的。老年的身份不是一个需要保护的身份。想要长寿以及保持活力，其秘密在于保持活跃，从事需要复杂认知的工作，并且能选择自己的生活方式。

《衰老之泉》出版后深受好评，在《纽约时报》的畅销书排行榜停留了六个星期，72 岁的弗里丹又一次成为畅销书作家。不幸的是，在将手稿寄给出版社之后，她因心力衰竭住进了医院。医院给她动了心脏手术，换掉了受感染的瓣膜。此时恰逢《衰老之泉》出版之际，弗里丹执意亲历现场，即便坐着轮椅，也要前往迈阿密参加美国书商协会会议。女儿艾米丽作为医生陪伴前往。1993 年，弗里丹做了第二阶段的心脏手术，1997 年再次更换了瓣膜。

身体的不适没有阻止弗里丹的研究。《衰老之泉》后，她又回到了《第二阶段》中未完成的对性别问题的讨论，专门研究男性、女性和社群之间的"新范式"。弗里丹利用在弗农山学院访问教授的身份收集了许多资料，1994 年又成功申请到伍德罗·威尔逊国际学者中心的研究资助，并在那里参与并主持了一系列讨论。她把一些讨论内容写入了《超越性别：工作和家庭的真正政治》，这是她的第五本书，于 1997 年出版。

《超越性别》，顾名思义，强调的是需要一种超越女权主义、性别政治或身份政治的范式转变。她提出 1990 年代的经济问题，即劳务市场的缩减，不能用以往的策略如社会运动来解决，而应该采用缩短工作时间、分享工作等办法。当然，范式的改变需要经济公平的支撑。

尽管读者的评论毁誉参半，有些女权主义者反对弗里丹轻视性别差异、忽视女性的特殊社会需要和经历，但弗里丹依然受邀发表演说，还不定期在文化刊物，如《纽约客》《新共和》《纽约时报》上发表文章。她还获得了福特基金会 100 万美元的资助，研究工薪阶层家庭"新理论模式"和公共政策。弗里丹将研究挂靠在康奈尔大学，自己作为访问教授，在 1998—2000 年间主持了一系列工作会议和圆桌会议，议题涉及职场的重构及其对工薪阶层中低等收入家庭的影响、国际竞争时代企业的社会责任和劳动法改革的必要性、儿童保育立法和全球卫生保健的必要性。与会者都认为这三个议题比中产阶级所面临的问题更为紧迫。

在这期间，精力充沛的弗里丹依然马不停蹄，她开始写回忆录。起初，她觉得自己还未老到要写回忆录的地步。但她认为丹尼尔·霍洛维茨和朱迪斯·亨尼斯写的传记都对她有偏见，有的甚至完全错误；她要反驳，要为自己写传、为自己发声。当然，她也意识到作为公众人物的重要性——想要被记住，想要告诉世人自己在第二波女权运动中的作用。

2000 年，回忆录《我的人生》出版。这本自传叙述了弗里丹从儿童时代直到 70 多岁的生活，包括与父母的关系、学生时代的经历、婚姻、家庭以及组织生活；评价了自己在职业生活中的各种角色：作家、新闻记者、女权活动家、老年生活倡导者。当然，她也直言不讳揭示了女权内部的斗争以及对其他重要女权主义者的看法。

至于自己为什么会成为公众人物，弗里丹说她从未打算"发起女性革命……就这么发生了……是家庭生活、历史、运气加在一起产生的奇迹，前者导致后者"。确实，大多数历史人物能在历史舞台上发光发亮，靠的并非一己之力，合适的时间地点造就合适的人。但弗里丹也推动着女性运动的发展，而且极其自信地认为女性运动一经展开，她就是最优秀的领导人之一：坚韧、忠诚、有洞见。此言非虚，她用了 50 多年时间维护女性的权利，并且作为 20 世纪 60 年代女权运动的旗手，具有足够的坚韧与忠诚；她一直坚持自由派的女性主义观点，相信家庭的力量，相信女性在家庭之外的成就，也相信男女合作的重要性，这在今日依然具有重要意义。世人也承认她的成就，授予了她无数荣誉，包括史密斯大学、布拉德利大学、哥伦比亚大学的荣誉博士，埃利诺·罗斯福人权奖，美国"过去 75 年中 75 位最重要的女性"，1964 年普利策奖得主等。

2006 年 2 月 4 日，贝蒂·弗里丹因充血性心力衰竭在华盛顿家中去世，当天正逢她 85 岁寿辰。她的离世激起了无数女性的追思，她们感恩于她的呐喊与行动，其中有美国前国务卿希拉里·克林顿那样的女政治家，有莎朗·斯通那样的好莱坞女明星，也有普普通通的老百姓。希拉里在悼词里说："她是美国最响亮的声音之一。通过终生的社会活动和强有力的写作，她为美国的男男女女以及后代人打开了大门，打开了心灵，打破了对女性限制的栅栏，扩展了女性的机会。我们所有人都是她设想的世界的受益者。"对这段话，想必弗里丹会感到欣慰，因为这是她一生为之奋斗并已取得的成就。

贝蒂·弗里丹年表

1921 2月4日，伊丽莎白·娜奥米·戈尔茨坦出生于伊利诺伊州皮奥利亚市。

1938 入读史密斯学院心理学专业。

1942 入读加州大学伯克利分校心理学专业硕士。

1943—1945 在纽约担任《联邦新闻》编辑、记者。

1946—1952 担任《UE新闻》编辑、记者。

1947 6月，与卡尔·弗里丹结婚。

1950—1956 搬到克韦村，成为《帕克韦村民》的编辑，为女性杂志撰文。

1956 搬到纽约哈德逊河西岸罗克兰县。

1957—1964 创建社区"智力资源库"。

1963 出版《女性的奥秘》，年底销售130万册，成为当年非小说类最畅销书目。

1964 搬到纽约，购买中央公园旁的一套公寓。

1966 参加华盛顿国家委员会第三次年度会议；全国妇女组织（NOW）成立。

1967 组织发动全国示威日，向平等就业机会委员会示威抗议。

1968 在母亲节组织抗议者在白宫前抗议。

1970 组织全国妇女平等大罢工。

1969 与卡尔·弗里丹离婚。

1971 创建全国妇女政治党团会议（NWPC）。

1973 前往以色列、巴黎等地参加会议，推进世界女权事业；在波士顿召开国际女权主义计划会议。

1975 出版《它改变了我的生活：女权运动文集》；第一届"世界妇女大会"在墨西哥成功举办。

1977 全国妇女大会在德克萨斯州休斯顿召开。

1982 出版《第二阶段》；获得哈佛大学的研究基金，继续衰老研究。

1984 在北卡罗来纳参加专为55岁以上老人举办的集中训练营。

1988 前往访阿密的普里蒂金长寿中心体验生活。

1986—1993 任南加州大学访问学者。

1992 出版《衰老之泉》。

1997 出版《超越性别：工作和家庭的真正政治》。

2000 出版回忆录《我的人生》。

2006 2月4日，因充血性心力衰竭在华盛顿家中去世。

延伸阅读

1. Betty Friedan, *Life So Far*. New York: Simon & Schuster, 2000.
2. Daniel Horowitz, *Betty Friedan And the Making of the Feminine Mystique: The American Left, the Cold War, and Modern Feminism*. Amherst: Univ. of Massachusetts Press, 1998.
3. Judith Hennessee, *Betty Friedan. Her Life*. New York: Random House, 1999.
4. Ruth Rosen, *The World Split Open, How the Modern Women's Movement Changed the World*. New York: Viking Penguin Putnam, Inc., 2000.
5. ［美］贝蒂·弗里丹. 女性的奥秘 [M]. 程锡麟等译. 成都：四川人民出版社，1988.
6. ［美］苏珊·奥利弗，贝蒂·弗里丹. 个人即政治 [M]. 钱亚楠等译. 上海：上海社会科学院出版社，2016.

本章作者

张瑞华，英语语言文学美国文明方向博士，南京师范大学外国语学院教授，主要从事美国文明与英美文学研究。出版专著《清教与美国——美国精神的寻根之旅》《菲利普·拉夫》（纽约知识分子论丛），参与编写《自由的刻度：缔造美国文明的 40 篇经典文献》等，并在《外国文学批评》《外国文学研究》《外国文学》《国外文学》等学术期刊发表论文二十余篇。

英汉译名对照

A

Adams, Abigail　阿比盖尔·亚当斯

Adams, John　约翰·亚当斯

Adams, John Quincy　约翰·昆西·亚当斯

Adams, Jane　简·亚当斯

Alcott, Amos Bronson　阿莫斯·布朗森·奥尔科特

Anderson, Sherwood　舍伍德·安德森

Anthony, Susan B.　苏珊·布·安东尼

B

Boorstin, Daniel　丹尼尔·布尔斯廷

Bradstreet, Anne　安妮·布雷兹特里特

Brown, John　约翰·布朗

Brownson, Orestes A.　奥雷斯蒂斯·奥·布朗森

Burr, Aaron　阿伦·伯尔

C

Channing, William Henry　威廉·亨利·钱宁

Clarenbach, Katherine　凯瑟琳·克拉伦巴赫

Clay, Henry　亨利·克莱

Cotton, John　约翰·科顿

D

Dixon, Thomas F.　托马斯·迪克森

Douglass, Frederick　弗雷德里克·道格拉斯

Douglass, Stephen　斯蒂芬·道格拉斯

Dyer, Mary　玛丽·戴尔

E

Edwards, Jonathan　乔纳森·爱德华兹

Emerson, Ralph W.　拉尔夫·华·爱默生

F

Faulkner, William　威廉·福克纳

Franklin, Benjamin　本杰明·富兰克林

Friedan, Betty　贝蒂·弗里丹

Fuller, Margaret　玛格丽特·富勒

G

Garrison, William L.　威廉·劳·加里森

Greeley, Horace　霍勒斯·格里利

Griffith, David W.　戴维·沃·格里菲斯

H

Hamilton, Alexander　亚历山大·汉密尔顿

Hawthorne, Nathaniel　纳撒尼尔·霍桑

Hedge, Frederic Henry　弗雷德里克·亨利·赫奇

Hemingway, Ernest　厄内斯特·海明威

Hutchinson, Anne　安·哈钦森

J

James, William　威廉·詹姆斯

Jay, John　约翰·杰伊

Jefferson, Thomas　托马斯·杰斐逊

Johnson, Lyndon B.　林登·贝·约翰逊

L

Lincoln, Abraham　亚伯拉罕·林肯

Lafayette, Marquis de, Gilbert du Motier　拉法耶特侯爵伯特·德·莫蒂勒

M

Madison, James　詹姆斯·麦迪逊

Mann, Horace　贺拉斯·曼

Marbury, Francis　弗朗西斯·马伯里

Marshall, John　约翰·马歇尔

Mather, Cotton　科顿·马瑟

Matisse, Henri　亨利·马蒂斯

Miller, Perry　佩里·米勒

Monroe, James　詹姆斯·门罗

Mott, Lucretia　卢克丽霞·莫特

P

Paul, Alice S.　爱丽丝·斯·保罗

Peabody, Elizabeth　伊丽莎白·皮博迪

Picasso, Pablo　巴勃罗·毕加索

R

Ripley, George　乔治·里普利

Roosevelt, Eleanor　埃莉诺·罗斯福

Roosevelt, Franklin D.　富兰克林·德·罗斯福

Roosevelt, Theodore　西奥多·罗斯福

S

Shays, Daniel　丹尼尔·谢司

Souvestre, Marie　玛丽·梭维斯特

Stanton, Elizabeth Cady　伊丽莎白·卡迪·斯坦顿

Stanton, Henry　亨利·斯坦顿

Stein, Gertrude　格特鲁德·斯泰因

Stein, Leo　里奥·斯泰因

Stevenson, Adlai　阿德莱·史蒂文森

Stone, Lucy　露西·斯通

Stowe, Harriet Beecher　哈里特·比彻·斯托

T

Thoreau, Henry D.　亨利·戴·梭罗

Tocqueville, Alexis de　阿列克西·德·托克维尔

Toklas, Alice B.　艾丽斯·巴·托克拉斯

V
Vane, Henry　亨利·范内

W
Washington, George　乔治·华盛顿
Wheelwright, John　约翰·维尔赖特
Wilson, Edmund　埃德蒙·威尔逊
Wilson, Woodrow　伍德罗·威尔逊
Winthrop, John　约翰·温思罗普
Wollstonecraft, Mary　玛丽·沃斯通克拉夫特